国家社科基金抗日战争研究专项工程

侵华日军细菌战罪行史料整理及专题数据库建设（16KZD014）

南方军防疫给水部留守名簿

主编：杨彦君

中央编译出版社
Central Compilation & Translation Press

上海交通大学出版社
SHANGHAI JIAO TONG UNIVERSITY PRESS

图书在版编目（CIP）数据

南方军防疫给水部留守名簿 / 杨彦君主编 . -- 北京 : 中央编译出版社 , 2022.7

ISBN 978-7-5117-4212-4

Ⅰ . ①南… Ⅱ . ①杨… Ⅲ . ①日本关东军—战争罪行—史料 Ⅳ . ① K265.606

中国版本图书馆 CIP 数据核字 (2022) 第 125095 号

南方军防疫给水部留守名簿

责任编辑 郑永杰
特约编辑 安宏涛 李亚玄
责任印制 刘 慧
出版发行 中央编译出版社
地　　址 北京市海淀区北四环西路 69 号（100080）
电　　话 （010）55627391（总编室）　（010）55627312（编辑室）
（010）55627320（发行部）　（010）55627377（新技术部）
经　　销 全国新华书店
印　　刷 廊坊市安次区团结印刷有限公司
开　　本 889 毫米 ×1194 毫米 1/16
字　　数 120 千字
印　　张 28
版　　次 2022 年 7 月第 1 版
印　　次 2022 年 7 月第 1 次印刷
定　　价 980.00 元

新浪微博：@ 中央编译出版社　　**微　　信：**中央编译出版社（ID: cctphome）
淘宝店铺：中央编译出版社直销店（http: // shop108367160. taobao. com）（010）55626985

本社常年法律顾问：北京市吴栾赵阎律师事务所律师　闫军　梁勤
凡有印装品质问题，本社负责调换，电话：（010）55626985

出版说明

本书共分为四部分，依次为《南方军防疫给水部留守名簿》（昭和二十年九月一日调制）版本三，见正文第1页～第114页；《南方军防疫给水部留守名簿》（昭和二十年一月十日调制）版本二，见正文第115页～第274页；《南方军防疫给水部留守名簿》（昭和二十年一月一日调制）版本一，见正文第275页～第413页；《南方军防疫给水部・马尼拉支部留守名簿》（昭和二十二年三月十日调制），见正文第414页～第429页。三个版本的《南方军防疫给水部留守名簿》封面页均标有“冈第九四〇二部队”或“冈九四〇二部队”字样，每个版本原档内文的右下都标有手写页码，《南方军防疫给水部・马尼拉支部留守名簿》原档内文右下亦标有手写页码。所收四种文献原档皆为竖版，右侧装订，本次影印改为左侧装订，其中《南方军防疫给水部・马尼拉支部留守名簿》原档有部分内文为跨页，本次整理对此保留原貌，唯顺序左右倒置，如正文第416页～第421页。

特此说明。

前 言

杨彦君[①]

2016年，笔者在日本国立公文书馆筑波分馆调阅了《南方军防疫给水部·冈第九四二〇部队留守名簿》[②]（以下简称《留守名簿》）。以此为基础，同时参考在日本防卫省和厚生劳动省最新发现的史料档案，完全可以厘清九四二〇部队的创设过程、机构设置、人员构成、人员来源和部队规模等基本史实问题。关于南方军防疫给水部主要业务和生物战准备有关状况，此前学界在相关论著中虽有述及，但多局限于低阶卫生兵和少数雇员的口述史料。[③]对于中外学术界来说，《留守名簿》是全新的第一手档案史料，在一定程度上改变了因核心档案的缺失和不足而无法认知九四二〇部队全貌的学术困境。这部分新发现、新史料和新证据具有客观性、真实性和唯一性，对于认定九四二〇部队的基本形态、战时行为和生物战体系的核心构成等基本问题有着不可替代的学术价值，有助于梳理九四二〇部队同七三一部队、一八五五部队、一六四四部队、八六〇四部队之间的内在关联和战时关系，进而厘清日本生物战体系的构成特点，对全面揭示日本生物战罪行、危害和影响及其战争责任极具现实意义。

一、《留守名簿》的主要内容

二战期间，日本向东南亚派驻大量“外征部队”。日本陆军省为加强对“外征部队”的集约式管理，便于与本土家属之间的联系，以及确定抚恤金和慰问金的发放标准，希图借此巩固和提高部队的“战斗力”，于1944年11月30日制定了“陆亚普第1435号”《留守业务规程》，明确规定了“留守业务”各项规则。《留守名簿》即是在此基础上编制的人事档案，最初于1945年1月1日编成，后于1月10日、9月1日以及战后多次补编和修改。

《留守名簿》共有三个版本：版本一为丰桥陆军医院于1945年1月1日编成，正文共有

① 杨彦君，侵华日军第七三一部队罪证陈列馆研究员，清华大学历史系博士研究生。本前言原为杨彦君撰写的《二战时期日本侵驻东南亚的生物战部队》，发表在《北方文物》2021年第2期，本书中略作修改。

② 簿冊標題：『留守名簿（南方）　南方軍防疫給水部岡第9420部隊　マライ』，請求番号：平23厚労06581100，作成部局：厚生省，資料作成年月日：1945年9月1日，国立公文書館。

③ 关于九四二〇部队相关研究成果有：张华：《侵华日军第9420部队及云南细菌战研究》，北京：中国社会科学出版社，2018年；（日）近藤昭二：「解説岡9420部隊」、七三一研究会編：『細菌戦部隊』、東京：晩声社、1996年；（日）竹花香逸：『ノミと鼠とペスト菌を見てきた話』、私刻版1991年。上述成果仅基于口述史料泛泛地介绍了九四二〇部队，并没有涉猎部队的基本建制、人员来源和人员构成等有关内容。

127 页，封面有“正”蓝色墨章、“秘”和“军事机密”红色墨章、手写的“6061”字样；版本二为南方军防疫给水部于 1945 年 1 月 10 日编制，正文共有 154 页，封面有“正”“秘”“6061”字样；版本三为南方军防疫给水部于 1945 年 9 月 1 日编成，正文共有 103 页，封面有手写红色“卜二七三一”字样，附有一便签：“永久保存，本册为盟军所有，严禁破坏烧毁。”

这三个版本的《留守名簿》大同小异，主要呈显为如下特征：同一成员之信息，大多数在三个版本中皆有记载，亦有个别者仅见一个或两个版本记载，其他版本则未见；又或三个版本虽皆有记载，但信息内容却互有不同。如羽山良雄是九四二〇部队部队长，三个版本均有记载，版本一（原档页码第 87 页）和版本二（原档页码第 105 页）皆记录其军衔为“现医大佐”，而版本三（原档页码第 72 页）则记为“现医少将”，盖因羽山良雄于 1945 年 6 月 10 日晋升为少将，版本一和版本二均在其晋升之前编成，故有此异。因 1945 年 9 月 1 日编成的《留守名簿》（版本三）更接近于最终职务、职级等个人信息，故本次整理按照版本三、版本二和版本一之顺序排列。本前言评介时所涉及人员信息基本以版本三为主，参照其他两个版本予以补充和校正，在军衔和职级上皆取最高一级任职信息。附带说明一点，版本三的信息虽然更接近最终结果，但仍难免有误记、漏记等情况，如松浦春雄的出生日期，版本三（原档页码第 84 页）记录为“昭和 35 年 3 月 20 日”，版本二（原档页码第 121 页）则记录为“明治 35 年 3 月 20 日”，按昭和 35 年为 1960 年，可知版本三为误记。

上述三个不同版本的《留守名簿》共计 384 页，全部为手写字体，以日语假名音序排列，记载了 468 人的个人信息，所有内容均无人为遮挡。《留守名簿》所载信息有：九四二〇部队成员姓名、出生日期、原籍、编入部队时间、职级及晋级时间、此前所属部队和编入时间、留守担当者即部队成员在日直系亲属信息等。《留守名簿》中的“留守”指的是“定居在日本本土，并且为‘外征部队’直系家属的代表”。既然有“留守”人员详细名册，那么必然有“为谁留守”的人员名册，也就是“外征部队”全员名册。《留守名簿》曾保存于日本陆军省和第一复员省，后长期保存于日本厚生劳动省社会援护局，作为战后军人和军属发放抚恤金和养老金的参考档案，2015 年之后由日本厚生劳动省移交至国立公文书馆。

二、南方军防疫给水部的编成

1942 年 4 月 22 日，中国派遣军总司令官畑俊六向陆军大臣东条英机呈报了“总参一第五五二号"《南方军防疫给水部编成地及编成完结日之报告》[①]，注明部队固有名为"南方军防疫给水部"，兵团文字符为"荣"，一连番号为"九四二〇"，负责南方军防疫给水部编成业务的责任人为"中支那防疫给水部"部长。七三一部队总务部长大田澄军医大佐于1941年7月2日至1943年4月8日任"中支那"防疫给水部部长，也就是说，由大田澄具体负责南方军防疫给水部编成相关业务。1942年5月12日，畑俊六又向东条英机呈报《南方军防疫给水部编成完结及文书提交之报告》[②]，报告中详列了南方军防疫给水部的编成完结日、将校职员表、人员一览表和通称号一览表等。据此可知，南方军防疫给水部于1942年5月5日在南京编成，留守业务担当部队为丰桥陆军医院，代号为"荣第九四二〇部队"；从南京转移到新加坡之后使用兵团[③]文字符"冈"，即"冈第九四二〇部队"。"荣"和"冈"指的是部队"兵团文字符"，所谓"兵团文字符"是指日本陆军"兵团"的汉字代号，"荣"为"支那派遣军"的"兵团文字符"，"冈"是"第七方面军"的兵团文字符，"冈第九四二〇部队"隶属于第七方面军。习惯上，将南方军防疫给水部称为"九四二〇部队"。

据《南方军防疫给水部略历》[④]记载，1942年4月1日，南方军防疫给水部编成命令下达，5月5日于南京编成完结，6月1日自上海派遣赴菲律宾马尼拉，6月20日抵达新加坡，此后在新加坡从事防疫给水业务。1943年4月15日从新加坡出发，4月20日到达泰国北碧府；10月15日从北碧府出发，10月下旬返回新加坡继续进行防疫给水业务。1945年8月15日"停战"，9月2日"终战"；11月移驻伦邦岛。1946年5月1日从伦邦岛出发返回日本，5月19日自名古屋登陆，5月20日复员结束。

另据《南方军防疫给水部编成完结及书类申请之报告》[⑤]中的《人员一览表》所载，南方军防疫给水部将校定员29人，准士官、下士官定员49人，兵定员130人，总定员208人。然而，在部队成立之初的1942年5月5日，南方军防疫给水部实有将校22人、准士官下士官9人、兵115人，缺额达62人。另外从此表中亦可看到：南方军防疫给水部经理部定员5人、卫生部定员126人、技师定员7人、技手（判任文官）定员30人、雇员（佣人）定员40人。而1942年5月5日，当时有经理部5人，满额；卫生部124人，缺额两名；技师0人，缺额7人；技手0人，缺额30人；雇员15人，缺额25人。《留守名簿》所记468人，其中将校9人，军医将校36人，

① 《南方軍防疫給水部編成地並編成予定完結日の件報告》，防衛省防衛研究所蔵，陸軍省 - 陸支密大日記 -S17-28-65。
② 《編成完結の件》，防衛省防衛研究所蔵，陸軍省 - 陸亜密大日記 -S17-89-201。
③ 原日本陆军中，总军、方面军、军、师团、独立混成旅团等具有独立作战能力的军事单位，称为兵团。
④ 《マライ方面部隊》，防衛省防衛研究所蔵，中央 - 部隊歴史全般 -98-1。
⑤ 《編成完結の件》，防衛省防衛研究所蔵，陸軍省 - 陸亜密大日記 -S17-89-201。

下士官和兵193人，文官71人，另有雇员、嘱托等。从1942年到1945年，南方军防疫给水部在人员定额上增加了一倍有余，战时共死亡34人，434人生还。

另外还有《南方军防给水部马尼拉支部留守名簿》[①]，由留守业务局于1947年3月10日编成，共计13页，封面页有手写“临正”“十七”“九四二〇”字样；档案书脊处写有“南方军防疫给水部·尚武九四二〇·1071站”；内文主要包括业务处理责任者一览表：帆刈喜四男军医少佐担当“队部”业务处理负责人，三浦平太郎雇员担当“残务整理部”和“留守业务部”业务处理负责人；还载有田代要人、小崛秀次郎等共7人的个人信息。据此可知，九四二〇部队在菲律宾的马尼拉设置了支部。

三、南方军防疫给水部的人员构成

《留守名簿》中所记将官1人；佐官13人，其中大佐1人、中佐4人、少佐8人；尉官56人，其中大尉21人、中尉21人、少尉11人、准尉3人；另外有技师8人，技手69人。实质而言，将官、佐官和技师构成了九四二〇部队的核心管理层，连同尉官和技手成为准备生物战和防疫给水业务的中坚力量。《留守名簿》所载九四二〇部队主要成员信息如表一。

表一　九四二〇部队主要成员一览

序	姓 名	出生日期	编入时间	军衔或职级	此前所属及编入时间
1	羽山良雄	1900年6月23日	1943年6月3日	军医少将	船舶兵团医长 1942年7月10日
2	松浦春雄	1902年3月20日	1944年3月3日	药剂大佐	关东军防疫给水部 1940年3月9日
3	河内太郎	1903年12月10日	1944年3月17日	军医中佐	南方军游击队司令部 1944年1月27日
4	早川正敏	1904年1月17日	1945年7月17日	军医中佐	南方军卫生教育部 1943年10月30日
5	早川清	1905年6月4日	1943年3月25日	军医中佐	东京第二陆军医院 1942年8月13日
6	梶原政不	1899年2月16日	1945年7月15日	药剂中佐	缅甸军司令部 1943年12月30日
7	帆刈喜四男	1909年10月14日	1944年3月20日	军医少佐	第25师团司令部 1943年8月2日

① 《留守名簿（南方）南方軍防疫給水部マニラ支部尚武第9420部隊》，国立公文書館蔵，平23厚労05503100。

续表

序	姓 名	出生日期	编入时间	军衔或职级	此前所属及编入时间
8	久保田满夫	1912 年 5 月 6 日	1943 年 3 月 31 日	军医少佐	步兵第 38 联队 1939 年 9 月 7 日
9	竹川信也	1910 年 6 月 11 日	1944 年 3 月 20 日	军医少佐	第 28 师团司令部 1943 年 8 月 2 日
10	内池孝一郎	1914 年 1 月 22 日	1944 年 3 月 20 日	药剂少佐	临东第 1 医院 1943 年 12 月 1 日
11	岛田楠造	1907 年 6 月 1 日	1943 年 5 月 1 日	卫生少佐	“南支那防疫给水部” 1939 年 5 月 1 日
12	平冈隆熊	无	无	卫生少佐	无
13	木村修辅	1913 年 2 月 18 日	1945 年 4 月 23 日	主计少佐	第 7 方面军野战货物厂 1944 年 5 月 20 日
14	诸隈保男	1913 年 11 月 29 日	1943 年 3 月 25 日	主计少佐	留守第 56 师团经理部 1941 年 8 月 19 日
15	冲波实	1906 年 5 月 1 日	1944 年 7 月 22 日	技师	无
16	笠原顺一郎	1910 年 8 月 7 日	1944 年 2 月 17 日	技师	无
17	北森良范	1912 年 7 月 1 日	1943 年 4 月 20 日	技师	第 8 师团防疫给水部 1941 年 6 月 15 日
18	铃木俊一	1905 年 6 月 29 日	1943 年 1 月 19 日	技师	无
19	白井正臣	1913 年 1 月 2 日	1943 年 11 月 5 日	技师	无
20	中野真一	1909 年 7 月 27 日	1942 年 12 月 10 日	技师	第 33 野战防疫部 1937 年 11 月 17 日
21	西山守	1907 年 1 月 1 日	1943 年 3 月 17 日	技师	无
22	平岩半次	无	无	技师	无

注：根据《南方军防疫给水部留守名簿》三个版本综合整理。

据上表所见，九四二〇部队的核心管理层“将佐”和“技师”来源较为广泛，有的来自驻地为东南亚的第七方面军、南方军，有的来自日本本土作战部队，有的来自野战师团等。如部队长羽山良雄军医少将来自船舶兵团，松浦春雄药剂大佐来自七三一部队，竹川信也军医少佐来自第 28 师团司令部等。但从《留守名簿》所记全员状况来看，南方军防疫给水部主要以关东军防疫给水部（七三一部队）、“北支那防疫给水部”（一八五五部队）、“中支那防疫给水部”

（一六四四部队）、“南支那防疫给水部”（八六〇四部队）、陆军军医学校、陆军医院和野战医院整编组建而成。

九四二〇部队所有成员中，据《留守名簿》载，来自一六四四部队的132人，来自八六〇四部队的66人，来自陆军军医学校的16人，来自七三一部队的7人，来自一八五五部队的5人。

来自一六四四部队的132人中，有江本修治、谷信正等军医大尉、卫生大尉8人；有吉田博、大龙彦次郎、清水用平等卫生准尉3人；有妹尾敬三、鹤田春重等卫生曹长、疗工曹长和会计曹长15人；有上原良秋、木村武雄等卫生军曹19人，以及卫生伍长29人、卫生兵长13人、卫生上等兵29人、辎重上等兵1人、卫生兵13人、雇员2人。来自八六〇四部队的66人中，有岛田楠造少佐1人、军医中尉3人、卫生准尉1人、卫生军曹7人、卫生伍长10人、卫生兵长5人、卫生上等兵24人、卫生一等兵1人、卫生兵14人。来自陆军军医学校的16人中，有宫永久治郎卫生大尉1人、井上美明军医中尉1人、技手10人和雇员4人。来自一八五五部队的5人中，有大尉1人、曹长1人、军曹1人、上等兵2人。来自七三一部队的7人中，有松浦春雄药剂大佐、小林荣三嘱托、斋藤喜一技手3人；另有佐藤一技手，雇员国广达雄、萩原中、春田俊男等4人，这4人在《留守名簿》“留守住所”栏中均为“七三一部队宿舍”；如春田俊男的“留守住所”为“满洲国第七三一部队家族宿舍第五栋テ三五号”。小林荣三的个人信息在《留守名簿》的第37页“出生于明治34年6月12日，编入时间为昭和18年4月2日，嘱托，此前所属为关东军防疫给水部”。结合三个版本确认松浦春雄的个人信息“出生于明治35年3月20日，编入时间为昭和19年3月3日，药剂大佐，此前所属关东军防疫给水部，昭和20年2月19日战病死”。

尤为值得一提的是，九四二〇部队第一任部队长北川正隆，陆军军医大佐，曾任七三一部队总务部长、第一部部长，从九四二〇部队成立之初一直到1943年6月2日任部队长。羽山良雄为第二任部队长，自1943年6月3日起任职部队长直至“终战”，故九四二〇部队也被称为“北川部队”“羽山部队”。据《留守名簿》第72页记载：“羽山良雄，生于明治33年6月23日，于昭和18年6月3日编入南方军防疫给水部，军医少将，此前所属船舶兵团医长。”[①] 另据其他参考资料可知，羽山良雄于1926年毕业于大阪帝国大学医学部，1933年时曾为陆军军医学校防疫部部员、陆军一等军医，随后任陆军卫生部卫生课长（广岛），第6野战防疫部部长（上海），

① 簿冊標題：『留守名簿（南方）　南方軍防疫給水部岡第9420部隊　マライ』，請求番号：平23厚労06581100，作成部局：厚生省，資料作成年月日：1945年9月1日，国立公文書館。

陆军军医学校教官，船舶兵团军医部长，陆军军医少将，战后开设羽山医院，任院长。[①]

日本生物战体系直接相关的陆军军医学校、七三一部队、一八五五部队、一六四四部队、八六〇四部队共有226人成为九四二〇部队成员，约占九四二〇部队人员总数的半数，从“部队组建”时人员来源即可看出九四二〇部队的“生物战谋略”性质。九四二〇部队组建之初即由“中支那防疫给水部”部长负责，来自一六四四部队的成员占九四二〇部队总人数的35%，一六四四部队成为九四二〇部队的“母体”，其他防疫给水部队为其辅助，九四二〇部队的成立使得日本生物战活动范围自中国大陆扩展延伸到东南亚一带。

四、南方军防疫给水部的“防疫研究”

由于此前所见档案文献极少，使得南方军防疫给水部的存在、基本状况和行为长期以来扑朔迷离。事实上，日军于1942年2月15日即侵占了新加坡，并于2月17日将新加坡改称“昭南”。随后，七三一部队、一六四四部队和陆军军医学校便派员前往新加坡和马来西亚等地调查当地疫病流行、生态环境以及卫生医疗机关设置情况。距日本侵驻新加坡后不到3个月的时间，南方军防疫给水部便告成立，并以新加坡为“防疫给水”和“生物战研究”基地，辐射东南亚日军所占之区域范围。这意味着，南方军防疫给水部的设立紧紧追随了日本侵略东南亚的军事步伐，其所承担的“防疫”“给水”和生物战准备也是日军侵略东南亚的重要军事手段，从中亦能看出日本侵略东南亚是有准备、有计划的国家行为。

1942—1944年，七三一部队、陆军军医学校和南方军防疫给水部在《陆军军医学校防疫研究报告（第2部）》中公开发表了22篇有关东南亚疫病流行的文章。这些研究报告从1942年6月6日高桥正彦在第336号发表《爪哇地区鼠疫的防疫学观察》开始，一直到1944年4月7日，陆军军医学校防疫研究室在第881号发表《印度、锡兰及缅甸的鼠族种类分部》为止，研究范围涵盖东南亚区域战场给水、鼠疫、疟疾、结核、伤寒、霍乱和恙虫病毒等。

在《陆军军医学校防疫研究报告（第2部）》所载22篇研究报告中，陆军军医学校防疫研究室署名的有《印度、锡兰及缅甸的鼠族种类及分布》[②]《基于真空冷冻干燥法的立克次氏体病毒（恙虫病毒）活体保存方法研究》[③]和《关于恙虫病立克次氏体的老鼠感染试验以及脏器切片

① 『大東亜戦争陸軍衛生史〈7〉』、陸上自衛隊衛生学校、1969年、182頁。

② 陸軍軍医学校防疫研究室：「印度、セイロン及ビルマニ於ケル鼠族ノ種類及分布」、『十五年戦争極秘資料集.補巻23[8]（陸軍軍医学校防疫研究報告第2部第8冊）』（復刻版）、東京：不二出版、2005年。

③ 陸軍軍医学校防疫研究室：「凍結真空乾燥法ニ依ルリッケッチヤ病毒（恙虫病毒）ノ生存保存方法ノ研究」、『十五年戦争極秘資料集.補巻23[8]（陸軍軍医学校防疫研究報告第2部第8冊）』（復刻版）、東京：不二出版、2005年。

标本中的立克次氏体检出及其病理组织学所见》[①]。陆军军医学校防疫研究室主任内藤良一的《使用滤纸干血滴的微毒沉淀反应（用于热带地区及野战）》[②]。陆军军医学校军阵防疫学教室军医中佐井上隆朝的《关于防疟的二、三拙见（1942 年 11 月 16 日比岛派遣军研究会讲演要旨）》[③]，军医少佐池边吉太郎《关于满洲、华北、华中、华南及南方流行霍乱菌的分类》[④]，军医中尉吉植庄平的《马来联邦国的霍乱预防及治疗（翻译稿）》[⑤]。南方军防疫给水部的研究报告有：军医少尉高安宗显的《利用地产非谷类植物开展的实验动物饲育研究》[⑥]，军医中尉村井丰一的《缅甸西北地区疟蚊分布及疟疾浸淫状况》[⑦]，军医少佐河内太郎的《登革热病毒的实验研究（第一篇）：前眼房内接种试验》[⑧]和《登革热相关动物实验》[⑨]，军医少佐竹川信也的《关于利用超声波进行的恙虫病立克次氏体活体细胞外诱出法及所附之二三项实验（第一回报告）》[⑩]，军医少佐帆刈喜四男的《基于真空冷冻干燥法的立克次氏体病毒（恙虫病毒）活体保存方法研究（第二编）：冻结温度及干燥时间与病毒量的关系》[⑪]和《基于真空冷冻干燥法的立克次氏体病毒（恙虫病毒）活体保存方法研究（第三编）：各种干燥立克次氏体病毒的存活期限》[⑫]；其中，河内太郎研究报告发表时署名陆军军医学校军阵防疫学教室，竹川信也、帆刈喜四男的研究报告发表时署名陆军军医学校防疫研究室，这或可说明，南方军防疫给水部与陆军军医学校的特殊关系。另外，还

① 陸軍軍医学校防疫研究室:「「リッケッチア・ツツガムシ」ノ「マウス」感染試験及臓器切片標本ヨリノ「リッケッチア」ノ検出並ニ其ノ病理組織学的所見ノ就テ」、『十五年戦争極秘資料集．補巻 23[8]（陸軍軍医学校防疫研究報告第 2 部第 8 冊）』（復刻版）、東京：不二出版、2005 年。

② 内藤良一：「濾紙乾燥血滴ヲ用フル微毒沈降反応（熱地用及野戦用）」、『十五年戦争極秘資料集．補巻 23[5]（陸軍軍医学校防疫研究報告第 2 部 第 5 冊）』（復刻版）、東京：不二出版、2005 年。

③ 井上隆朝：「防瘧ニ関スル二、三ノ卑見（昭和 17 年 11 月 16 日比島派遣軍研究会講演要旨）」、『十五年戦争極秘資料集．補巻 23[5]（陸軍軍医学校防疫研究報告第 2 部 第 5 冊）』（復刻版）、東京：不二出版、2005 年。

④ 池邊吉太郎:「「コレラ」菌ト「コレラ類似ヴイブリオ」トノ鑑別ニ就テ」、『十五年戦争極秘資料集．補巻 23[6]（陸軍軍医学校防疫研究報告第 2 部 第 6 冊）』（復刻版）、東京：不二出版、2005 年。

⑤ 吉植庄平：「マレー聯邦国ニ於ケル「コレラ」ノ予防並ニ治療（翻訳）」、『十五年戦争極秘資料集．補巻 23[5]（陸軍軍医学校防疫研究報告第 2 部 第 5 冊）』（復刻版）、東京：不二出版、2005 年。

⑥ 高安宗顕：「現地産非谷植物ヲ以テスル試験動物飼育ノ研究」、『十五年戦争極秘資料集．補巻 23[4]（陸軍軍医学校防疫研究報告第 2 部 第 4 冊）』（復刻版）、東京：不二出版、2004 年。

⑦ 村井豊一：「ビルマ西北地区ニ於ケル「アノフェレス」分布及「マラリア」浸淫状況」、『十五年戦争極秘資料集．補巻 23[5]（陸軍軍医学校防疫研究報告第 2 部 第 5 冊）』（復刻版）、東京：不二出版、2005 年。

⑧ 河内太郎:「「デング」熱病毒ノ実験的研究　第一篇　前眼房内接種試験」、『十五年戦争極秘資料集．補巻 23[6]（陸軍軍医学校防疫研究報告第 2 部 第 6 冊）』（復刻版）、東京：不二出版、2005 年。

⑨ 河内太郎：「「デング」熱ニ関スル動物実験」、『十五年戦争極秘資料集．補巻 23[6]（陸軍軍医学校防疫研究報告第 2 部 第 6 冊）』（復刻版）、東京：不二出版、2005 年。

⑩ 竹川信也：「超音波ニ依ル「リッケッチア・ツツガムシ」ノ生活細胞外ヘノ誘出法並ニ之ニ付随セル二、三ノ実験ニ就テ（第一報）」、『十五年戦争極秘資料集．補巻 23[5]（陸軍軍医学校防疫研究報告第 2 部 第 5 冊）』（復刻版）、東京：不二出版、2005 年。

⑪ 帆刈喜四男：「凍結真空乾燥法ニ依ルリッケッチヤ病毒（恙虫病毒）ノ生存保存方法ノ研究　第二編　凍結温度及乾燥時間ト病毒量トノ関係」、『十五年戦争極秘資料集．補巻 23[5]（陸軍軍医学校防疫研究報告第 2 部 第 5 冊）』（復刻版）、東京：不二出版、2005 年。

⑫ 帆刈喜四男：「凍結真空乾燥法ニ依ルリッケッチヤ病毒（恙虫病毒）ノ生存保存方法ノ研究　第三編　乾燥各種リッケッチア病毒ノ生存期間」、『十五年戦争極秘資料集．補巻 23[5]（陸軍軍医学校防疫研究報告第 2 部 第 5 冊）』（復刻版）、東京：不二出版、2005 年。

有第24野战防疫给水部的《关于马来亚战线的敌军给水》①，第2防疫给水部的《原马来联邦医学研究所的蚊类检查技术》② 等。

据目前调查所见，南方军防疫给水部主办的《南方军防疫给水部业报（丙）》中收录39篇论文，详见表二。这些论文有的装订成集、有的单篇散落存放在日本国立公文书馆。

表二 《南方军防疫给水部业报（丙）》刊文一览

序	执笔者	标题	发表时间	所在刊次
1	河野寮园	对于蚊类霍乱的防遏法指南	1942年8月15日	第1号
2	河野寮园	昭南岛地区疟蚊鉴别要点	1942年12月13日	第5号
3	河野寮园	战前昭南岛的疟疾防遏法概况及其战后对策	1942年10月6日	第18号
4	大森南三郎	疟蚊检查法	1942年12月1日	第2号
5	武内博夫	原英属马来亚地区立克次氏体病、黑热病、白铃热的所在记录	1942年9月10日	第4号
6	高安宗显	利用地产非谷类植物开展的实验动物饲育研究	1942年8月17日	第6号
7	井村东三司	影响低级心理机能的热带地区不良敏感之一：主要关于“热带神经衰弱”的观察	1942年9月7日	第7号
8	井村东三司 小泽定雄	对热带地区驻留陆军部队士兵饮食的探讨（以该部队供餐为实验对象）之一：关于三要素及热量	1942年9月17日	第10号
9	井村东三司	原英属海峡殖民地防疫法规	1942年10月8日	第19号
10	前川俊秋	热带地区船舶运输实验用小动物的一例	1942年9月7日	第8号
11	村井丰一	昭南港外原英国圣约翰岛检疫所的设备及运用法	1942年8月20日	第9号
12	内藤良一	印度的疟蚊分布	1942年11月1日	第11号
13	内藤良一	使用滤纸干血滴的微毒沉淀反应（用于热带地区及野战）	1942年10月18日	第12号
14	内藤良一	澳洲及南太平洋诸岛的疟蚊分布一览表	1942年12月10日	第13号

① 第24野戦防疫給水部：「マレー二於ケル敵軍給水二就テ」、『十五年戦争極秘資料集．補巻23[4]（陸軍軍医学校防疫研究報告第2部 第4冊）』（復刻版）、東京：不二出版、2005年。
② 第2防疫給水部：「旧馬来聯邦医学研究所二於ケル蚊族検査手技」、『十五年戦争極秘資料集．補巻23[5]（陸軍軍医学校防疫研究報告第2部 第5冊）』（復刻版）、東京：不二出版、2005年。

续表

序	执笔者	标题	发表时间	所在刊次
15	内藤良一	兰印医学杂志中疟蚊相关记事的抄译	1942 年 12 月 12 日	第 14 号
16	冈本利夫	关于透析用动物膜的制法	1942 年 10 月 11 日	第 15 号
17	冈本利夫 上野高正	利用当地容易取得之海藻配制寒天的制造法	1943 年 4 月 10 日	第 54 号
18	上野高正	转化糖液制造法	1942 年 10 月 11 日	第 17 号
19	上野高正 樋口正人	查抄英国制橡胶帽安瓿瓶的理化学、细菌学实验	1942 年 10 月 29 日	第 20 号
20	樋口正人	爪哇捕获野生文鸟中血液变形虫的自然感染状态	1943 年 4 月 10 日	第 53 号
21	樋口正人 儿矢野福太郎	滤纸干血法的微毒诊断价值及实施技法上的注意	1943 年 5 月 1 日	第 57 号
22	冈 9420 部队测候所	卫生气象月报（1943 年 3 月昭南）	1943 年 4 月 1 日	第 52 号
23	冈 9420 部队测候所	卫生气象月报（1943 年 4 月昭南）	1943 年 5 月 1 日	第 58 号
24	冈 9420 部队测候所	卫生气象月报（1943 年 5 月昭南）	1943 年 6 月 19 日	第 59 号
25	冈 9420 部队测候所	卫生气象月报（1943 年 6 月昭南）	1943 年 7 月 19 日	第 60 号
26	竹本进一郎	万隆巴斯德研究所用于预防接种的破伤风类毒素制法	1943 年 4 月 25 日	第 55 号
27	早川清 帆刈喜四男 田中市造 市川利一 吉井策郎	关于热带型恙虫病媒介虫（恙螨）与携带病毒鼠之间的关系（其二）：携带病毒鼠的研究	1944 年 5 月 25 日	第 98 号
28	早川清 帆刈喜四男 田中市造 市川利一 吉井策郎	关于 1944 年 6 月昭南郊外发生的热带型恙虫病（第一编）	1944 年 10 月 4 日	第 107 号
29	早川清 竹川信也 室勇三	关于南方热带区域的恙螨皮炎	1945 年 8 月	第 114 号

续表

序	执笔者	标题	发表时间	所在刊次
30	早川清 竹川信也 市川利一 吉井策郎	关于爪哇地区热带型恙虫病感染机缘的调查研究（第一篇）：关于苏加武眉驻屯皇军出现的热带型恙虫病	1944 年 10 月 7 日	第 101 号
31	竹川信也	关于爪哇地区热带型恙虫病感染机缘的调查研究（第二篇）：关于爪哇地区携带热带型恙虫病病原体的动物	1944 年 11 月 25 日	第 102 号
32	竹川信也	关于爪哇地区热带型恙虫病感染机缘的调查研究（第三篇）：关于爪哇地区热带型恙虫病媒介虫（恙螨）的调查研究	1944 年 12 月 5 日	第 103 号
33	竹川信也	关于爪哇地区热带型恙虫病感染机缘的调查研究（第四篇）：爪哇地区热带型恙虫病媒介虫（恙螨）中病原立克次氏体的分离试验	1945 年 3 月 8 日	第 104 号
34	竹川信也	关于爪哇地区热带型恙虫病感染机缘的调查研究（第五篇）：关于爪哇地区栖息的一新型恙螨幼虫	1944 年 12 月 5 日	第 126 号
35	帆刈喜四男	关于利用变形杆菌 OXK 提取抗原沉淀反应的一种恙虫病新诊断法	1944 年 11 月 11 日	第 106 号
36	帆刈喜四男	关于 1944 年 6 月昭南郊外发生的热带型恙虫病（第二编）：关于携带病原体动物的检索及野鼠中分离的热带型恙虫病病原体	1944 年 10 月 4 日	第 108 号
37	帆刈喜四男	关于 1944 年 6 月昭南郊外发生的热带型恙虫病（第三编）：病原体媒介恙螨检查	1944 年 10 月 4 日	第 109 号
38	帆刈喜四男 市川利一	关于利用沉淀反应的立克次氏体病诊断器具	1944 年 10 月 9 日	第 116 号
39	帆刈喜四男 市川利一	以热带型恙虫病患者血液及罹患动物为材料的诊断法	1945 年 4 月 6 日	第 134 号

注：根据日本国立公文书馆保存的史料编成。

据上表所见，内藤良一、早川清、帆刈喜四男、竹川信也、河野寮园等人是南方军防疫给水部开展“防疫”和“给水”以及生物研究的核心力量。报告和论文涉及的研究地域遍及南亚和东南亚的印度、新加坡、马来亚、越南、缅甸、菲律宾等地，甚至远至澳洲。研究的范围涵盖卫生气象、恙虫病毒、疟疾的传染和预防，蚊类的分布及生存环境等，尤其是对恙虫病毒的研究达 16 篇之多，对疾病传播媒介物“蚊”的研究也有 6 篇报告。另外，还有以“军事医学”

为目标的井村东三司、小泽定雄的研究报告《对热带地区驻留陆军部队士兵饮食的探讨（以该部队供餐为实验对象）》① 等。尤为值得注意的是，这些刊发在《南方军防疫给水部业报（丙）》中的研究报告，执笔者既有南方军防疫给水部的成员，亦有陆军军医学校防疫研究室和军阵防疫学教室、七三一部队和八六〇四部队的成员。

此外，羽山良雄曾在《陆军军医学校防疫研究报告（第 2 部）》上公开发表《关于伤寒等四种混合预防接种液的保质期》②《战时防疫》③《战时及平时的实际检疫》④《野战病原检索用培养基的制造方法》⑤ 和《热带地区的传染病》⑥ 等 8 篇研究报告；在《军医团杂志》上发表了《送入血液循环过程中细菌之命运》⑦ 和《干燥免疫血清制造及保存相关研究》⑧，以及战后在《大东亚战争陆军卫生史（7）》中撰写了《关于检疫》⑨ 一文。

据《留守名簿》版本二第 105 页载："早川清，生于明治 38 年 6 月 4 日，昭和 18 年 3 月 25 日编入南方军防疫给水部，军医中佐，此前所属为东京第二陆军医院。"⑩ 早川清既是九四二〇部队核心成员，又是七三一部队要员，除了牵头合作完成了表二编号 27—30 的研究报告之外，曾编制《"支那事变"新设陆军防疫机关》表格。早川清列出了 1937 年至 1940 年所有的"陆军防疫机关"，在"固定防疫机关"一栏列出了"陆军军医学校防疫研究室、南支那防疫给水部、中支那防疫给水部、北支那防疫给水部、关东军防疫给水部"等共 5 支固定防疫给水部；在"移动防疫机关一栏"列出了"第 1 防疫给水部、第 2 防疫给水部，连续编号一直到第 18 防疫给水部，以及诺门罕事件加茂部队防疫部、北条部队中支那临时防疫、太田部队北支那临时防疫、关东军第一野战医院给水部"等共 22 个移动防疫给水部。同时列出了各防疫给水部的"名称、部队名、编成地、现驻地、编成时间、人员数量"等详细信息，这在某种

① 井村東三司、小澤定雄：「熱地ニ駐留スル陸軍部隊ノ兵食ニ対スル検討（当部隊給食ヲ以テスル試験）」、『南方軍防疫給水部業報（丙 自第 1 号至第 10 号）』、1943 年 3 月 20 日。

② 羽山良雄、内藤良一、吉本廣文：「チフス等四種混合予防接種液ノ有効期限ニ就テ」、『十五年戦争極秘資料集．補巻 23[2]（陸軍軍医学校防疫研究報告第 2 部 第 2 冊）』（復刻版）、東京：不二出版、2004 年。

③ 羽山良雄：「戦時防疫ニ就テ」、『十五年戦争極秘資料集．補巻 23[3]（陸軍軍医学校防疫研究報告第 2 部 第 3 冊）』（復刻版）、東京：不二出版、2004 年。

④ 羽山良雄：「平戦両時ニ於ケル検疫ノ実際」、『十五年戦争極秘資料集．補巻 23[3]（陸軍軍医学校防疫研究報告第 2 部 第 3 冊）』（復刻版）、東京：不二出版、2004 年。

⑤ 羽山良雄：「野戦病原検索用培地製造方法ニ就テ」、『十五年戦争極秘資料集．補巻 23[4]（陸軍軍医学校防疫研究報告第 2 部 第 4 冊）』（復刻版）、東京：不二出版、2004 年。

⑥ 羽山良雄：「熱帯地伝染病ニ就テ」、『十五年戦争極秘資料集．補巻 23[2]（陸軍軍医学校防疫研究報告第 2 部 第 2 冊）』（復刻版）、東京：不二出版、2004 年。

⑦ 羽山良雄：「血行内ニ送入セラレタル細菌ノ運命ニ就テ」、陸軍軍医団：『陸軍軍医団雑誌』1930 年第 205 号。

⑧ 島津忠預、羽山良雄：「乾燥免疫血清ノ清三並ニ保存ニ関スル研究」、陸軍軍医団：『陸軍軍医団雑誌』1935 年第 255 号。

⑨ 羽山良雄：「検疫に就いて」、『大東亜戦争陸軍衛生史〈7〉』、陸上自衛隊衛生学校、1969 年。

⑩ 簿冊標題：『留守名簿（南方） 南方軍防疫給水部岡第 9420 部隊 マライ』，請求番号：平 23 厚労 06581100，作成部局：厚生省，資料作成年月日：1945 年 9 月 1 日，国立公文書館。

程度上体现了日本生物战体系的构成状况。早川清的统计是为了配合石井四郎于1940年3月30日在陆军军医学校主办的陆军军阵医药学会上的演讲稿——《关于“支那事变”期间新设陆军防疫机关的运用效果：应对将来战争方针以及预防接种效果》[①]，报告的编辑人、协助者全部为日本生物战策划和研究领域主要成员，有石井四郎、佐藤俊二、大田澄、内藤良一和早川清等26人。

五、总结

当前，国内外关于南方军防疫给水部的研究成果不仅数量少，且囿于资料缺乏致使现有研究成果质量不高，而《留守名簿》的发现促使从根本上扭转这一研究窘境成为可能。《关东军防疫给水部留守名簿》于1945年1月1日编成，战后曾提交给盟军总司令部。1958年之后，美国向日本返还了大量二战资料，其中就包括《关东军防疫给水部留守名簿》。由是推之，《南方军防疫给水部留守名簿》封面便签所载“永久保存，本册为盟军所有，严禁破坏烧毁”，以及通过对《南方军防疫给水部业报》封面记载美军缴获的文字记录来判断，也应为美军返还日本档案资料的组成部分。

长期以来，《留守名簿》保存在日本厚生劳动省，作为战后抚恤和养老金发放的参考资料，最初局限于战后部队成员及其家属的待遇问题。随着2015年《关东军防疫给水部留守名簿》的发现和逐步公开，学界开始关注与之相关的其他生物战部队的“留守名簿”史料。在二战结束75周年的时代背景下，对《留守名簿》的关注，从政府善后工作层面逐渐向史证和学术层面转移，其关注的重点，也从战后抚恤转向全面认知九四二〇部队的存在和构成等基本史实问题。日本官方对《留守名簿》的保密政策制约了学术界对九四二〇部队全貌的认知和研究的深入，致使九四二〇部队的基本史实长期存疑，甚至被误读、误解、以讹传讹。学术界以往更多关注与七三一部队相关的资料，对中国境内的一八五五部队、一六四四部队、八六〇四部队亦有涉猎，而对位于中国境外的新加坡和马来西亚的九四二〇部队虽偶有提及，但从未进行过深入的调查研究。由于学术界所见九四二〇部队资料甚少且研究亦不足道，故将九四二〇部队的研究视为“空白”并不为过。另外，九四二〇部队无论是在战时，还是在战后，都具备生物战研究机构的隐蔽性和特殊性，随着《留守名簿》的发现、整理和研究，不可避免地促使我们重

① 陸軍軍医学校防疫学教室：「支那事変二新設セラレタル陸軍防疫機関運用ノ効果ト将来戦二対スル方針並二予防接種ノ効果二就テ」、『十五年戦争極秘資料集．補巻23 陸軍軍医学校防疫研究報告第2部第1冊』（復刻版）、東京：不二出版、2004年、第403-416頁。

新审视九四二〇部队的形态和行为。

《留守名簿》的发现、整理和研究，对全方位地解读和分析九四二〇部队的人员数量、身份构成和职级军阶等详细情况具有重要史料价值；特别是大量部队成员信息第一次为外界所知，呈现出九四二〇部队战时编成状况，这对全面厘清、重新评估和最终界定九四二〇部队的整体规模、身份构成、人员来源等问题有着不容忽视的作用。通过《留守名簿》，按图索骥查核九四二〇部队成员执笔的研究报告和学术论文，这对认知和界定九四二〇部队在 1942—1945 年之间的“防疫研究”和“生物战谋略”有着极为重要的意义。

1942 年之后，日本加快了侵占东南亚的步伐，九四二〇部队如影相随，这又使九四二〇部队同其他防疫给水部、陆军医院、野战医院之间频繁出现人员“进退流转”。如七三一部队总务部长大田澄，以一六四四部队长的身份具体负责组建九四二〇部队；七三一部队总务部长北川正隆成为九四二〇部队组建之后的第一任部队长；陆军军医学校防疫研究室主任内藤良一，既是七三一部队的核心成员，又是九四二〇部队的核心成员；等等。不容忽视的是，九四二〇部队同一八五五部队、一六四四部队、八六〇四部队一样，从最初的部队组建、防疫业务到整体的生物战谋略都是以七三一部队为核心，并且在不同程度上受七三一部队制约和指导。这意味着，陆军军医学校、七三一部队、一八五五部队、一六四四部队、八六〇四部队和九四二〇部队之间在人员进退流转、业务范围方面明显存有“剪不断、理还乱”的裙带关系，这是二战期间日本生物战体系的本质特征之一。

附识：本文参考之部分日文资料得到新加坡林少彬先生支持，谭天、鲁丹、朱丹亦多有协助，谨致谢忱。

南方軍防疫給水部（岡九四二〇）

2038

南方軍防疫給水部 岡第九四二〇部隊 留守名簿

昭和二十年九月一日 調製
南方軍防疫給水部

ト二七三八

第1分類	第2分類	第3分類	第4分類
E	1	0	0
第5分類			
30		14	

所在地 マライ
復員 昭

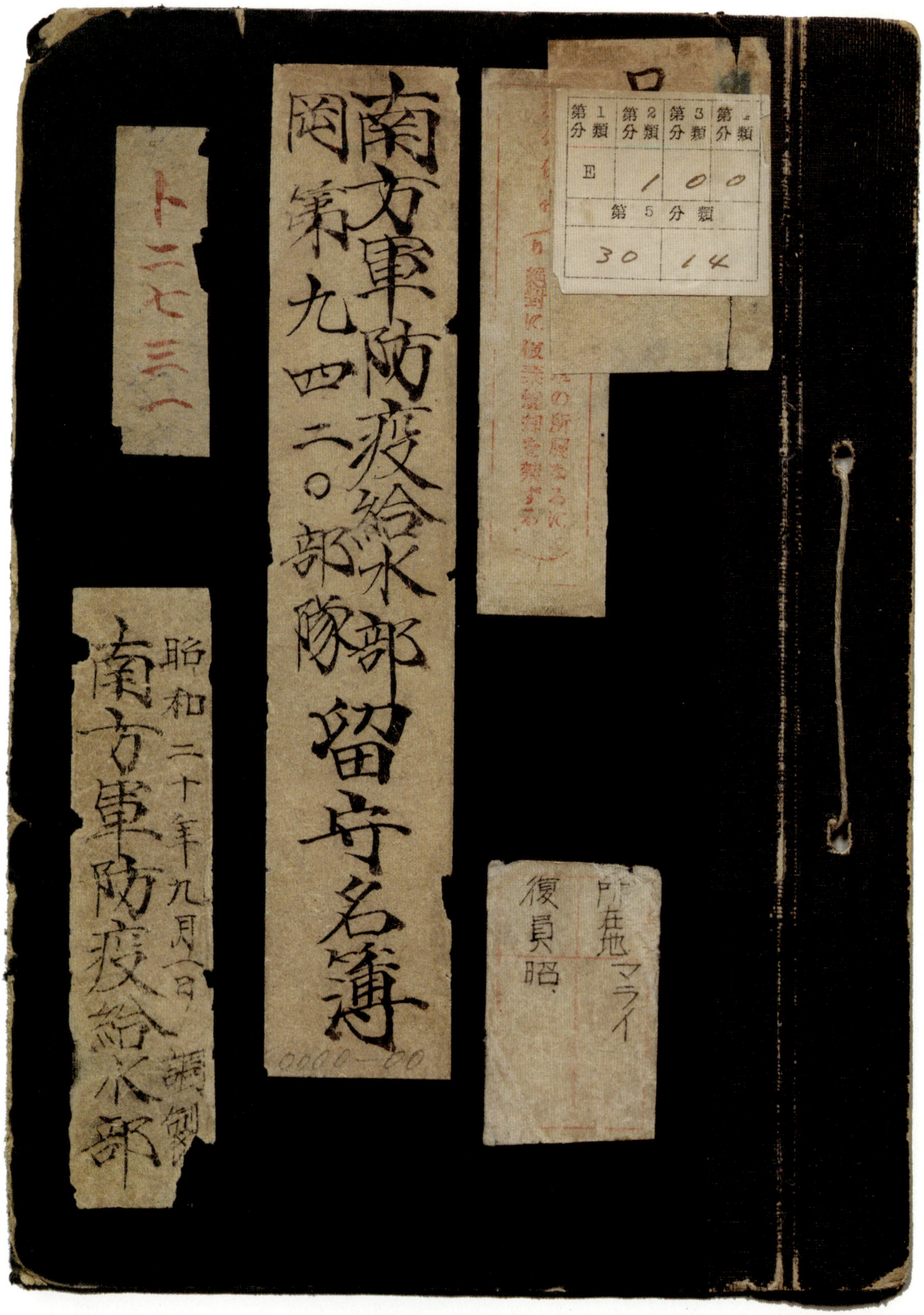
ト二七三一
南方軍防疫給水部
岡第九四二〇部隊留守名簿
0000-00
昭和二十年九月一日調製
南方軍防疫給水部
第1分類
第2分類
第3分類
第4分類
E
100
第5分類
30
14
所在地マライ
復員昭

永久保存
（本冊は連合軍の所屬なるにより絶對に破棄燒却を禁ずる）

南方軍防疫給水部
岡第九四二〇部隊
留守名簿

昭和二十年九月一日
南方軍防疫給水部

固有名
通稱號　部隊

部隊業務處理責任者一覽表

區分	部隊			殘務整理部	留守業務部	備考
期間　自						
期間　至						
職名						
階級						
氏名						
現住所（本籍地）						

南方軍防疫給水部

處決未決定ノ者（他ハ全員記載ス）

南方軍防疫給水部

部隊留守名簿

昭和二十三年十一月二十二日現在

氏名 / 生年月日	役兵種官等並等級俸月給額發令年月日	任官年 / 徵集年	留守擔當者 氏名	續柄	住所	本籍地（在留地）	前所屬部隊及其編入年月日	編入年月日	留守宅渡有無 / 補修年月日
佐藤久 大九.二.一六.	雇員 七六.五 20.9.30.		佐藤つた子	妻	東京都日本橋区本町一ノ四	北海道小樽市錦町四九	〃	18.1	21.4.13 復員
逢澤祺 大八.三.二七.	雇員 七九.一 20.9.30.		逢沢キイ	養母	同上	栃木県那須郡大田原町一九五八	〃	20.3.3.	

C000-02

C000-03

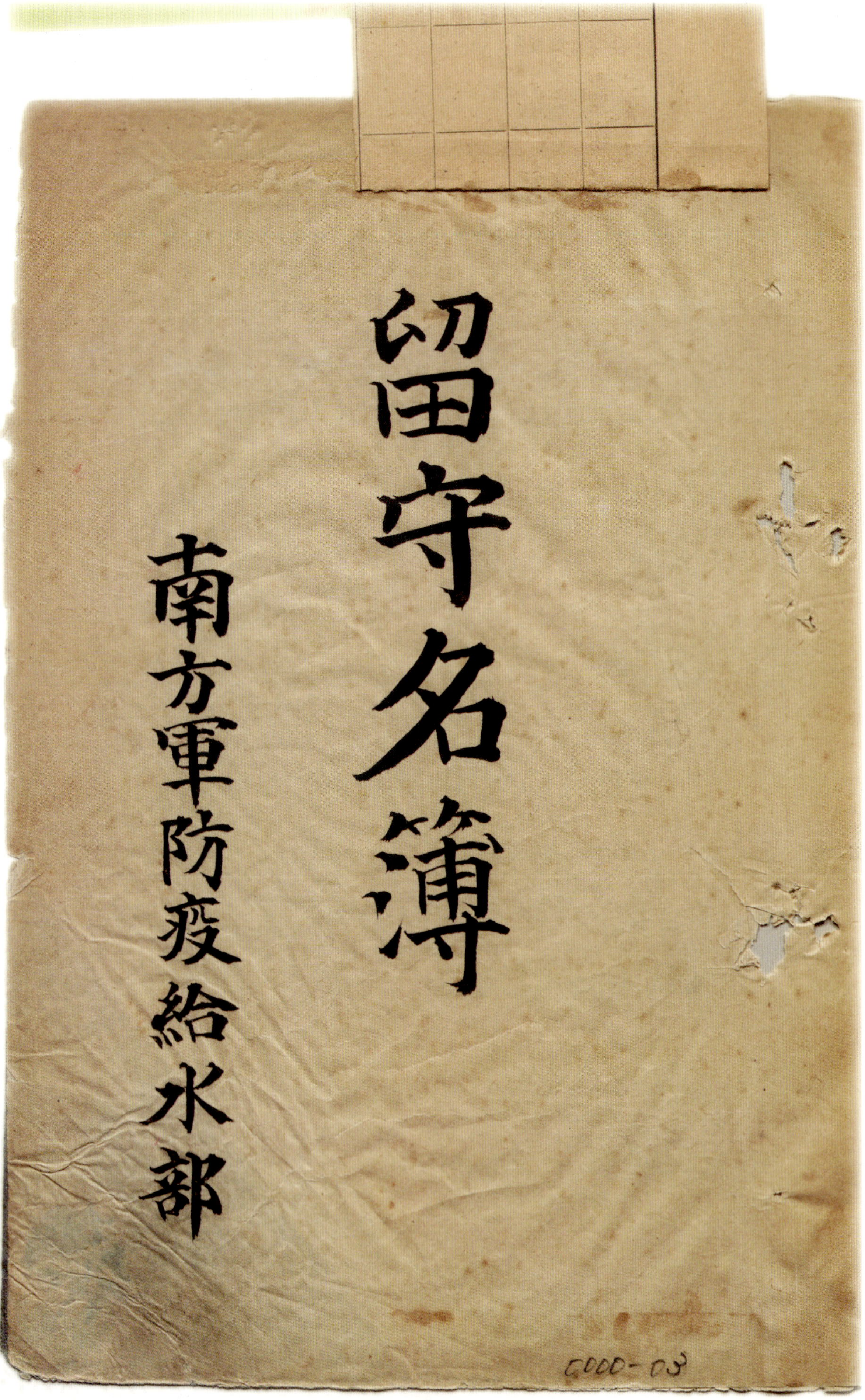
留守名簿

南方軍防疫給水部

G000-03

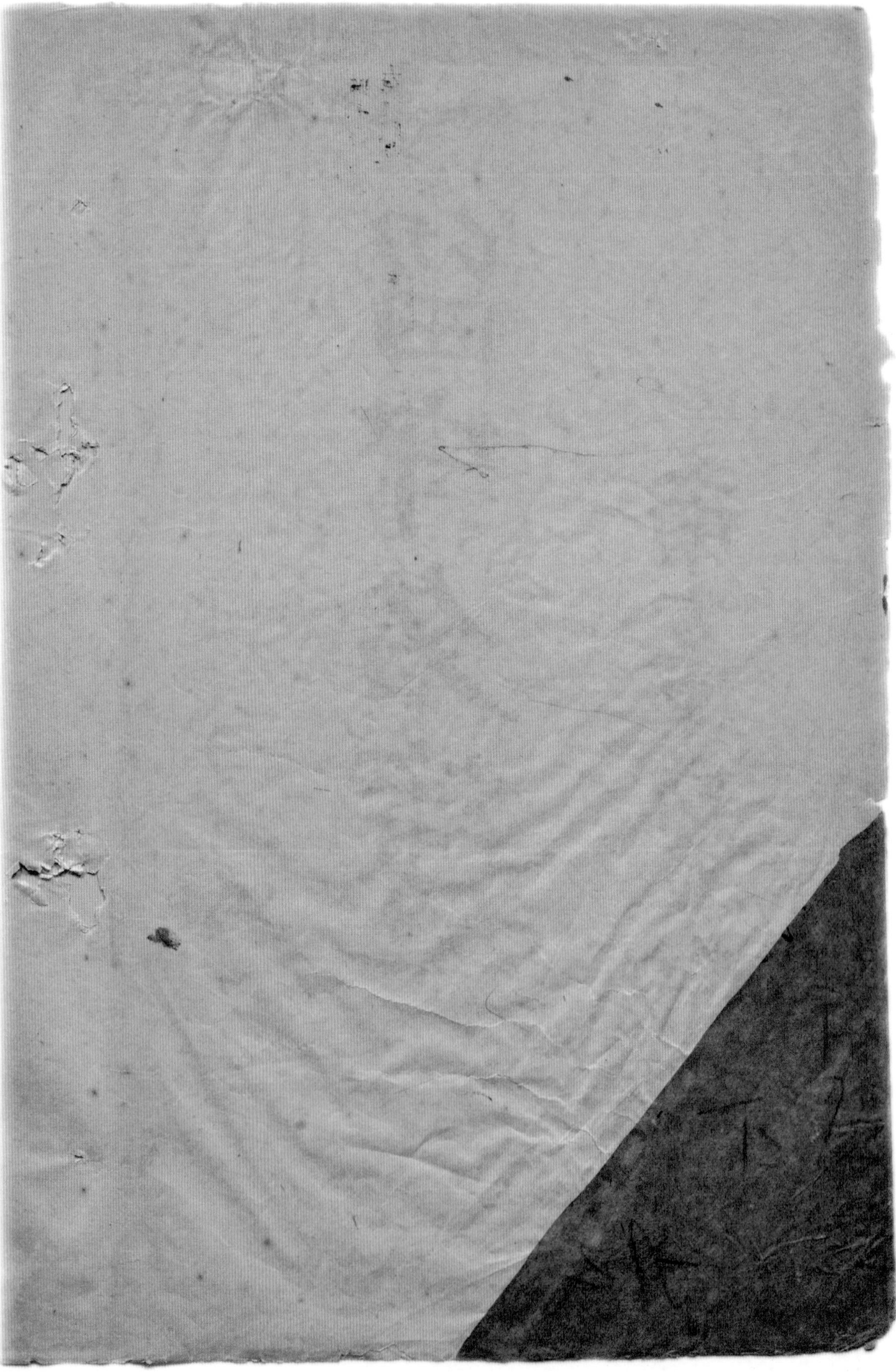

留守名簿

昭和二十年九月一日
南方軍防疫給水部

備考	編入年月日	前所属 其入隊年月日	本籍地	留守担当者 住所	続柄	留守担当者 氏名	役種官等級 任官年月日	役種 兵種 官等 給 俸給発令年月日	氏名	生年月日	留守宅渡 有無	補修年月日
昭21.5.9 内地帰還	17.5.5	輜重 十五 聯 16.6.23	東京都京橋区港町二ノ九	青森市[illegible] 三ノ三 工藤ヒデ方	妻	秋吉スミ	15.8.1	現 主計曹長 准 20.12.1 乙 昭[illegible]	秋吉清	大六、二、元	有	~~21.6.4~~ 21.7.2
21.6.21 予備編入	18.5.1	南支防給 13.11.1	東京都渋谷区千駄ヶ谷五ノ九九八	台湾台南州新豊郡安順庄一五八三	父	荒川今三郎	14.11.1	現 衛 [illegible] 乙 昭十七、[illegible]	荒川栄三郎	大七、九、八	有	21.7.4.
21/6/22 復員	17 5、5	中支防給 17.5.1	東京都世田谷区松原町一ノ七八五	東京都淀橋区西久保一ノ五四	母	安藤とく	20.3.1	予 衛 伍 昭二〇、三、一	安藤鎌吉	大八、三、五	無	
召集解除 21年6月23日	18.2.58	豊橋陸病 17.1.15	静岡県浜名郡舞坂町舞坂一九〇六ノ二	東京都荒川区南千住町一ノ五三	父	天野藤勝	20.9.1	補 衛 伍 昭二〇、九、一	天野安之	大九、一、二四	無	
召集解除 21年5月20日	17.5.1	東[illegible]防給 17.4.37	愛知県豊川市大字牛[illegible]九三	同上	父	浅井秀次郎	20.9.1	現 衛 伍 昭二〇、九、一	浅井七郎	大八、一二、一七	無	21.6.24.

沖縄

21.6.22 復員	18.12.1		福井県吉田郡東藤島村西山才ノ号 七三	同	上 父	天谷治左エ門	20.10.10 (~~18~~)	現衛伍 昭二〇、一〇、一〇	天谷治一 大二、二、一九	無	
召集解除 21年5月20日	17.5.5	士重 野償 17.3.31	和歌山県東牟婁郡勝浦町	同 日高郡 長野村 上	父	阿部蔵之助	13	二補衛兵 昭二〇、九、一	阿部芳雄 大六、一二、一九	無	21.6.24
21 5 20 復員				愛知県西春日井郡楠村大字如意	父	安藤善次		補衛兵 昭二〇、九、一	安藤善一 大七、六、一五	無	
召集解除 21年6月23日	19.11.23	一野重聯 19.9.17	埼玉県比企郡大河村字腰越 七七	埼玉県大里郡播羅村字西清寺 五四六	父	安野郡吉	18	三国衛上 昭二〇、六、一	荒井米造 大五、九、二七	無	
召集解除 21年5月9日	20.2.9		京都市上京区今出川通烏丸入ル 相国寺門前町 六三七ノ三	京都市上京区紫竹上緑町 五四	妻	青山あい		夜手 5 二〇、六、三	青山章夫 明四二、七、三	有	
復員	18.8.7	(中)	福島県田村郡巌江村大字皇石字館 九〇	同 上	兄	青山昇		雇員 20七 9六 30 19	青山勇 大八、三、三〇	有	21.7.2
召集解除 21 5 20	19.5.18		富山県西礪波郡子撫村法楽寺村 一三、二	富山県西礪波郡子撫村法楽寺村 一三、二	妻	東ヤイ		雇員 ~~68.77~~ 70.50 二〇、九、三〇	東茂之一 明三五、一、一五	有	21.6.24

沖縄

2

帰還

二〇、一〇、一一
一陸[illegible]

召集解除 21年5月20日

召集解除 21年6月23日

21.6.29 解職

ア

17.6.1
愛媛縣宇和島[illegible]
愛媛縣[illegible]
傭人
有薗[illegible]
昭10.[illegible]
大九、三、一一
有薗[illegible]有

鹿児島縣薩摩郡[illegible]村神子[illegible]
同上
妻 有村ミツ
雇員 有林知衛
21.6.24.

東京都荒川区南千住町五丸九八
東京都澁谷区千駄谷五丸九八
熊本県菊地郡西合志村字合生高木
父 荒川今三郎
現衛、准 荒川栄次郎

19.1.17.
宮崎県西臼杵郡細田ケ大字萩之峰四九六七
同上
兄 荒武綱人
19.1.17. 技手
大一、二、一七
荒武時平
四六、二、三

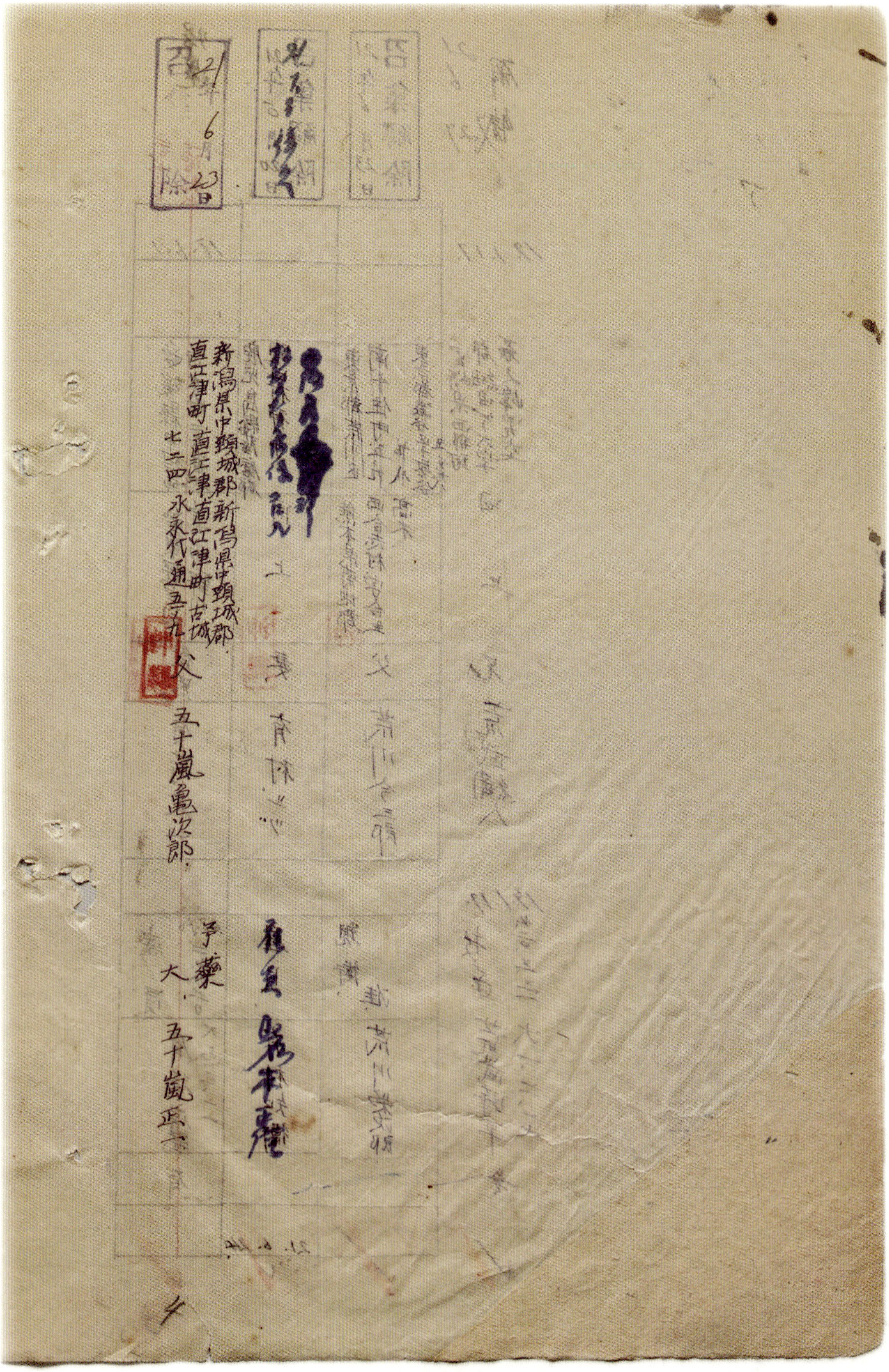
昭和21年6月23日 除

新潟県中頸城郡新潟県中頸城郡直江津町古城
直江津町直江津町七二四 永代通五ノ九
父 五十嵐亀次郎
予薬 大 五十嵐正一

21.6.24

4

イ　21.5.20 復員　召集解除 21年6月23日　召集解除 21年6月23日　21.6.22 復員　召集解除 21年5月20日　21.6.22 復員　イ

項目						
編入年月日	17.4.1	19.12.15	17.5.5	17.5.5	19.12.10	19.11.22
前所属部隊及其ノ編入年月日	大津陸病 15.7.22	陸医校 19.6.15	東二衛務 16.10.25	東二衛務	独工三五 19.7.17	
本籍地	富山県西礪波郡西五位村上向田四四九四七	香川県綾歌郡滝宮村大字北一三七一	新潟県中頸城郡直江津町大字直江津七二四	栃木県塩谷郡大宮村大字大宮一九七六之	長野県北佐久郡志賀村三三八六	新潟県北魚沼郡小千谷町一一三
留守担当者 住所	同上（沖縄）	同上（沖縄）	新潟県中頸城郡直江津町古城区永代橋通五一九（沖縄）	同上（沖縄）	同上（沖縄）	京都府南桑田郡樺田村大字鎌山（沖縄）
留守担当者 続柄	父	父	父	父	父	兄
留守担当者 氏名	井村甚七郎	井上十次郎	五十嵐亀次郎	市川未吉	伊藤道太	石坂靖太郎
徴集年任官年月日	15.7.22	17.4.13	16.11.1	17.2.17	13.8.1	20.9.1
兵種 官等 役種 進級年月日	予 医大尉 二〇、八、二〇 十九、九、三	現 医中尉 一九、三、一 十八、十、一	予 薬大尉 二〇、八、二〇	予 衛曹 二〇、三、一	予 衛伍 十四、五、一	予 衛伍 二〇、九、一
氏名 生年月日	井村東一三 大四、九、二	井上美明 大一三、三、二九	五十嵐正一 大七、一、一	市川市 大九、九、三五	伊藤茂雄 明四五、二、三	石坂孝三郎 大八、九、二八
留守宅渡有無	有	有	有	無	無	無
補修年月日	✓	✓	✓	✓	✓ 21.6.24 21.7.2	✓

5

21.6.22 復員	18.12.1			福井県足羽郡社村南居第四七號	同	沖縄 父	市村辰五郎	20.10.10	現 衛伍 二〇、一〇、一〇	市村堅士 大一二、六、二	無
21.6.22 復員	18.12.1			宮城県石巻市石巻住吉町 二九	北海道室蘭市中島町 三〇六	沖縄 父	石田栄蔵	18	現 衛伍	石田繁茂 大9.1.2	無
召集解除 21年5月20日	20.8.18	南一 陸病	18.8.20	秋田県北秋田郡大館町字鉄砲場 三六	同	沖縄 父	石田鶴松	14	二補 衛兵 二〇、九、一	石田建治 大八、三、二二	無
召集解除 21年5月20日	18.5.1	南一 防務	16.10.23	神奈川県高座郡海老名町上郷 四五	同	沖縄 父	井上辰造	15	一補 衛兵 二〇、九、一	井上勇雄 大九、一〇、一四	無
召集解除 21年5月20日	17.5.3	一挺	16.3.21	長野市上宗木 三四六	同	沖縄 父	飯島承市	15	現 衛兵 二〇、九、一	飯島利雄 大九、七、一	無
召集解除 21年5月20日	20.8.18	南一 陸病	17.9.25	岩手県気仙郡越喜来村崎浜	同	沖縄 父	岩城八重吉	15	補 衛兵 二〇、九、一	岩城重雄 大九、二、三	無
21.4.15 召除	17.5.1			栃木県下都賀郡富山村大字下初 三六七	新潟県新潟市寄宿町 四五九	沖縄 父	市川務		技手 二〇、三、三	市川利一 明四三、九、一四	有

21.6.24. 21.6.24. 21.6.24. 21.6.24.

6

賀

	板谷	石崎	伊藤	今井	一條	伊藤
（上部記入）	21.5.26 解嘱 二一、九、二〇 陸転出	21 6 22 復員	21 5 20 復員	召集解除 21年5月20日	召集解除 21年5月20日	解職 21 6 29
編入年月日	20 1.14	19 1.17	19.1.17	19.7.1	18.2.8	18.2.16
前所属及其編入年月日						
本籍地	新潟県新潟市西大畑町六三ノ[illegible]	東京都世田谷区上馬町三ノ九三七	山梨県西八代郡大河内村一二七	長野県岡谷市一八六一イノ一	大阪市東住吉区西今川町六ノ一七	大阪市東成区東今里町二ノ一二四
留守担当者 住所	同	東京都世田谷区上馬町三ノ九六七	同	同	神奈川県鎌倉郡片瀬町西浜二九二三	布施市西足 四六八
留守担当者 続柄	上 妻 沖縄	妻 沖縄	上 父 沖縄	上 [illegible] 沖縄	母 沖縄	母 沖縄
留守担当者 氏名	板谷キ子	石崎照子	伊藤長郎	今井真樹	一條龍子	伊藤八十代
徴集年 任官年月日						
役種兵種官等等級並給俸 任官（令）年月日	臨時嘱託 90.00 二〇、九、二	技手 4 二〇、三、三一	雇 4 二〇、九、三〇	技手 5 二〇、三、二九	雇 6 二〇、八、一五	技手 5 二〇、九、三〇 6 [illegible]
氏名 生年月日	板谷虎三郎 明三五、一〇、元	石崎政明 大六、六、一	伊藤栄 大四、一二、二五	今井省吾 大八、一二、二五	一條龍三 大九、三、四	伊藤三郎 大七、二、五
留守宅渡有無	有	有	有	有	有	有
補修年月日					21.6.24	21.6.24

7

21.5.20 復員

昭21.5.9 内地帰還

21.5.20 帰還 解雇

召集解除 21年5月日

21.6.22 復員

召解 21.5.18

17.9.10	大阪市北区郡島本通七ノ四七	東京都板橋区下赤塚町大三四	妻 沖縄	石田綾子	技手 3 三〇九、三〇	石田順 明四一、六、二〇	有	✓
18.12.30	豊浦村大字浦 二〇八	大連市山縣通	父 沖縄	金田誠介	技手 [illegible]	金田茂良 大八、八、二四	有	21.6.4 ✓
19.1.25	新潟県北蒲原郡長浦村大字浦	大連市三室町二八ノ三	父 沖縄	石井文三	73.50 二〇、九、三〇 雇員	石井文雄 大八、一二、二八	有	✓
19.5.18	北海道北見市山下通三〇〇	小樽市[illegible]町六二ノ一	妻 沖縄	伊藤房子	67.00 二〇、九、三〇 雇員	伊藤正夫 大三、六、一五	有	✓ 届[illegible]
18.5.18	和歌山市雑賀崎町一六七六	大阪市東成区片江町三三八	妻 沖縄	池谷よし恵	雇員	池谷彦次郎 明三六、七、二六	有	✓
18.5.18	愛知県幡豆郡荻原町大字上名四二八	同	上 父 沖縄	今村秀次郎	雇員	今村梯造 大九、二、五	有	✓
18.5.18	岐阜県土岐郡稲津村小里一六五ノ一	同	上 父 沖縄	岩島兼三	雇員	岩島進 大二、九、五	有	✓

8

	召集解除 21年5月19日	解雇 21.6.27	召集解除 21年5月20日	召集解除 21年5月20日	召集解除 21年5月20日	解雇 21.6.29
編入年月日	19.6.7	17.5.5	19.5.18	19.7.3	18.4.17	19.5.18
前所屬及其編入年月日						
本籍地	香川縣綾歌郡飯野村大字東	山梨縣北巨摩郡篠尾村上笹尾	福井縣坂井郡大関村下関六六五	神戸市葺合区熊内町三ノ四七	奈良縣添上郡東山村大字北野	大阪府池田市栄町二ノ三三
留守担當者 住所	香川縣綾歌郡飯野村大字下[illegible]	同	福井市宝永上町八二	神戸市灘区[illegible]仲町三ノ三八	大阪市都島区高倉町四ノ二三四	同
續柄	父	父	妻	姉	妻	父
氏名	飯田直行	今井武平	伊藤つたゑ	笠原テル	井倉キクノ	井上清太郎
徴集年 任官年月日						
役種兵種 官等級 給俸給令年月日	雇員 45.60 二〇、九、三〇	雇員 92.50 二〇、九、三〇	雇員 69.00 二〇、九、三〇	雇員 94.00 二〇、九、三〇	雇員 80.00 二〇、九、三〇	雇員 69.00 二〇、九、三〇
氏名 生年月日	飯田直行 昭五、一、四	今井德積 大四、四、一五	伊藤七郎右ヱ門 明四二、二、二七	井手清治 明三、九、二七	井倉亀[illegible]郎 明三二、四、二五	井上清 大五、十二、二五
留守宅渡ノ有無	有	有	有	有	有	有
補修年月日	21.6.26		21.6.24.	21.6.24.	21.6.24.	

9

21.5.20 復員

21.5.20 召解

昭21.5.9 内地脱還

終戦トシテ 帰還

二〇.九.三〇 一陸騎公

18.6.1	19.5.4	19.5.4	19.5.4	19.5.4	18.4.17	19.11.22
					六歩 14.12.20	
大阪市阿倍野区昭和町東一ノ二四	京都市東山区山科御陵原西町五六	岐阜縣本巣郡国府村字山東二八二	大阪市大淀区大仁東二ノ一〇	千葉縣香取郡西[illegible]村字松山一〇六八	奈良縣宇陀郡飯倉村大野一四	横濱市中区寛谷六〇
大阪市阿倍野区昭和町東一ノ二四	京都市東山区山科御陵原西町五五	同	同	同	同	横濱市南区大岡町一字千保三三八
沖縄 父	沖縄 父	沖縄 父	沖縄 父	沖縄 母	沖縄 父	沖縄 父
井田章	辻次郎吉	石水榮十郎	石井恒次郎	飯島江[illegible]	井上常三郎	猪亦友藏
					20.3.1	
雇員 58.00 二〇、九、三〇	雇員 56.50 二〇、九、三〇	雇員 [illegible].50 二〇、九、三〇	雇員 57.50 二〇、九、三〇	雇員 76.00 二〇、九、三〇	現衛伍 二〇、三、一	二補 衛上 二〇、九、一
井田幸子 大一五、三、二六	伊庭園子 大三、八、九	石水清子 大一一、四、一六	石井信子 大二、三、二一	飯島一二 大六、九、一	井上勘四郎 大八、八、二五	猪亦信治 大一一、二、二三
有	有	有	有	有	無	無
				21.6.4		

10

	召集解除 21年5月20日	召集解除 21年5月10日	召集解除 21年5月10日	召集解除 21年5月20日	召集解除 21年6月23日
編入年月日	18.5.1				
前所属部隊編入年月日	南支派遣 16.11.2				
本籍地	神奈川県中郡西秦野村堀川六二〇	東京都赤坂区青山北町	東京都本郷区菊川町	東京都渋谷区下通五ノ四	東京都荒川区南千住町五ノ六六
留守担当者 住所	同	同上	東京都深川区森下町二八	東京都渋谷区エビス通二ノ八	
続柄	沖縄 父	沖縄 父	沖縄 父	沖縄 父	沖縄
氏名	飯田茂十郎	田村吉之助	石井廣吉	生駒弘	
徴集年 任官年月日	15				
役種 兵科 官等 給俸 年月日	衛 上 二〇.三.一	衛 兵	技 三級	衛 兵	予備 軍医中尉
氏名 生年月日	飯田忠義 大九.二.二三	田村恭三	石井錠平	生駒隆	岩田達美
逃亡有無	無				
補修年月	21.6.24	21.6.22	21.6.24	21.6.24	

11

召 21年6月23日 除

横浜市南区井戸ケ谷中町九〇

沖縄

補衛 上等兵

石川康治

重復 召解 21.6.23	20.12.12 復員	21.6.14 復員	21.6.14 召解	召解	21.5.20 復員
17.5.5 中支防	19.8.20	17.5.5	昭19.10	19.10	1?.13
16.4.1	3 八、八 衛生隊	15.12.16 精機	21.6.14	貴公 服役	
新潟県中頸城郡直江津町字直江津 七二〇	加茂帝国柳木其宇都 宮沖畑町二丁目 三四五三	愛知県海部郡津島町大字日光 上山 一二一	滋賀県蒲生郡八幡町鷹匠町 中一四	和歌山県和歌山市中ノ店町 九	大阪市西成区 梅通り丁目八
直江津町 古城水代 通五一九	同 上	同 上	滋賀県蒲生郡八幡町池田 三丁目二	上海蒲川路 新館里七号	高知市若松町 五丁目七
父	父	父	父	兄	妻
五十嵐亀次郎	伊勢亀龍作	伊藤吉次郎	井上吉藏	伊藤 [illegible]	井上豊
昭14	昭9	昭13	昭18		
昭16		昭19		昭15	
予 薬 大尉 20.8.20	一補卫 20.3.1	予 衛 級 19.4.1	理衛上 19.12.1	現主曹 軍曹 二〇.三.?	庶員 五八 17.9.30
五十嵐正一 大六	伊勢亀謙治	伊藤善一 大三・一二・四	井上市郎	伊藤順吉	井上隆義
有		無	〃	無	有

12

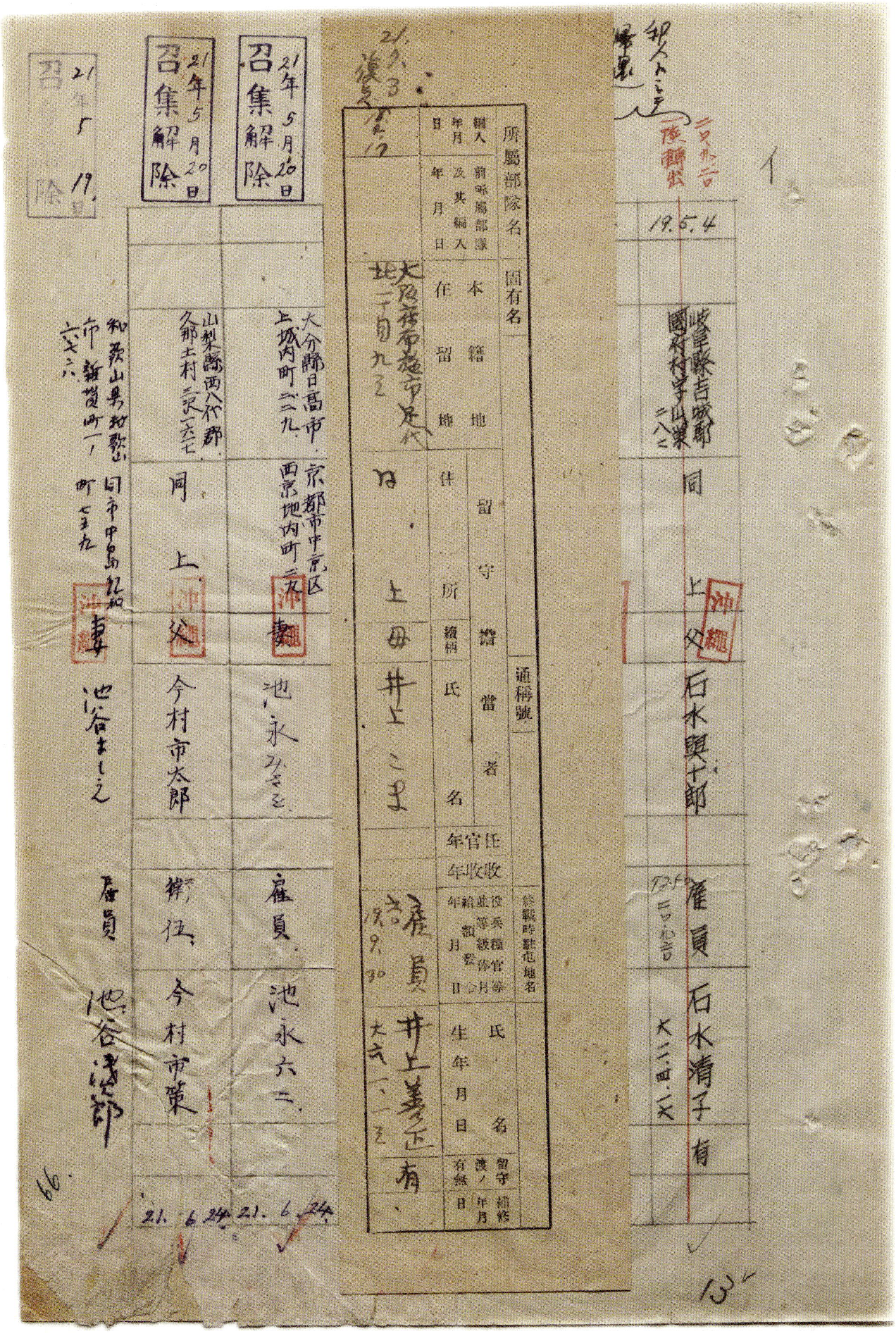
召集解除 21年5月19日
召集解除 21年5月20日
召集解除 21年5月20日

所屬部隊名
固有名
編入年月日
前所屬部隊及其編入年月日
本籍地
在留地
留守擔當者 住所
續柄
氏名
通稱號
任官年
收年
終戰時駐屯地名
役兵種官等
進級等体
給額年月日
氏名
生年月日
留守渡ノ有無
補修年月日

19.5.4
岐阜縣吉城郡國府村字山本二八二
同上
父
石水與十郎
雇員
石水清子
大二.四.一六
有

21.6.3
大阪府布施市足代北二丁目九三
同上
母
井上こま
19.9.30
雇員
井上善正
大六.一.一三
有

大分縣日田市上城内町二二九
京都市中京区西京地内町二九
妻
池永みさを
雇員
池永六二

山梨縣西八代郡久那土村二〇〇六七
同上
父
今村市太郎
傭任
今村市策

和歌山県和歌山市新留町一六六
同市中島紀和町七五九
妻
池谷ましえ
雇員
池谷浅次郎

21.6.24 21.6.24

召集解除 21年5月19日

召集解除 21年5月20日

召集解除 21年5月20日

除 20日

消

済

二〇九言 陸郵出

イ

19.5.4	岐阜縣吉城郡國府村字山本 二八	同上	父	石水與十郎	72450 二〇九言 雇員	石水清子	大二.四.六	有	
19.5.4	大阪市大淀區大仁東二ノ一	同上	父	石井恒次郎	二〇九言 雇員	石井信江	大三.三.三	有	
19.5.4	千葉縣山武郡匝瑳村辛松山 一〇六〇番地	同		飯島江ふみ	76150 二〇九言 雇員	飯島一千	大六.九.一	有	
	大阪市北区都島本通七ノ四七	東京都板橋区下赤塚町六二四	妻	石田綾子	技手	石田順			21.6.24
	大分縣日高市上城内町二二九	京都市中京区西京地内町二九	妻	池永みさを	雇員	池永六二			21.6.24
	山梨縣西八代郡久郷土村三沢一六七	同上	父	今村市太郎	衛伍	今村市策			21.6.24
	和歌山県和歌山市新資町一ノ六七六	同市中島紀和町七五九	妻	池谷ましえ	雇員	池谷浅次郎			

沖縄

66

13

21
5
9
召解

解雇 21 6 27

21 5 20 復員

召集解除 21年5月20日

召集解除 21年5月20日

召集解除 21年6月23日

項目	1	2	3	4	5	6
編入年月日	19.3.20	18.3.23	18.5.1	19.6.30	18.2.11	19.6.8
前所属兵種 入営年月日	暁東 一病 18.12.1	暁東 落合 15.1.27	暁東 落合 15.10.25			
本籍地	福島市大町七〇	長野県飯田市膳町一丁目	東京都北多摩郡村山村中藤入 四四〇	神戸市兵庫区船大工町 四七	高松市宮脇町 四八	京都市上京区紫竹西北町七
留守担当者 住所	福島市大町七〇	同	同	京都市右京区西京極野田町 一一七	岡山県久米郡弓削町[illegible]灰原琴子方	同
留守担当者 續柄	妻	父	父	妻	父	父
留守担当者 氏名	内池キヱ	上原喜平	内野重治	宇野ハマヱ	海野宗七	上田一郎
徴集年 官等任官年月日	10.6.30	18.9.1	15			
役種兵種 官等 給俸 今年月日	現薬伍 〇 二〇、一二、三一	予衛軍 二〇、九、三〇 未	二補衛兵 二〇、九、一	雇員 70.50 二〇、三、三一	雇員 70.00 二〇、九、一	雇員 48.50 二〇、九、一
氏名 生年月日	内池孝一郎 大三、一、二二	上原良秋 大五、二、六	内野俊男 大九、二、三	宇野洪作 明三四、七、二	海野秀 明四五、六、七	上田煙也 昭四、三、二九
留守宅渡 有無	有	無	無	有	有	有
補修年月日	✓	21.6.24	21.6.24	✓	✓	

沖縄

14

召集解除 21年6月23日

召[illegible] 21年5月25日

20.11.24 病死
於南方第一陸軍病院
左側胸部刺創
公 爾南二第212号 21.3.24

18.2.11	18.10.22	18.12.10
大阪市西成区玉出新町通五ノ七六	大阪市住吉区南加賀町四三五 ~~兵庫県赤穂郡赤穂町字…井入~~	福井県足羽郡麻生津村浅水三ノ二八
同	兵庫県赤穂郡赤穂町字…入 阪田政治郎方	福井県足羽郡麻生津村浅水第一八号
父	妻	母
植村安治郎	臼井政枝	漆崎梅野
1400 傭員 二〇、九、三	1350 軍属 技手 五級 85円 二〇、九、三	18 衛生上兵 二〇、九、一
植村益雄 大八、一、二六	臼井昌 明三九、九、五	漆崎伊一 大三、一〇、三〇
有	有	無
21.6.24		

旧名簿ヨリ転記 連名簿ニ依リ訂正

15

召集解除 21年6月23日

部隊トシテ帰還

二〇.六.二〇 一隊編出

21.5.20 復員

ウ

項目	上甲政雄	浮津秀子	磨井三郎
編入年月日	19.5.4	19.5.4	19.5.4
前所属及其編入年月日			
本籍地	愛媛県北宇和郡吉野生村大字奥野川甲二五	大阪市都島区友渕町七八	熊本県熊本市黒髪町一五
留守担当者 住所	大阪市阿倍野区昭和町五ノ二六	同	大阪市港区二丁目五番地
留守担当者 續柄	母	父	妻
留守担当者 氏名	上甲コタケ	浮津管次郎	磨井清子
徵集年 任官年月日			
役種兵種 官等級 給俸発令年月日	技手 70 二〇.八.一五	雇員 53.50 二〇.九.二〇	雇員 71.00 二〇.九.二〇
氏名 生年月日	上甲政雄 大九.一三.一五	浮津秀子 大一五.四.一	磨井三郎 大四.二.二
留守宅渡ノ有無	有	有	有
補修年月日	✓		✓

沖縄

16

22.6.2召解、

工

召集解除 21年6月23日

	江本	海老原
編入年月日	18.5.10	17.12.20
前所属及其編入年月日	中支 露給 16.7.22	中支 露給 15.7.20
本籍地	大分縣宇佐郡長洲町	栃木縣河内郡吉田村大字磯部三五五
留守担當者 住所	同	同
留守担當者 續柄	妻（沖縄）	母（沖縄）
留守担當者 氏名	江本トシヱ	海老原キン
徴集年 任官年月日	15.7.15	19.12.1
役種兵種 官等並俸給 給与年月日 令発年月日	予医大尉 二〇、八、三	予 衛伍 五、七、十 20、12、1
氏名 生年月日	江本修治 大四、九、八	海老原正 大五、七、一
留守宅有無	有	無
補修年月日		

17

岡本完全

19.12.7 戦病死	埼玉県入間郡 高萩村大字高萩 六四三	東?郡大宮 南小?町 九六	父	岡野富三郎 明11	技見士	岡野富雄 大三、三、一二
19.10.13 戦病死 公報三(戦後)[illegible] 旅アビ一陸級 21.8.23	石川県石川郡 林道拾寺ト一	石川県金沢市 ?町 七三	父	太田長作	軍医 中尉	太田長 帰存
19.5.5 戦病死(マラリヤ)	愛知県宝飯郡 大塚村大字大草 西郷 三六	同上	父	大須賀又作	雇員	大須賀寛 70.-

18

召集解除 21年5月20日

召集解除 21年5月20日

召集解除 21年5月20日

昭21.6.1 内地帰還

召集解除 21年5月20日

21/6/1 復員 才

項目	1	2	3	4	5	6
編入年月日	20.8.1	17.7.20	17.5.5	17.5.5	17.5.5	19.1.18
前所属部隊 其ノ入隊年月日	一陸 20.5.8	支 衛務 19.5.2	支 衛務 16.4.1	支 衛務 14.7.7	六 独輜 14.9.1	
本籍地	和歌山市南材木町一ノ二六	京都市東山区三条通本町東入茶屋町五一八	東京都滝野川区上中里町一四一	東京都西多摩郡五日市町五日市入野二〇二	広島県安佐郡伊[illegible]大合町里二九三	福井県三方郡西田村字田井ヤ三十号七
留守担当者 住所	和歌山市新留丁五	同	同	同	同	同
留守担当者 續柄	父	父	母	父	父	父
留守担当者 氏名	岡田直楠	尾林友四郎	大東ちい	岡崎平次郎	岡元仁右衛門	大下彌吉
徴集年 任官年月日	20.8.20	15.12.1	16.4.1	17.12.14	19.9.1	20.10.10
兵種 官等 兵種 給与 発令年月日	予 薬少尉 二〇、八、二〇	予 薬曹 一九、八、三一	予 衛曹 二〇、三、一	予 衛 一九、三、一 20.12.1 昇軍曹	予 衛 一九、九、一 20.12.1 伍軍	現 衛伍 二〇、一〇、一〇
氏名 生年月日	岡田廣三 大九、七、二八	尾林友太郎 大五、七、九	大東行直 大五、三、七	岡崎武博 大七、一、三	岡元明 大六、三、二九	大下善永 大一二、三、一
留守宅渡有無	有	有	有	無	無	無
補修年月日	21.6.24	21.6/4	21.6.24	21.6.24 21.7.2	21.6.24 21.7.2	

19

召集解除 21年6月23日	召集解除 21年5月20日	召集解除 21年5月20日	21.5.20 復員	召集解除 21年6月23日	召集解除 21年6月23日	21.5.7 復員
18.2.5	20.8.18	20.8.18	18.4.8	19.1.18	19.1.18	19.7.22
病豊 17.7.14	南ク 一陸 17.4.22	南ク 陸 19.11.25	南失 応給 16.10.10			
愛知縣南設楽郡鳳来寺村[illegible]一一	大阪市東成區東小橋南之町一ノ七〇	徳島縣板野郡御所村高尾字間一六七ノ二	東京都西多摩郡瑞穂町字石畑	滋賀縣蒲生郡朝日野村大字鈴	福井縣遠敷郡小濱町小濱町鹿島四五	廣島縣呉市西三河通八ノ二二
同	大阪市東成區東小橋南之町二ノ六五	同	同	同	同	京城府鍾路宮井町六三 鳥取縣鳥取市大榎町一四お方
沖縄 母	沖縄 妻	沖縄 妻	沖縄 父	沖縄 父	沖縄 母	沖縄 妻
小笠原しげ	岡本富子	小賀野キヌ子	尾根澤政吉	奥村多助	億岐富子	沖波靜枝
20.9.7 ~~16~~	4	6	15	18	18	19.7.22
現衛伍 二〇、九、一	補衛兵 二〇、九、一	補衛兵 二〇、九、一	補衛兵 二〇、九、一	現衛兵 二〇、九、一	現衛一 二〇、九、一 九、六、一	技師 一七、九、七、三
小笠原功 大一〇、一、二七	岡本健三郎 明四三、一〇、一九	小賀野大三郎 明四四、一〇、一	尾根澤縫蔵 大九、八、五	奥村豪雄 大二、三、二	億岐睦夫 大二、一、二七	沖波實 明三九、五、一
無	無	無	無	無	無	有
	21.6.24	21.6.24				

20

召集解除 21年5月20日	17.7.15	横浜市南区日砂町三ノ三四	同 東城村金	沖縄 妻	小澤登美子	12.7.29	2 二〇.九.二〇 技手	小澤定雄	明四一.二.二	有	21.6.24.
21 6 29 解職	17.5.23	長野県埴科郡埴生村字小島三一五一	同	沖縄 父	大西義房	19.12.28	5 九.三.二八 属	大西幸則	大五.四.五	有	
昭21.5.9 内地帰還	17.5.5	東京都江戸川区小岩町五ノ五	同	沖縄 [illegible]	岡野キミ	20.2.9	5 二〇.三.九 技手	岡野健之助	明四三.二.二三	有	21.6.4
召集解除 21年6月23日	17.7.15	静岡県榛原郡吉田村吉田一八八二ノ二	同	沖縄 父	大鐘明輔	18.4.15	3 二〇.九.二〇 技手	大鐘清次	大九.二.一八	有	
昭21.5.9 内地帰還	19.5.18	大阪市北区新川崎町一	大阪市城東区古市南通一ノ二	沖縄 妻	岡 キな	20.8.15	4 二〇.八.二五 技手	岡静明	明三七.九.五	有	21.6.4.
21 5 20 復員	19.5.18	兵庫県加古郡末満村中村一八〇	兵庫県加古川郡加古川町房屋原七三ノ三	沖縄 父	大路長松		66.00 二〇.九.三〇 雇員	大路政夫	大七.三.三	有	
召集解除 21年5月20日	19.5.18	大阪市港区八幡屋町幡町一二九ノ三	大阪府池田市綾羽三丁目二四三九	沖縄 妻	大西トキ		70.50 二〇.九.三〇 雇員	大西太三郎	明四二.八.二五	有	21.6.24.

21

附 21.5.9 内地股還	21/5/20 復員	召集解除 21年5月19日	21/5/20 復員	召集解除 21年5月20日	召集解除 21年5月20日	召集解除 21年5月20日
19.1.15	19.5.18	18.12.25	19.5.18	19.5.18	18.2.11	18.6.1
長野県東筑摩郡本成村東城二八一	大阪市南区問屋町一五	和歌山県新宮市新宮八三二	群馬県勢多郡木瀬村大字笂井	神戸市須磨区東垂水町山田四四五七	大阪市西区江戸堀上通二ノ二七	新潟県中頸城郡明治村上菅田新田五五ノ一
同	同	和歌山県新宮市新宮七六	同	同	大阪市旭区大宮町六ノ一三 宮崎秀市方	静岡県沼津市字下一丁田入八
沖縄 妻	沖縄 父	沖縄 妻	沖縄 父	沖縄 父	沖縄 妻	沖縄 兄
大川さくの	奥村信太郎	六石光栄	大手宮吉	小川重一	六峯ツ子	筧録郎
					20.8.15	
84.50 雇員 二〇、九、三〇	84.50 雇員 二〇、九、三〇	83.00 雇員 二〇、九、三〇	69.00 雇員 二〇、九、三〇	67.50 雇員 二〇、九、三〇	雇 二〇、八、一五	100.00 雇員 二〇、九、三〇
大川修栄 明四四、九、二五 有	奥村延一 昭三、五、二六 有	六石貞基 明三二、六、三 有	大手兼司 大八、三、三 有	小川勝寿 大六、二、二四 有	六峯良夫 大三、二、一一 有	岡田勇治 大七、一一、一〇 有
21.6.4				21.6.24	21.6.24	21.6.24

22

21
5
20 復員

召集解除 21年5月20日

19 5 18

京都市下京区中堂寺壬生川町三一

鳥取県八頭郡八東村字東 比村亀太郎方

沖縄

妻 奥村久子

79.50 元.九.三.○ 雇員

明四三.三.二九 奥村松司 有

召集解除 5月20日

高知県香美郡森所村永野

重複削除

香川県坂出市梅園町 須崎澄江方

沖縄

小野川正澄

重複削除

囑託 小野川眞澄

埼玉県川口市上青木町 四ノ五四八

同上

沖縄

父 西野元治郎

衛兵 西野善三郎

2.6.4. 21.6.24.

召集解除 21年5月20日

東京

埼玉県北足立郡草加高砂町二三七

仝上

沖縄

妻 大川ふみ

補衛上 7.7.1

大川正信

21.6.24

召集解除 21年6月23日

滋賀県蒲生郡日野町字松尾

沖縄

現衛 上等兵 尾林一正

召集解除 21年7月2日

鹿児島県川辺郡西南方村久志 七九五七

沖縄

父 押立十助

雇員 押立和男

217.30

23

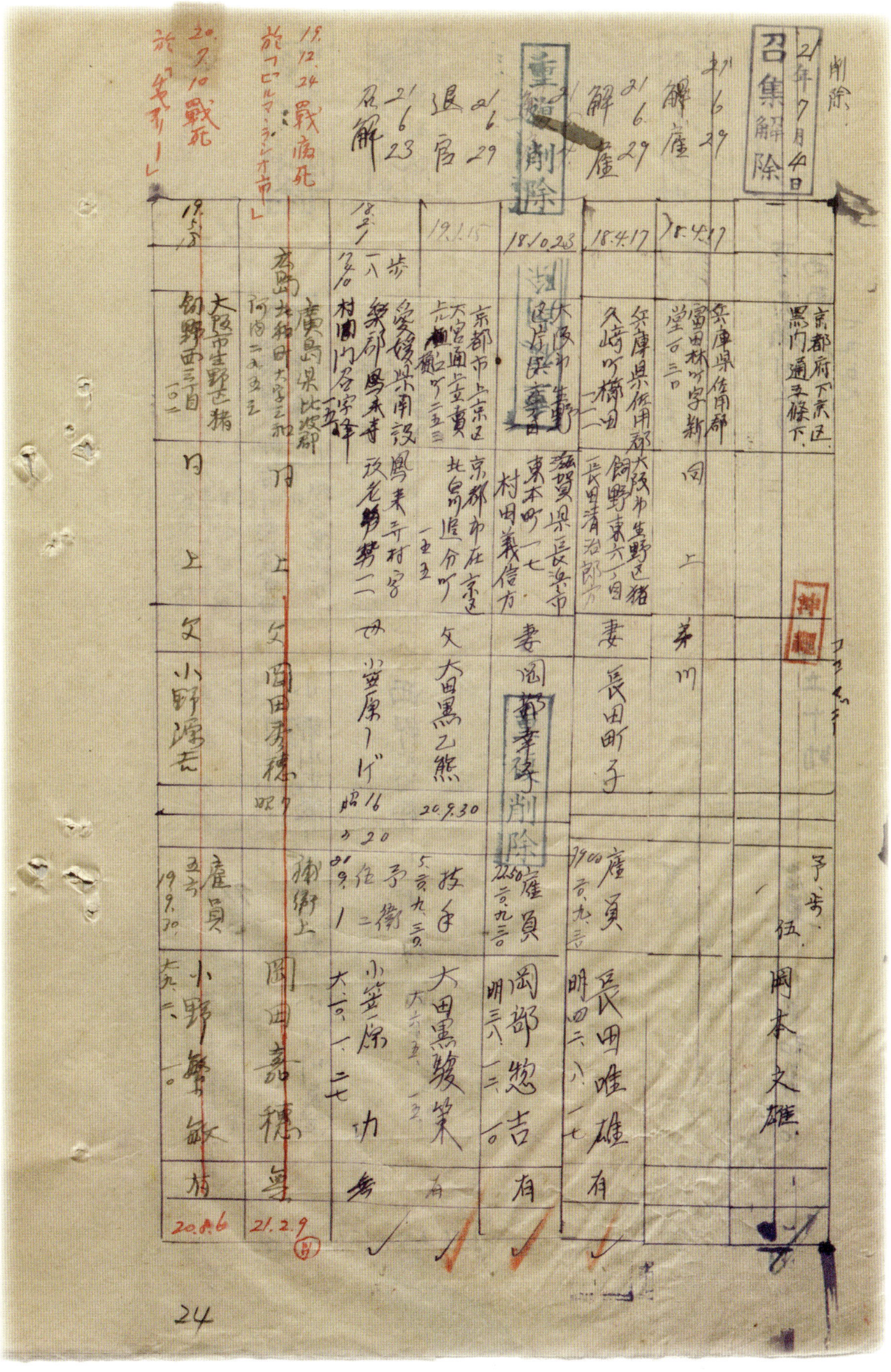

削除
召集解除 21年7月4日
京都府下京区黒門通五條下
予、歩、伍 岡本文雄

21.6.29 解雇
18.4.17
兵庫県佐用郡富田村字新堂百三〇
同上
弟 川

解雇 21.6.29
18.4.17
兵庫県佐用郡久崎町横田一一一
大阪市生野区猪飼野東六丁目 長田清治郎方
妻 長田町子
3700 雇員 元.九.三
長田唯雄 明四二.八.一七
有

重複削除
18.10.28
滋賀県長浜市東本町一七 村田義信方
妻 岡部
2250 雇員 元.九.三
岡部惣吉 明三八.一二.一〇
有

退官 21.6.29
19.1.15
京都市上京区大宮通上立売一二五三
京都市左京区北白川追分町一五五
父 大田黒乙熊
20.9.30
技手 5 元.九.三〇
大田黒駿策 大六.五.一五
有

召解 21.6.23
18.2.1
歩一八 12.10
村門谷字峰一五
愛知県南設楽郡鳳来寺村字玖老勢二一
母 小笠原[illegible]
昭16.3.20
予衛二 21.9.1
小笠原功 大一〇.一.二七
無

19.12.24 戦病死
廣島県比婆郡
同上
父 岡田秀穂
昭7
衛上
岡田嘉穂
無
21.2.9

20.7.10 戦死
19.5.18
大阪市生野区猪飼野西三丁目一〇二
同上
父 小野源吉
雇員 五六 19.9.30
小野繁敏 大九.二.一〇
有
20.8.6

24

召集解除 21年8月19日	復員	21 4 18 復員	21 6 22 復員	21 4 13 復員	復員	
18 11.10	17 4 1	18 5 4	17 5.1	17 5.1	17 12.1	編入年月日
〃						前所属及其編入年月日
大阪市生野区片江町六ノ一	東京都板橋区練馬高松町一ノ三九八	静岡県沼津市本字通横町九九二	栃木県下都賀郡国分寺町大字川中子一〇六六	神奈川県鎌倉市由比ケ浜町一八四	東京都京橋区築地二ノ一ノ七	本籍地
同	東京都板橋区石神井谷原町一ノ二六	神奈川県藤沢市辻堂六四六	同	同	同	留守担当者 住所
妻 沖縄	妻 沖縄	妻 沖縄	父 沖縄	父 沖縄	父 沖縄	留守担当者 続柄
岡部幸子	小澤きよ	大林巖	大橋安	大木常吉	小野田静	留守担当者 氏名
						復員年月日
雇員	8 技手 二〇、九、一	160 嘱託 一九、九、三〇	34 予 衛軍 二〇、八、一	2 現 療曹 一九、三、一	3 予 主 大尉 二〇、八、二〇	役種 兵種 官等級 給 任年月日
岡部惣吉 明三八、一二、二〇	小澤島蔵 明四二、三、一五	大林静雄 明四四、六、一〇	大橋恒雄	大木延勝	小野田六十	氏名 生年月日
有	有	有	無	無	有	留守宅 忠魂 有無
✓		✓			✓	補修年月日

25

41.5.20 南内四名集 解除

帰還

三〇、九、二〇 一時転出

邦人トシテ 帰還

18.2.17		高知県香美郡在所村永野二四〇	香川県坂出市梅園町	沖縄 姉	須崎登江		130 三〇、三、二一 嘱託	小野川真澄 明三九、一〇	有	✓
19.5.4		福岡県浮羽郡柔川村大字八幡八七八	福岡県浮羽郡八會村志塚島	沖縄 兄	隈塚富衛		5550 三〇、九、二〇 雇員	隈塚シズエ 大一三、三、二四	有	✓
19.5.4		岐阜県吉城郡船津町大字東町四三二	同	沖縄 祖父	岡田作次		5650 三〇、九、二〇 雇員	岡田穀子 昭二、三、七	有	✓
19.5.4		大阪市生野区鶴橋北之町二ノ三五ノ一	同	沖縄 上父	岡本辰藏		6550 三〇、九、二〇 雇員	岡本タツ江 大一二、七、八	有	✓
19.5.4		大阪府中河内郡久宝寺村大字久宝寺三〇〇二	同	沖縄 上父	奥田卯之松		6350 三〇、九、二〇 雇員	奥田きむ 大九、三、六	有	✓
19.5.4		広島県福山市西町三丁目六番地	神戸市葺合区坂口通四ノ六	沖縄 父	大村久雄		5800 三〇、九、二〇 雇員	大村佐和子 大一三、七、六	有	✓
19.5.4		山口県熊毛郡大野村大字北五五六四	山口県熊毛郡大野村神領	沖縄 父	奥原百合藏		4950 三〇、九、二〇 雇員	奥原百合子 昭三、一、一四	有	✓

75

26

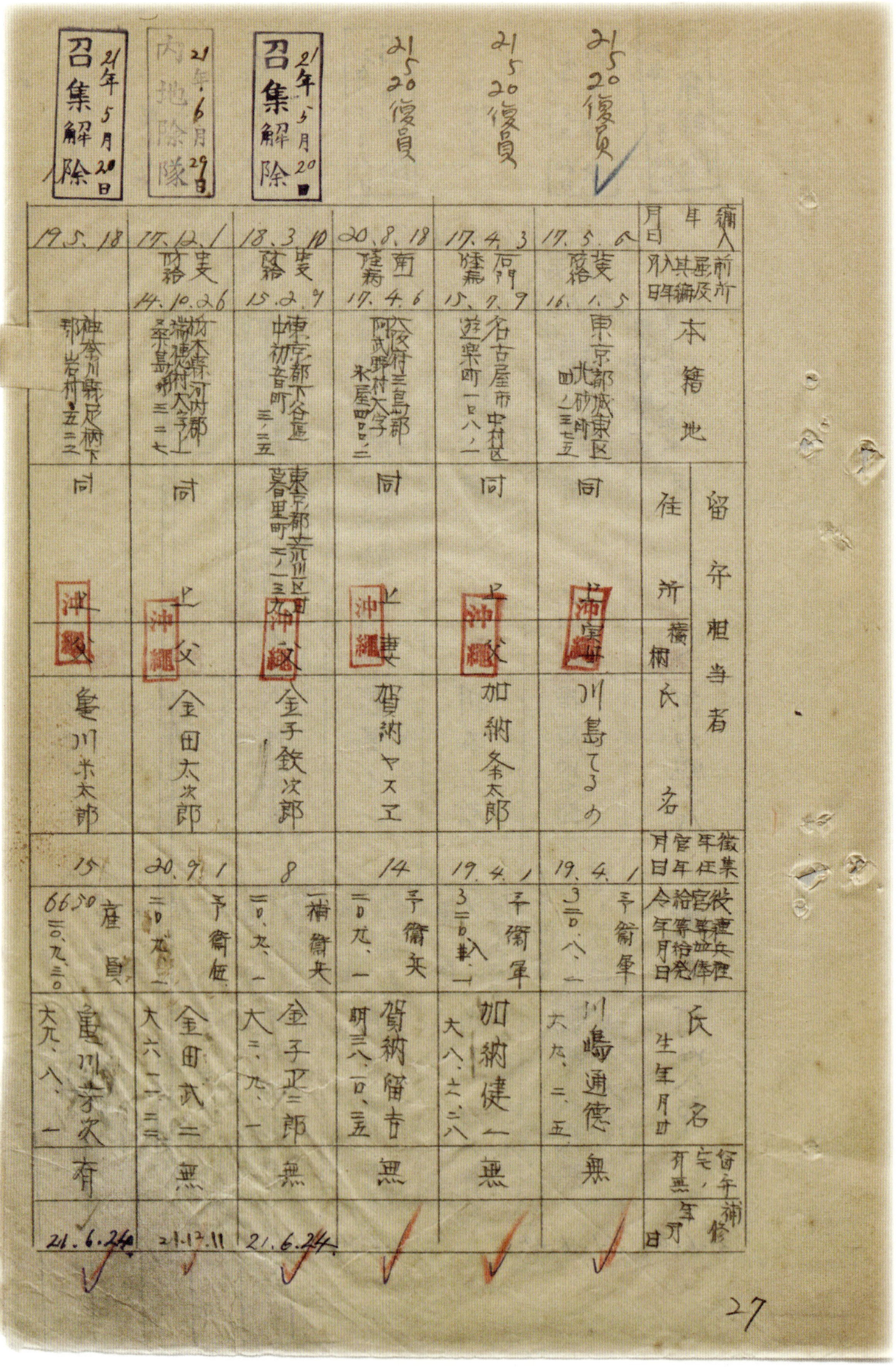

	亀川	金田	金子	賀納	加納	川嶋
（附記）	召集解除 21年5月20日	内地除隊 21年6月29日	召集解除 21年5月20日	21.5.20復員	21.5.20復員	21.5.20復員
編入年月日	19.5.18	17.12.1	18.3.10	20.8.18	17.4.3	17.5.6
前所属及其編入年月日		東 [illegible] 14.10.26	東 [illegible] 15.2.4	南 [illegible] 17.4.6	石門 [illegible] 15.7.9	東 [illegible] 16.1.5
本籍地	神奈川県足柄下郡岩村五二二	栃木県河内郡瑞穂村大字上桑島三二七	東京都下谷区中初音町三ノ三五	大阪府三島郡阿武野村大字氷室四〇二	名古屋市中村区遊楽町一〇八ノ二	東京都城東区北砂町四ノ三七五
留守担当者 住所	同	同	東京都荒川区日暮里町ニノ一三九	同	同	同
留守担当者 続柄	父 沖縄	父 沖縄	父 沖縄	妻 沖縄	父 沖縄	母 沖縄
留守担当者 氏名	亀川米太郎	金田太次郎	金子鉄次郎	賀納ヤスヱ	加納条太郎	川島てるの
徴集年 任官年月日	15	20.9.1	8	14	19.4.1	19.4.1
役種 兵科 官等級 俸給 発令年月日	雇員 6650 二〇、九、三〇	予 衛伍 二〇、九、一	補 衛兵 二〇、九、一	予 衛兵 二〇、九、一	予 衛軍 3 二〇、勤、一	予 衛軍 3 二〇、八、一
氏名 生年月日	亀川幸次 大九、八、一	金田武二 大六、一二、二二	金子正三郎 大三、九、一	賀納留吉 明三八、一〇、一五	加納健一 大八、六、二八	川嶋通徳 大九、二、五
留守宅ノ有無	有	無	無	無	無	無
補修年月日	21.6.24	21.12.11	21.6.24			

27

21.5.20 復員	17.7.15		新潟県中頸城郡直江津町 三三一	同	上 妻 沖縄	笠原ヨシ子	18.4.1	技手 三〇、九、三〇	笠原清藏 明四〇、一、二五	有	
昭21.5.9 内地帰還	17.11.22		宮城県仙台市[illegible] 一四七一	同	上 父 沖縄	加藤甚之亟		78.00 傭員 三〇、九、三〇	加藤[illegible]郎 大六、七、二六	有	21.6.4
召集解除 21年5月19日	19.8.18		京都市下京区黒木屋町通四條下ル船頭町 一八六	京都市中京区壬生天神町 [illegible]南荘	養女 沖縄	大坪美津枝		42.50 傭員 三〇、九、三〇	亀村馨藏 明三五、一、二	有	
召集解除 21年5月20日	17.12.24		千葉県君津郡青堀町青木区 七五三	千葉県市原郡千種村青柳	上 妻 沖縄	鹿島イノ		83.00 傭員 三〇、九、三〇	鹿島七五郎 明三一、一一、八	有	21.6.24
21.5.20 復員	18.12.28		大阪市福島区上福島南二丁目 一七六	同	上 父 沖縄	川本乙松		58.50 傭員 三〇、九、三〇	川本誉 昭三、二、二一	有	
召集解除 21年5月20日	17.12.20	支那事変 15.10.10	山梨県南都留郡船津村八七三	同	上 父 沖縄	梶原辰右郎	19.4.1	予備衛生 3 三〇、八、一	梶原久雄 大八、八、二五	無	21.6.24
召集解除 21年5月20日			横浜市鶴見区生長町一八五七	同	上 父 沖縄	河内観千代		衛兵	河内八郎		21.6.24

28

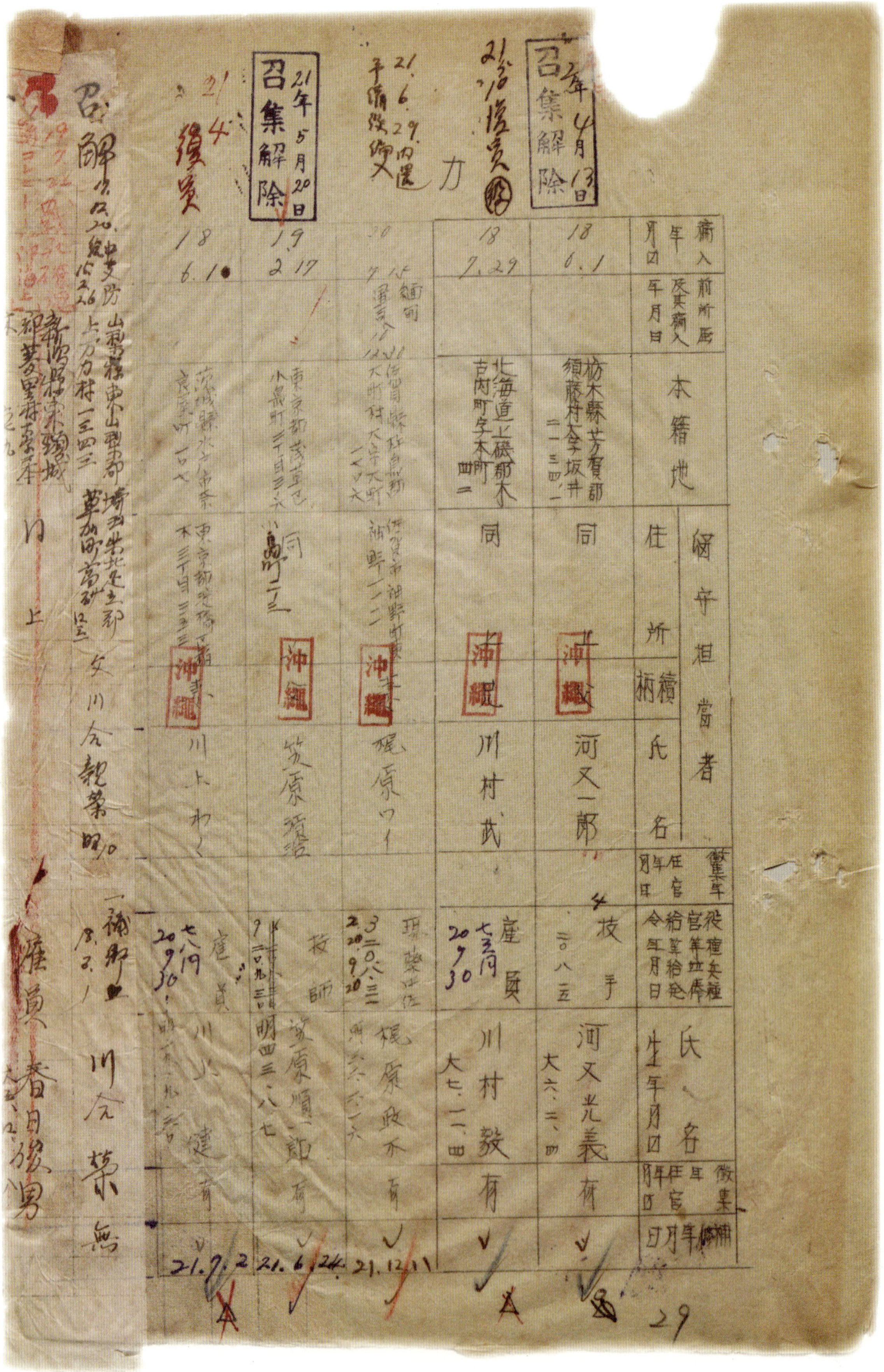

召集解除 年4月13日
21.4.13 復員
21.6.29 内還 予備役編入
召集解除 21年5月20日
21.4 復員
編入年月日
前所属及其編入年月日
本籍地
留守担当者
住所
続柄
氏名
徴集年 任官年月日
役種 兵種 官等 給与 発令年月日
氏名 生年月日
備考
18 6.1
栃木県芳賀郡須藤村大字坂井二二三四二
同
沖縄
河又一郎
技手 二〇八五
河又光義 大六、二、四 有
18 9.29
北海道上磯郡木古内町字本町四二
同
沖縄
川村武
雇員 七三円 20.9.30
川村毅 大七、二、四 有
沖縄
梶原ワイ
梶原 有
19 2.17
沖縄
笠原
技師
笠原順一郎 明四三、八、七 有
18 6.1
沖縄
川上わく
雇員 七八円 20.9.30
川上健 有
21.7.2 21.6.24 21.12.11
29

部隊留守名簿

昭和　年　月　日

編入年月日	前所属部隊及其編入年月日	本籍地（在留地）	留守担当者 住所	続柄	氏名	徴集年	任官年	役種兵種官等級等級俸月給額発令年月日	氏名 生年月日	留守宅渡有無	補修年月日
21.5.20召解		名古屋市瑞穂区[illegible]五	同上	父	河野咲太郎			予還 大尉	河野富国	無	
21.5.20召解 17.5.1	大分	大分県東国東郡富来村大字富来東浦屋一一一	大分県東国東郡富来村富来東浦	叔父	勝代三男			予 衛 軍	河野辰夫	無	
	重複削除	神奈川県足柄下郡[illegible]五二二	同上	父	濱本徳郎			重 雇員	張記		
21.5.20召解			香川県木田郡前田村大字寄田	父	香西正一			雇員	香西正義	有	
19.9.9戦死		岡山県川上郡吹屋町吹屋（五五二）	大阪市東区[illegible]一ノ一三	兄	中山卓爾			技手 19.9.9	中山盛三		

30

項目	1	2	3	4	5	6
（上欄記入）	21 5 20 復員	21 5 20 復員		昭21.5.9 内地歸還 召集解除 21年6月23日	21 5 20 復員	21 6 1 解雇 キ
入隊年月日	18.6.21	20.8.18	18.12.10	18.4.20	18.4.17	19.5.18
所屬部隊及入所年月日	吏 部給 14.10.23	南二 陸病 17.4.8		命 部給 16.6.15		
本籍地	栃木縣芳賀郡逆川村字天子	大阪市此花區恩貴島南之町二ノ一〇	福井縣吉田郡松岡町本六	富山縣富山市東中野町一二五	兵庫縣神戸市林田區大橋町三ノ三	神戸市灘区鹿ノ下通一ノ九
留守担当者 住所	同上	大阪府吹田市片山前町二ノ三八	大阪市生野區新今里町一ノ三四	同上	大阪市此花區春日出町中二ノ[illegible]	神戸市灘區大石東町五丁目七ノ六
留守担当者 續柄	父	父	父	父	義母	兄
留守担当者 氏名	北野只一郎	北島常左衛門	木本玉次	北森由之助	矢部時榮	岸本義高
徴集年 任官年月日	20.3.1	- 8	18	18.4.20	19.4.15	
役種 兵科 官等級 及任官年月日	予備伍 二〇、三、一	予備兵 二〇、九、一	現衛上 二〇、九、一	技師 中六三〇、三、三一 六、八級 21.3.31	屬 二〇、三、三一	雇員 二〇、九、三〇
氏名 生年月日	北野省三 大、六、三、三	北島定 明四三、三、二五	木本義雄 大、二、二、二〇	北森長龍 明四五、七、一	木村治己 明三八、三、一五	岸本義一 大、八、三、二八
留守宅渡ノ有無	無	無	無	有	有	有
補修年月日	✓	✓	✓	✓ 21.6.4	✓	✓

沖繩（印）

31

解雇 21.7.14	召集解除 21年5月20日	召集解除 21年5月20日	召集解除 21年5月20日	21.6.22 内地帰還	解職 21.6.29	21.6.29 大竹国立病院入院
19.7.20	18.2.17	18.4.17	17.5.5	18.12.1	17.5.5	18.4.17
			実役停年 6.10			
三重県多気郡津田村字牧	京都府福知山市京三九	兵庫県三原郡倭文村長田九	茨城県那珂郡田方村大字野上四〇七	滋賀県野洲郡河西村播磨八一六	大阪府中河内郡盾津町字新庄	大阪市大淀区本庄川崎町一ノ二
三重県多気郡相可町相可三一〇	同	兵庫県洲本市内通町四丁目	同	同	同	同
妻	上 妻	妻	上 義父	上 母	上 父	上 母
樹下琴子	衣川初恵	北山ツルエ	木村誠	北村きみ	木村太三郎	岸田トミ
			18.9.1	20.10.10	20.2.9	
89.00 雇員 二〇、九、三〇	78.00 雇員 二〇、九、三〇	76.00 雇員 二〇、九、三〇	予衛軍 二〇、九、三〇	現衛伍 二〇、一〇、一〇	技手 二〇、二、九	73.00 雇員 二〇、九、三〇
樹下正一 明三四、三、二八	衣川武二 明三三、一〇、一四	北山秀雄 明三六、一〇、二八	木村武雄 大二、一二、二〇	北村源 大一二、三、二八	木村秀三 大四、五、九	岸田道治 大五、一、一五 [?]
有	有	有	無	無	有	有
	21.6.24	21.6.24	21.6.24			

32

二

氏名	生年月日	役種兵種 官等級 給与 任命年月日		徴集年 任官年月日	留守担当者 氏名	続柄	住所	本籍地	前所属及兵籍入日	編入年月日	留守宅渡有無	補修年月日	
小林義男		予 衛伍 二〇、九、一		~~16.4.1~~	小林仙太郎	沖縄	同	滋賀県甲賀郡竜池村大字[illegible] 小野尻 八八三	病 豊 16 4.1	18 2.5	~~有~~ 無	✓	21 6 22 復員
小島勝治	大五、十二、一三	衛 上兵	[illegible]	19 6.13	小島松五郎	沖縄	同	埼玉県川越市小仙波 三一八	近 19.6.13	19 11.22	無	✓	21 6 22 復員
兒矢野福太郎	明四一、三、一三	技手 4 二〇、三、三一			兒矢野よね	妻 沖縄	茨城県鹿島郡鹿島町大字宮中 二四七七	茨城県鹿島郡幸島村大字新和田 二三五		20 2.7	有	✓	21 4 13 復員
小泉新吉	明四五、一、七	技手 5 二〇、二、二九			小泉敬子	妻 沖縄	東京都葛飾区[illegible]江町 二七〇	千葉県市原郡八幡町山木 六三四		20 2.7	有	✓	21 6 20 復員
小高敏雄	大六、一〇、二六	技手 5 二〇、二、二九			小高鉄蔵	父 沖縄	同	東京都葛飾区堀切町 八三七		20 2.7	有	✓	21 4 13 復員
小松善孝	大一一、一、一二	技手 5 二〇、二、二九			小松速雄	沖縄	同	長野県[illegible]郡川岸村四八〇八		20 2.9	有	✓	21 4 13 復員

33

	栗山三郎	栗田双三郎	國廣達雄	黒澤麂	黒田圭之	久世亜治
	召集解除 21年6月23日	内地除隊 21年6月29日	昭21.6.9 内地帰還	召集解除 21年5月10日	召集解除 21年5月20日	召集解除 21年5月10日 ク
編入年月日	18.6.8	17.5.23	17.12.1	19.6.23	19.5.18	18.2.11
前所属及其編入年月日	野戦 憲兵 17.4.25	実 憲給 14.11.1	23野 憲給 15.?.25			
本籍地	東京都北多摩郡多摩村車坂 一九五一	群馬県多野郡藤岡四三一	山口県徳山市 七六八	大阪市東区和泉町二ノ二三	京都府福知山市字鍛冶三七	大阪市東城区野江東之町三丁目 九八二
留守担当者 住所	同	東京都下谷区光月町二二	哈爾浜市街満洲七三一部隊官舎	大阪市東住吉区山坂町一ノ二八	京都府加佐郡字河守町字河内木原豊倉	奈良県生駒郡龍田町字龍田
留守担当者 続柄	妻（沖縄）	兄（沖縄）	妻（沖縄）	養父（沖縄）	妻（沖縄）	妻（沖縄）
留守担当者 氏名	栗山ユキ	栗田静山	國廣メ子	柴田駒造	黒田淑枝	久世萬亀子
徴集年 任官年月日	18.11.20	特13				
役種兵種 官等級 俸給年給 発令年月日	予医中尉 二〇、八、二一	衛生兵 二〇、九、一	雇員 88.00 二〇、九、三〇	雇員 48.50 二〇、九、三〇	雇員 72.50 二〇、九、三〇	雇員 78.00 二〇、九、三〇
氏名 生年月日	栗山三郎 明四二、五、一六	栗田双三郎 大七、一、二	國廣達雄 明三九、二、二九	黒澤麂 昭四、九、二五	黒田圭之	久世亜治 明四三、四、一〇
留守定疾ノ有無	有	無	有	有	有	有
補修年月日	~~21.12.11~~	21.12.11	21.6.4		21.6.24	21.6.22

34

20.2.7 戦病死

19.5.18

香川県香川郡
川東村大字川
東上 一九〇四ノ一

同 上 兄 黒川松次郎

長、雇員 黒川一雄 南

19.5.5 大二、七、二〇

20.6.25

35

	河野咲太郎	小林サン	勝代王男	近藤マツ	小世五郎	小島勇三
(stamp)	召集解除 21年5月20日	召集解除 21年5月20日	召集解除 21年5月20日	召集解除 21年5月20日	21.6.29 召集解除	召集解除 21年5月20日
編入年月日	17.4.1	17.4.23	17.4.28	20.8.28	18.5.5	18.5.1
前所属及其編入年月日	名古屋陸病 13.7.1	野戦病十四班 15.1.18	湊口第一陸病 16.7.1	南方第一陸病 17.4.8	南支防給 17.3.31	東安防給 16.10.25
本籍地	名古屋市熱田区高蔵町七〇	廣島県沼隈郡字麦島村鞆町一五八	大分県東国東郡富来町塩屋一七一	大阪市南区笠屋町一五	東京都江戸川区二之江一ノ九ノ一三	山梨県中巨摩郡睦澤村大下組三番戸
留守担当者 住所	同	同	大分県東国東郡富来町浦手	同	同	同
続柄	沖縄 父	沖縄 母	沖縄 父	沖縄 母	沖縄 父	沖縄 兄
氏名	河野咲太郎	小林サン	勝代王男	近藤マツ	小世五郎	小島勇三
徴集年 任官年月日	13.7.1	17.1.1	18.3.1	20.6.1	20.3.1	14
役種兵種官等等級俸給発令年月日	予 医 大尉 昭一六、三、一	予 衛 曹長 昭一七、一、一 2.3 20.12.31 上	予 衛 軍曹 二〇、三、一 2	予 衛 伍 二〇、六、一	予 衛 伍 二〇、三、一	補 衛 兵長 昭一四、九、一 兵長
氏名 生年月日	河野寮園 明四四、九、一六	小林筱数 大三、一、一〇	河野辰美 大五、三、一六	近藤秀雄 大元、八、二八	小世輝雄 大六、二、二三	小島秀夫 大八、一〇、三
留守宅渡有無	有	無	無	無	無	無
補修年月日	21.6.24.	21.6.24. 21.7.2	21.6.24.	21.6.24.	21.12.1	21.6.24.

36

召集解除 21年8月10日	18.4.2	関東軍 防給 19.6	東京都麻布區仲ノ町一八	同	上 沖縄 妻	小林あや	18.6.9	專任嘱託 3高 昭一八、六、元	小林榮三 明三四、六、二	有	✓
21 5 9 召解	19.6.7		大阪市西成區新開通四ノ五	同	上 沖縄 父	古妻二郎		傭員 4450 二〇、九、三〇	古妻彰 昭六、三、二六	有	✓
召集解除 21年5月20日	18.4.10		大阪市東淀川區国次町三二九	同	上 沖縄 母	小寺ハル		傭員 7750 二〇、九、三〇	小寺幸次 大三、五、三一	有	21.6.24
召集解除 21年5月20日	18.2.8		香川県木田郡前田村大字西前田	同	上 沖縄 父	香西亜一		傭員 1200 二〇、九、三〇	香西亜義	有	21.6.24
召集解除 21年5月20日	17.5.1	支 露 16.12.1	愛知県西春日井郡清洲町字廻間入	同	上 沖縄 父	後藤緑二郎	13	衛生兵 二〇、九、一	後藤兼光 大七、七、一〇	無	21.6.24
召解	17.5.5	支 [illegible] 17.5.20	山梨県西八代郡芦和村宮木二〇六一	〃	上 父	小林慶治	昭11 昭18	二等兵 20.3.31	小林敬 大五、二、二五	無	
21.6.17 召解	18.10.1	南二葉 18.7.2	三重県桑名市油所一二三五	〃	上 妻	後藤鏡子	昭[illegible]	一等工員 19.8.1	後藤一男 大二、三、二二	無	
21.5.7 復員	昭16.4.5		東京都麻布区仲ノ町一九	〃	上 妻	小林あく		傭[illegible] 昭6.?.30	小林[illegible] 明三[illegible]、二	有	
21.6.22 召解	16.7.16		千葉県千葉市千葉郡八幡町山中 太二[illegible]	東京葛飾区[illegible]二七	上 妻	小泉歌子		八公 衛兵 17.1.20	小泉新吉 明四五、六、一七	市	

37

召集解除	編入年月日	所属部隊及其編入年月日	本籍地	留守担当者 住所	続柄	氏名	徴集年 任官年月日	役種兵種官等給俸給発令年月日	氏名 生年月日	留守宅渡有無	補修年月日
召集解除 21年6月23日	16.5.5	実要塞 17.10.10	沖縄県中頭郡勝連村字内間五三五	同	沖縄 父	座間味山戸	16.12.20	予医大尉 二〇、八、二〇	座間味青善 大六、五、一五	有	
召集解除 21年5月20日	17.6.20	実要塞 17.5.3	千葉県千葉郡幕張町實籾八二	同	沖縄 父	櫻井増右衛門	18.9.1	予衛軍 二〇、九、三〇	櫻井英雄 大五、一〇、一二	無	21.6.24
召集解除 21年5月20日	20.8.18	南方一陸 17.8.20	埼玉県児玉郡松久村字広木一五三	同	沖縄 父	笹岡兼三郎	17.12.1	現衛軍 20.12.31	笹岡林三 大五、一一、元	無	21.6.24
召集解除 21年5月20日	17.5.5	上海一陸 16.3.18	群馬県群馬郡滝川村大字宿横手四〇八	同	沖縄 父	斉藤要吉	20.3.1	予衛伍 二〇、三、一	斉藤廣 大九、七、一三	無	21.6.24
召集解除 21年6月23日	20.8.18	南方一陸 19.7.28	徳島県美馬郡口山村友納四三四	同	沖縄 父	佐々木右京	11	予衛兵 一九、九、一	佐々木徳美 大五、一〇、二七	無	
21.5.20復員 サ	18.2.15	豊陸病 17.8.1	福井県丹生郡天津村眞栗二二三号四一	同	沖縄 父	坂本傳兵衛	16	二補衛兵 二〇、九、一	坂本殖 大一〇、二、二六	無	

38

24.26 復員

印	日付		本籍	留守宅	続柄	留守担当者	日付	官職・給与	氏名・生年月日		日付
	17.5	大蔵 今院 15.7	東京都麹町区平河町二ノ二八	同	沖縄 廿	根岸今朝代	14	一補衛夫 二〇、九、一	酒井義久 大八、二、二〇	無	
召集解除 21年5月20日	19.7.20		岩手県西磐井郡平泉村一五一番地	岩手県西磐井郡荻荘村西方大森 斉藤行親方	沖縄 妻	佐々木慶子	19.1.19	技手 二〇、四、一	佐々木政志 明四五、五、元	有	21.6.24
昭21.5.9 内地帰還	17.12.10		千葉県香取郡多古町染井	東京都杉並区阿佐ヶ谷五ノ六一	沖縄 父	佐藤倉吉	18.4.30	技手 4 二〇、九、三〇	佐藤 明四二、一、二六	有	21.6.4
召集解除 21年5月19日	17.12.10		千葉県山武郡千代田村大堂 二二三五	同	沖縄 妻	佐久間すゑ		86.00 雇員（判任待遇） 二〇、九、三〇	佐久間浩 明三〇、三、一	有	
復員	18.3.11		鹿児島県鹿児島市恵美須町 四一番戸	和歌山市内原 高追方	沖縄 母	客殿かつ子		83.50 雇員 二〇、九、三〇	相良亚之 明四一、九、二五	有	
昭21.5.9 内地帰還	17.5.11		長野県南佐久郡東穂村 二乙七	同	沖縄 兄	斉藤忠勝		84.00 雇員 二〇、九、三〇	斉藤美則 大二、一、二	有	21.6.4
召集解除 21年5月20日	18.6.1		岩手県東磐井郡生田村母体廿三	岩手県東磐井郡生田村母体北羽矢八ノ一	沖縄 妻	佐々木サネエ		92.00 雇員 二〇、九、三〇	佐々木民蔵 大六、二、三	有	21.6.24

39

召集解除 21年5月20日	19.5.18		大分縣中津市大字揚屋三四一	福岡縣戸畑市東本町九丁目	父	三郎丸半次	64.00 二〇、五三〇 雇員	三郎丸哲夫	有 21.6.24
召集解除 21年5月20日			長野縣北佐久郡北大井村石碳	同上	[redacted]父	佐藤德重	衛甲	佐藤忠良	21.6.24
解雇 21.6.29	19.7.1		廣島県山県郡新庄村大字新庄一〇六六	同	母	佐伯マサヨ	65.00 三〇九三〇 雇員	佐伯正治 大八.三.二	有
重複削除 21.6.23	20.8.16	19.9.14 一陸 南方	德島県美馬郡口山村字大納田三四	重複削除 同上	妻	佐々木右京	昭14.16 予衛 任長二 20.12.1	佐々木德美 大3.10.2	芸
未帰還 19.1.14 戦死確認 留公復一三九五号 21.9.10			宮城県伊具郡舘矢間村舘山新一八	同上	兄	齊藤幸次 うめ	雇員 月二百円	齊藤忠 大12.4.1	24.7.31 季

40

サ

21.1.1 復員

21.7.8 復員 (役)

21.4.13 復員 (世)

二〇.九.二〇 陸聘免

終戦上陸 帰還

編入年月日	編入前所属及其編入年月日	本籍地	留守担当者 住所	留守担当者 続柄	留守担当者 氏名	徴集年 任官年月日	役種兵種 官等級 給料俸給 令年月日	氏名 生年月日	留守宅渡ノ有無	補修年月日
17.12.20		群馬県群馬郡相馬村大字柏木澤二〇〇	同 [沖縄]	父	坂井仙五郎		傭兵 二〇.九.一	坂井清瀬	無	
18.6.1		大阪市阿倍野区阪南町西三ノ一七	京都市伏見区深草大亀谷八丁畑三六 [沖縄]	妻	櫻井君江		雇員 20.9.30 七六〇円	櫻井徳郎 明四二.一二.一〇	有	21.7.2.
18.6.1		北海道小樽市錦町四六	東京都日本橋区本町一ノ [沖縄]	妻	佐藤つる子 佐藤修一郎		雇員 20.9.30 七六五円	佐藤久 大六.二.二六	有	21.7.2.
19.5.4		三重県阿山郡壬生野村大字川東二〇〇七	大阪市東住吉区田辺西町七〇八 [沖縄]	父	澤村才蔵		61.00 雇員 二〇.九.二〇	澤村典子 大一三.一.一六	有	
19.5.4		京都市上京区小川通寺ノ内上ル本法寺前町六一八	大阪市城東区放出町一〇八九 [沖縄]	父	澤田茂		49.50 雇員 二〇.九.二〇	澤田久子 昭三.二.二	有	
18.6.1		奈良県吉野郡高見村大字平野八六九	大阪市生野区南生野五ノ一 [沖縄]	母	坂キクヱ		65.50 雇員 二〇.九.二〇	坂静子 大二.三.二三	有	

41

21.5.12 復員	召集解除 21年5月20日	召集解除 21年5月20日	召集解除 21年5月20日	21.7.4 復員	昭21.6.9 内地帰還

項目						
編入年月日	18.5.1	18.5.1	17.5.25	17.4.5	~~14~~ 19.8.1	17.9.2
前所属部隊及其編入年月日	東要塞 14.5.1	東要塞 16.3.28	杭州陸病 16.4.1	東要塞 16.3.17	東部四四 17.12.20	
本籍地	三重県南牟婁郡神志山村大字金山一七八	埼玉県熊谷市大字代六五八	和歌山県西牟婁郡長野村大字長瀬	東京都板橋区板橋町九ノ一八六九	茨城県鹿島郡大同村大字荒井一	宮城県名取郡館腰村飯野坂一〇
留守担当者 住所	同	同	同	同	東京都足立区栗原町九六	同
留守担当者 続柄	妻	父	父	養父	妻	母
留守担当者 氏名	島田アイ	清水~~藤三郎~~ 作次郎	下垣喜一郎	塩野福治	出頭ヨキ	庄司キツ
徴集年 任官年月日	12.10.20	19.12.1	20.9.1	14	10	
役種 兵種 官等 給等 給与令発令年月日	現 衛少佐 4 二〇、六、一〇	予 衛 准 軍 一九、一二、一 20.12.1	予 衛伍 先 二〇、九、一	二補 衛兵 二〇、九、一	二補 衛兵 一上一兵 二〇、九、一 2018.3.6 1.20	技手 三二〇、九、三〇
氏名 生年月日	島田楠造 明四〇、六、一	清水藤三郎 大六、六、五	下垣勝 大九、三、三一	塩野政治 大八、三、一	出頭清 大四、二、三	庄司亜也
留守宅渡ノ有無	有	無	無	無	無	有
補修年月日		21.6.24	21.6.24	21.6.24		21.6.4

沖縄

42

21.5.20 復員
佐賀県三養基郡旭村字田島
同上
父 執行又吉
衛 郷 軍 執行安[illegible]
21.6.24

21.5.20 復員
大阪府北河内郡守口町[illegible]
同上
妻 篠田敬子
属 篠田忠太郎
21.6.24

43

項目	1	2	3	4	5	6
備考（上欄）	21/6/22 復員	21/4/17 復員	21/6/22 復員	二〇、九、三 陸軍転出	〃	帰還
編入年月日	17.5.1	18.6.1	19.5.1	20.2.9	18.6.1	19.5.4
前所属及其編入年月日						
本籍地	東京都浅草区鳥越 二ノ一五	奈良県添上郡[illegible]村大字[illegible] 三七三	大阪市浪速区恵比須町 二ノ五	福岡県門司市大字門司 三〇九〇	富山県西礪波郡高波村[illegible]	高松市幸町五三
留守担当者 住所	東京都大森区大森 二ノ一二	同	大阪市住吉区松田町 二ノ[illegible]	台湾高尾市[illegible] 四ノ[illegible]	同	同
留守担当者 続柄	母	妻	父	父	父	父
留守担当者 氏名	柴田多美	東雲ヨシ	塩谷安吉	下村亚裕	庄田精一	枝茂川太一
徴集年 官年 任官	20.9.1					
役種兵科官等級 任命年月日	予備伍 二〇、九、一	雇員 廿八〇、20.9.30 [illegible]	予備[illegible] [illegible]	技手 六二〇、九、三	雇員 1850 二〇、九、三	雇員 七〇六 20.9.30
氏名 生年月日	柴田亚市	東雲辰五郎 明三七、二、九	塩谷春信 大七、四、一	下村聖子 大八、二、一	庄田千代 大一〇、一、一八	枝茂川冨子 大五、三、一八
留守宅有無	無	有	無	有	有	有
備考年月日		21.7.2				21.7.2

		召集解除 21年5月20日	召集解除 21年5月20日	解雇 21 5 4 又
編入年月日		17.6.10	17.5.1	19.5.18
前所属 兵種 入営年月日		漢口 一陸 17.4.25	広東 ?総 16.3.1	
本籍地		熊本県宇土郡 松合町大字 松合 一三六	横浜市磯子区 杉田町五一五	愛知県碧海郡 刈谷町大字 重原字一色 七五
留守担当者	住所	同 上 [沖縄]	同 上 [沖縄]	愛知県碧海郡 刈谷町 栄町 南八ノ三五 [沖縄]
	続柄	父	父	妻
	氏名	鈴木元次郎	鈴木新太郎	鈴木きよ
徴集年 任官年月日		20.10.10		
役種 兵種 官等級 給俸 令年月日		衛 伍 二〇、一〇、一〇	二補 衛兵 二〇、九、一	雇員 6700 二〇、九、三〇
氏名 生年月日		鈴木清史 明四三、三、八	鈴木辰吉 大四、二、一一	鈴木兼松 明四三、一、三五
留守宅渡ノ有無		無	無	有
補修年月日		21.6.24	21.6.24	✓

45

入

21.2.22 復員

21.4.10 復員

編入年月日	前所属 年月日	本籍地	留守担当者 住所	留守担当者 続柄	留守担当者 氏名	徴集年 任官年月日	役種兵種 官等	氏名 生年月日	留守宅渡 有無	補修年月日
17.5.1		埼玉県大里郡鉢形村大字鉢形八二七	同	妻	杉田久米子	18.3.1	予衛伍長	杉田辰郎 大九.三.一五	無	✓
18.1.19		福井県今立郡鯖江町東小路三六	大連市聖徳街三ノ四七三	妻	鈴木清子		技師	鈴木俊一 明三八.六.二九	有	✓

沖縄 沖縄

46

セ

召集解除 21年5月20日

昭21.6.10 復員

召集解除 21年5月20日

21.5.20 復員

編入年月日	前所属 入営年月日	本籍地	留守担当者 住所	留守担当者 続柄	留守担当者 氏名	徴集年 任官年月日	兵種 官等 俸給 発令年月日	氏名 生年月日	留守宅渡 有無	修正年月日
17.4.18	豫実 15.1.10	茨城県新治郡上大津村手野八八一	同	父	瀬古澤藤七	17.4.1	衛生軍曹 3 二〇、八、一	瀬、古澤泰永 大三、二、一八	無	21.6.24
19.4.12		新潟県南蒲原郡上田村大字早川六八一	同	妻	関利依	20.2.19	技手 分 二〇、二、一九	関基 大、五、二、一六	有	21.6.10
19.5.18		宮崎県西諸県郡飯野町大河平坂下	同	[illegible]	瀬尾茂助		雇員 6450 二〇、九、三〇	瀬尾[illegible]義	有	21.6.24
19.5.18		東京都日本橋区小伝馬町一、二、五	大阪府中河内郡恵我村大字二六〇	妻	平田雅子		雇員 6750 二〇、九、三〇	平田肇 大一〇、八、三〇	有	

47

21.6.22 復員

除隊 21.6.23

七

編入年月日	前所屬及其變更年月日	本籍地	留守担当者 住所	留守担当者 續柄	留守担当者 氏名	徵集年 任官年月日	役種兵種 官等級 俸給 発令年月日	氏名 生年月日	留守宅ノ渡 有無	補修年月日
17.5.1	陸達 16.12.8	廣島縣蘆品郡網引村大字宮内五〇一	同	父	妹尾伸助	16	3.20.6.3 衛 曹	妹尾敬三 大七.一二.七	無	
18.6.10	福井 歩隊入	福井県足羽郡麻生津村浅水二〇七ノ二八	同上	母	流崎梅野	18	20.9.1 現 衛生	流崎伊一 大一二.一〇.二〇	無	

沖縄

48

召集解除	編入年月日	前所属及病歴入院年月日	本籍地	留守担当者 住所	続柄	留守担当者 氏名	徴集年 任官年月日	役種 兵種 官等級 俸給	氏名 生年月日	徴集年 任官年月日	補修年月日
召集解除 21年6月23日	17.4.30	廣野 陸病 16.12.26	千葉県香取郡新島村 八二五	同	沖縄 父	高安宗悦	16.12.6	予医大尉 一〇.三 八 〇	高安京顯 大五.一〇.一八	有	✓
20.11.23. 戦病死 於南方第一陸軍病院 左乳房部及右胸部 剥創	17.4.26	國司 二歩 17.2.10	岡山県都窪郡[illegible]	同	沖縄 父	高森悦治	13.6.1	現 主計 少尉 4.元.一 旧七.三	高森寛一 大六.五.一四	有	22.10.? 22.1.11
召集解除 21年5月20日	18.5.1	南支 除給 16.10.25	東京都目黒区緑ヶ丘 三.二四	同	沖縄 父	高瀬万造	15.	一補 衛兵 一〇.九.一	高瀬金蔵 大九.一.二七	無	21.6.24
召集解除 21年5月20日	17.5.3	上海 一陸病 16.3.29	宮城県柴田郡槻木町大字葉坂 一二八	同	沖縄 父	高城定七	15	現 衛兵 一〇.九.一	高城一郎 大九.三.九	無	21.6.24
召集解除 21年6月23日	18.12.10		滋賀県蒲生郡市辺村字市辺 三五一	同	沖縄 父	滝口與助	18	現 補 衛兵 一〇.九.一	滝口幸助 大二.大六	無	✓
召集解除 21年6月23日	17.8.26		京都府南桑田郡稗田野村字鹿谷字下條 三三	同	沖縄 父	高田茂		技手 四.七.三一	高田亘啓 大八.一.二四	有	✓

49

21.5.20復員	21.5.20復員	召集解除 21年5月20日 / 昭21.5.1 内地帰還	昭21.5.1 内地帰還	召集解除 21年5月20日 / 昭21.5.1 内地帰還	昭21.5.1 内地帰還	召集解除 21年5月19日
18.4.17	18.2.11	17.4.23	17.4.23	19.5.18	19.5.18	17.5.8
		変更 17.5.22	変更 19.3.1			
香川県仲多度郡龍川村大字庵田 九五	神戸市兵庫区逆瀬川町三五二	龍田県龍田市鉄砲町二	栃木県芳賀郡物部村高田 九三二	東京都大森区新井宿四丁目 九九八	大阪市城東区新喜多町 一七一	大阪市東区龍寺町九
同	大阪市天王寺区木野町二	同	同	神戸市須磨区若宮町四.三一	大阪市西成区新開通三丁目三	大阪府布施市長堂一丁目
沖縄	沖縄	上 沖縄	沖縄	沖縄	沖縄	沖縄
田所喜賀次	田中健次	龍澤栄	高山金次郎	田島義男	高田才木	田橋サト
雇 5.10.八.一五	80.00 雇員 3.10.九.三〇	86.00 雇員 3.10.六.三〇	雇員	65.50 雇員 3.10.九.三〇	73.00 雇員	44.50 雇員 3.10.九.三〇
田所明 明四二.三.一	田中義一 明三七.三.三	龍沢坂枝 大四.七.三	高山良明 大六.八.一七	田島隆 大十一.七.一四	高田亜希 明三二.三.一五	田橋信三 昭六.二.二
有	有	有	有	有	有	有
✓	✓	✓ 21.6.24.	✓ 21.6.4	✓ 21.6.24	✓ 21.6.4	✓

50

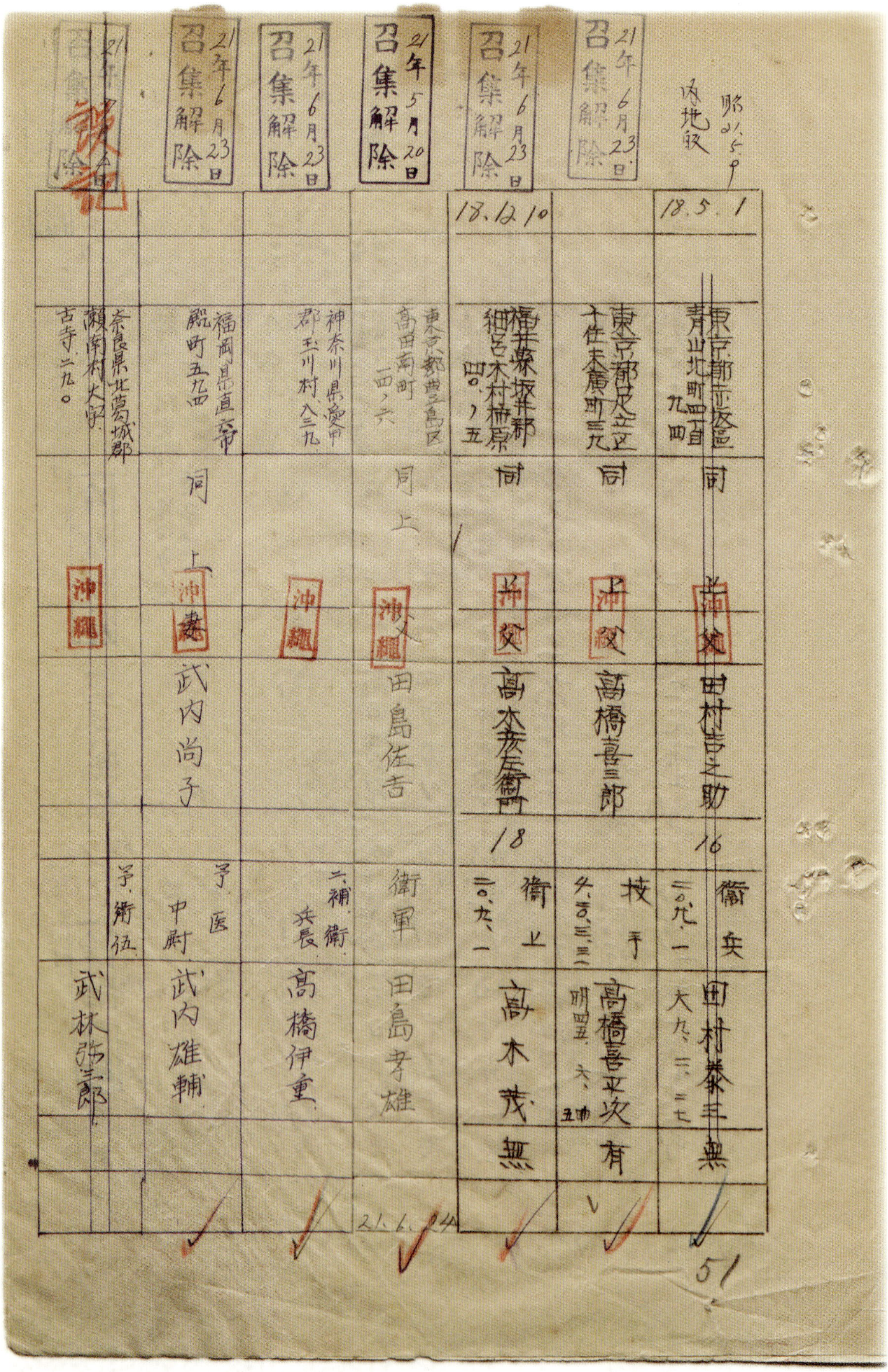

昭21.5.9 内地較

召集解除 21年6月23日	召集解除 21年6月23日	召集解除 21年6月23日	召集解除 21年5月20日	召集解除 21年6月23日	召集解除 21年6月23日	召集解除 21年 誤記
18.5.1		18.12.10				
東京都赤坂区青山北町四丁目九四	東京都足立区千住末廣町三九	福井県坂井郡細呂木村柿原四〇ノ五	東京都豊島区高田南町一四ノ六	神奈川県愛甲郡玉川村八三九	福岡県直方市殿町五九四	奈良県北葛城郡瀬南村大字古寺二九〇
同	同	同	同上		同上	
沖縄 父	沖縄 父	沖縄 父	沖縄 父	沖縄	沖縄 妻	沖縄
田村吉之助	高橋喜三郎	高木茂左衛門	田島佐吉		武内尚子	
16		18				
衛 兵 二〇、九、一	技 手 久、三、三、一	衛 上 二〇、九、一	衛 軍	二、補、衛 兵長	予 医 中尉	予、衛 伍
田村恭平 大九、二、二七	高橋喜平次 明四五、六、五生	高木茂	田島孝雄	高橋伊重	武内雄輔	武林弥三郎
無	有	無				

21.6.24

51

重複削除

備考	日付	本籍・住所	続柄	氏名	階級	本人氏名	生年月日
[illegible] 重複削除	17.12.31	大分県東[illegible]郡[illegible]七		高見鶴松	昭13 技手	高見[illegible]郎 有	明二六.三.二一
19.7.24 戦死確定 [illegible]	19.3.3	静岡県磐田郡[illegible]	父	田代亀之郎	技手	田代要人	昭二八.八.一五
20.4.7 [illegible] 21.6.7 [illegible]	16.12.31	大分県[illegible]吉野	妻	高見今子	昭13 大尉 19.4.15	高見安五郎 有	明二五.[illegible]
21.5.17 [illegible]		[illegible]	父	高田源太郎	昭17 予医少尉	高田義雄 無	[illegible]二.九
19.2.27 戦病死		北海道[illegible]	父	田中鉄[illegible]	昭17 技手 19.2.27	田中富[illegible] 無	
19.2.29 戦死確認		大阪府[illegible]	妻	田中重子	昭17 技手 19.2.29	田中市造 無	
19.3.7 戦病死		東京都[illegible]	妻	高[illegible]	昭17 技手 19.3.17	高[illegible]吉	
19.11.21 戦病死		岡山県上道郡[illegible]	父	立川潔	昭16 昭17 中尉	立川一郎	大一〇.六.二
19.12.10 戦病死		山口県[illegible]	父	立花靖五郎	昭17 技手	立花義三郎	大一三.一〇.一三

20.6.23

20.4.11

4.3.14

52

付記	編入年月日	前所属及其編入年月日	本籍地	留守担当者 住所	續柄	氏名	徴集年 任官年月日	役種兵種 官等級 給与等級 発令年月日	氏名 生年月日	留守宅渡 有無	補修年月日
21.6.22 復員	17.12.20	支 防給	長野縣南佐久郡臼田町大字臼田一六四三	同 [沖縄]		田島覺	19.4.1	予衛軍 二〇八一	田島蓁 大五.七.二	無	✓
21.6.22 復員	18.12.1		福井縣大飯郡高濱町宮崎第四号六	同 [沖縄]		高田文吉	18	現衛兵 二〇九一	高田讓 大二.四.二〇	無	✓
召集解除 21年4月13日 復員(退職)	17.12.1		埼玉縣入間郡元狭山村大字二本木 大四四四	東京都立川錦町一ノ三〇六ノ入 栗田久助方 [沖縄]		田辺タケ		技手 二〇三三十七	田辺東一 明四一.七.五	有	✓
帰還(21.上.1) 二〇.五.三 一陸騎	19.8.4		大阪市港区八幡屋中通一ノ二	同 [沖縄]		田渕喜助		雇員	田渕孝平 昭二.一〇.一五	有	✓
21.8.13 復員 21.8.31 解雇 南方第二陸軍病	19.8.4		大阪市大淀区中津本通二ノ八	大阪市大淀区中津本通二ノ一〇 [沖縄]		多田巳之助		雇員 5.15.0 二〇九一〇	多田稔 昭二.三.一三	有	✓
21.6.29 内還 召集解除	18.5.1	南支防給 18.9.[illegible]	奈良縣高市郡八木町一一〇	同上	兄	谷核兵衛	16.7.28	予医大尉 3.20.8.20	谷信正 大四.一〇.一三	有	21.7.1

53

21.5.18 復員

石解 21.6.23

石解 21.6.27

21.6.22 復員

チ

留守担当者					
編入年月日	20.3.3	18.11.10			
前所属 入営應召年月日			16.7.31 和歌山	18.5.1 17.6.1 近砲	19.5.18 南方軍俘虜収容所 水部
本籍地	坊本森那覇郡大日原町一九五八	福井県坂井郡大関村大味第字元八一	和歌山県和歌山市屋形町三丁目六番地	神奈川県愛甲郡玉川村字岡津古久八二九	大阪市南区東賑町一番地
住所	同 沖縄	福井県吉田郡森田町字森田方 沖縄		同上	大阪市大正区新千歳町一六五地
續柄	母		妻	兄	義兄
氏名	遅澤キイ	近森フミ子	谷中千代	高橋寅之助	中村政治
			明11.20	明16	明22
徴集年 任官年月日			予 輜 任 兵長 20.3.1	予 衛 兵長 21.3.1	庶員 東庫七二一 明21.3.31
役種 兵種 官等 給俸 令年月日	雇員 七九 20.9.30	雇員			
氏名 生年月日	遅澤祐 大八.三.二七	近森正幸 大六.一.三	谷中富一 明四〇.九.六	高橋万重 大二.二.八	樺谷英次郎 明四〇.一〇.三
妻子ノ有無	有	有	無	無	有
整理年月日	21.7.2				

54

召集解除 21年5月20日　ツ　21.5.20 復員　召集解除 21年5月20日　21.5.20 復員　召集解除 21年5月20日

氏名 生年月日	編入年月日	前所属部隊 編入年月日	本籍地	留守担当者 住所	留守担当者 続柄	留守担当者 氏名	徴集年 任官年月日	役種兵種 官等給 並俸給 年月	留守宅渡 有無	補修年月日
鶴田春重 大八、八、一七	17.5.5	安陸 15.7.16	山梨県東山梨郡八幡村字北六〇三	同	父	鶴田国照	17.3.27	予衛曹 3 二〇、九、一〇	無	21.6.24
辻桂 大九、一〇、一	18.5.1	南防支給 16.8.24	山梨県東山梨郡八幡村字北九一五	同	母	辻トラノ	20.9.1	予衛伍 二〇、九、一	無	
津田信之 昭二、七、二五	19.4.15		大阪府中河内郡龍華町植松二一〇〇	同	父	津田作治郎		雇員 53.50 二〇、九、一三	有	21.6.24
堤亨 大三、一二、二六	17.5.5	安陸 15.1.10	茨城県真壁郡上野村字寺上野 八五六	同	母	堤せい	20.9.1	予衛伍 二〇、九、一	無	
堤浪江			長野県東筑摩郡山形村下大池	同上	兄	堤浪江（初江）		衛伍		21.6.24

55

21.6.24
了解

18.2.4

豊橋 病 17.12.28

滋賀県犬上郡

同上

父

辻 [illegible]

昭16

二補三一 18.3.1

辻 [illegible]

無

56

復員

21.1?.1? 復員

21年2月帰還

二〇、九、二〇 陸軍出

邦人トシテ帰還

輸入年月日	前所属及其輸入年月日	本籍地	留守担当者 住所	留守担当者 続柄 氏名	徴集年 任官年月日	役種 兵種 官等級 俸給年給 発令年月日	氏名 生年月日	留守宅渡ノ有無	復員年月日
18 6.1		兵庫県三原郡八木村笑原徳時組 二三四	兵庫県神戸市兵庫区東山町三ノ二四	木原秋野		雇員 七〇円 20.9.3	筒井円治 大五、二、一六	有	21.9.2
18 6.1		[illegible]神崎郡南谷村字金堂 三七三	大阪市東住吉区[illegible]町二八六	塚本茂		雇員 七三五円 20.9.30	塚本梅吉 明四〇、三、一	有	
19 5.1		千葉県香取郡中村南中 一四六五	同	角田さく		雇員 七三五円 20.9.30	角田國雄 大九、六、二九	有	21.7.2
19 5.4		大阪市城東区放出町一三四六一	同	續橋[illegible]		雇員	續橋[illegible] 大一五、四、八	有	

沖縄

57

項目						
召集解除	召集解除 21 6 29	召集解除 21年5月20日	召集解除 21年5月20日	召集解除 21年6月23日	召集解除 21年5月20日	召集解除 21年6月23日
編入年月日	19.3.17	17.5.1	17.5.1	18.12.10	19.5.18 ~~19~~	
前所属及其編入時期	南ﾂ 総司 18.12.15	南一 薩摩 16.7.1	南ﾂ [illegible] 三班 14.11.28		~~5.1.8~~	
本籍地	福島県郡山市原田町 六六	岐阜県岐阜市堀江町 二	神奈川県横須賀市佐島町 五〇四	滋賀県野洲郡祇王村大字北 三五〇	兵庫県川辺郡園田村美園 一二一	滋賀県蒲生郡苗村、山ノ之上東出
留守担当者 住所	同	岐阜県岐阜市八ツ梅町一ノ二九	同	同	兵庫県西宮市津門住江町四	同上
留守担当者 続柄	沖縄 父	沖縄 父	沖縄 父	沖縄 父	沖縄 養父	沖縄 父
留守担当者 氏名	勅使河原鼎	寺本鈴太郎	照本秀憲	寺田幸太郎	寺内 ~~十倉~~ 留蔵	寺島竹次郎
徴集年 任官年月日	18.12.15	20.3.1	19.12.1	18		昭18
役種兵種 官等級 給與 発令年月日	現 医 中尉 1昭二〇、二三、二八	予 衛 伍 二〇、三、一	予 衛 伍 一九、一二、一	現 衛 上 一七、九、一	雇員 48.50 二〇、九、一〇	現 衛 上 21.3.1
氏名 生年月日	勅使河原守 大二、四、一	寺本時次郎 大四、八、四	照本秀雄 大三、二、八	寺田幸作 大二、二、七	寺内幸男 昭四、一、七	寺島久治 大一二、五、一
留守宅渡有無	有	無	無	無	有	有
補修年月日	21.12.11	21.6.24	21.6.24		21.6.24	

58

召集解除 21年6月23日

滋賀県蒲生郡
苗村.山ノ之.

沖縄

現、衛
上

寺島久治

59

召集解除 21年7月4日

邦人トシテ帰還

二〇、九、二〇 一陸 転出

21/6 22 復員

二ノ

留守担当者			
編入年月日	17.5.5	19.4.11	19.8.1
前所属及編入年月日	誌支 16.12.8		東部四四 17.12.20
本籍地	大阪府吹田市榎木町二六九	和歌山県新宮市新宮六六六	茨城県鹿島郡大同村大字藤井二
住所	同	大阪市南区大蔵町九二七	東京都足立区栗原町九六四
続柄	妻		妻女
氏名	井辻英一	寺田勝己	出頭ヨネ
徴集年 任官年月日			昭10
役種兵種 官等級 任官年月日	現 衛生 3.1.9.3.1	55.50 一三.九.三六 庸員	一補 衛 兵 二〇.九.一
氏名	井辻吉男	大四.九.二一 寺田逆子	出頭清
留守宅ノ有無	無	有	無
補充年月日			21.8.12

沖縄 沖縄 沖縄

60

召集解除 21年11月[illegible]

ト

召解 21.6.29

解雇 21.7.4

21.5.20 復員

項目	1	2	3	4	5
編入年月日	18.4.17	19.5.18		16.6.5	
前所属 / 入営年月日				近衛工兵聯隊補充隊 一九六一二	
本籍地	大阪市東成区大今里南之町一丁 1510	大阪市天王寺区[illegible]相山町一四九	大阪市東区南新町一丁目二三	東京都小石川区西丸町六三番地	奈良県添上郡辰市村大字杏三七三
留守担当者 住所	同	大阪市東成区大今里町一四九	大阪市生野区 大友		同上
留守担当者 續柄	妻（印：沖）	父（印：沖）		母	妻
留守担当者 氏名	得津信與	[illegible]保次		飛田はるゑ	東雲ヨシ
徴集年 / 任官年月日					
役種兵種 / 官等級 / 俸給 / 発令年月日	雇員 78.00 [illegible]九.三〇	雇員 66.00 [illegible].三.三一		予工 伍長 伍1	雇員
氏名 / 生年月日	得津喜義 明四四.五.三	徳永常男 大.八.二.一八		飛田由五郎 明四五.六.五	東雲辰五郎
留守宅 有無	有	有		無	
神社 年月日	✓	✓		✓	

61

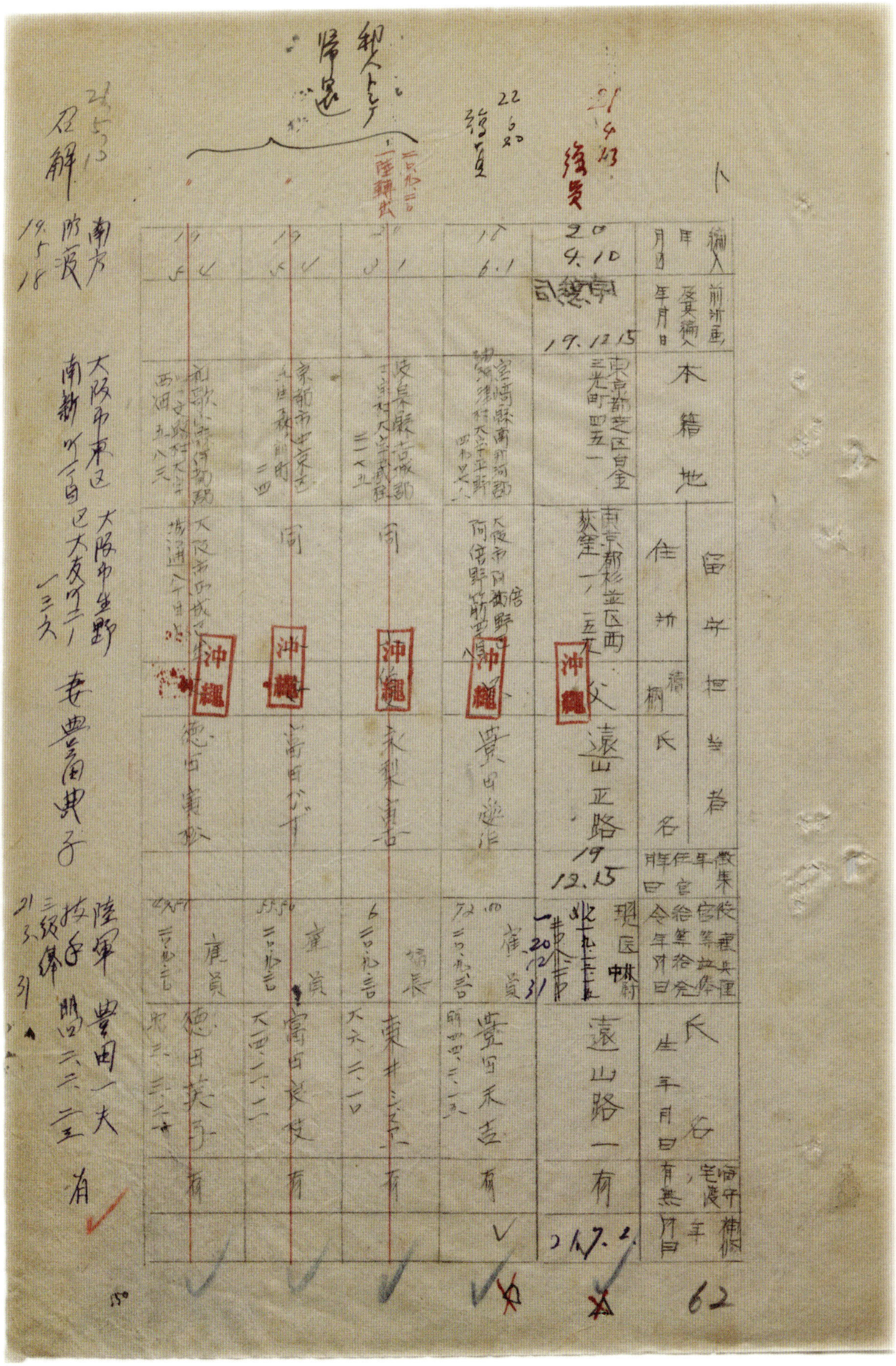

留守担当者
本籍地
住所
続柄
氏名
沖縄
東京都芝区白金三光町四五一
東京都杉並区西荻窪一ノ一五五
父 遠山正路
遠山路一 有
妻 豊田典子
陸軍技手 豊田一夫
62

	成田	中山	長山	滑川	中村	永瀬
	21.5.20 復員	召集解除 21年6月23日	21.5.20 復員	21.5.20 復員	召集解除 21年5月20日	召集解除 21年6月23日
編入年月日	19.4.30	20.7.31	18.3.10	18.5.1	16.3.30	19.11.3
前所属及其編入年月日	南方軍 總司 19.3.1	南方軍 経理 教育部 19.11.11	南支 防給 17.9.24	南支 防給 17.9.26	第六 聯隊 15.12.20	東部 七三 19.9.17
本籍地	秋田県北秋田郡 […]村字…屋敷 二八	神奈川県横浜市 神奈川区栄町 三ノ七三	神奈川県足柄上郡 上秦野村柳川 一〇三六	埼玉県北葛飾郡 金杉村大字…… 四五一	愛知県丹羽郡 大山町五郎丸四 屋敷八八	埼玉県浦和市常 盤町二ノ一二四
留守担当者 住所	秋田県山本郡能代市能代駅前 九高重太郎方	同	同	同	同	同
続柄	沖縄	沖縄	沖縄	沖縄	沖縄	沖縄
氏名	成田淑子 (淑)	中山留吉	長山タケ	滑川太郎吉	中村徳三郎	永瀬きよ子
徴集年 任官年月日	19.7.1	20.8.20	19.4.1	19.9.1		
役種 兵種 官等 加俸 給等 給与 令年月日	予医中尉 二〇、八、二〇 ~~十九、七、十~~	予主少尉 二〇、八、二〇	予衛軍 二〇、八、一	予衛軍 二〇、八、一	予補衛伍 二〇、九、一	二國衛上 二〇、九、一
氏名 生年月日	成田富士郎 大五、五、六二	中山韓 大一六、一、一〇	長山一熙 大六	滑川政治 大五、九、二四	中村衛雄 (徳) 大六、七、一三	永瀬武雄 大一
留守宅渡 有無	有	有	無	無	無	無
補修年月日	✓	✓	✓	✓	✓ 21.6.24 7.2.	✓

63

召集解除 21年6月23日	19.11.3	東部七三 19.9.17	埼玉県北足立郡草加町高砂町四三〇	同	沖縄	内藤つね	二國衛上 二〇.九.一	大四.三.一三 内藤武雄	無	
昭21.6.9 内地帰還	17.12.10	野砲三三 12.11.17	静岡県浜松市鴨江町一五八八	同	沖縄	中野敏子	技師 6等 8級 二〇.九.三〇	明四二.七.二七 中野東十	有	21.6.4
召集解除 21年5月20日	19.5.15		神奈川県中郡二宮町山西五六四	同	沖縄	内藤章	嘱託 110.00 一五.五.八	明三九.一二.二 内藤億	有	21.6.24
解職 21.6.19	19.1.17		東京都四谷区新宿三ノ二八	東京都世田谷区玉川町二〇五	沖縄	中島晶子	技手 42.00 三.三一	大三.一二.三 中島明	有	
21.5 召解	17.4.23	要塞砲 16.3.27	埼玉県大里郡花園村大字黒田一〇四四ノ三	同	沖縄	長嶺小次郎	予備伍 一九.九.一	大七.五.二 長嶺莫一	無	
召集解除 21年6月23日	15.12.10		福井県足羽郡麻生津村三尾野 一三号七	同	沖縄	直正慶太郎	一補衛上 18 二〇.九.一	大一二.三.三五 直正一郎	無	
21.5.20 復員	11.4.11		愛媛県西宇和郡真穴村穴井	同	沖縄	中村藤一	雇員 79.00 二〇.九.三〇	明四四.一一.三一 中村俊雄	有	

64

召集解除 21年8月10日	19.8.5	大阪市天王寺区大道一ノ六三	大阪市天王寺区大道四ノ八八	沖縄 父	中居亀吉	雇員 42150 二〇、九、三〇	中居政治郎 昭四、一、二二 有し
召集解除 21年5月20日		栃木県河内郡絹島村大字西芦沼二七五二、	同上、	沖縄 父	中里忠蔵	衛兵	中里平. 21.6.24.
召集解除 21年6月[illegible]日		埼玉県熊ケ谷市箱田、四六七.		沖縄		予.衛上	中島藤吉.
召集解除 21年7月4日		滋賀県野田郡守山町焔魔堂		沖縄		現工上.	中川明.
19.9.3 戦病死（マラリア熱帯熱）		山口県[illegible]郡[illegible]村大字[illegible]三六八	同上	父	中村[illegible]蔵	衛生上 19.9.3	中村吉昌
19.5.13 戦病死		大阪府中河内郡[illegible]	大阪市北区[illegible]	長女	中井政子	技手 19.5.13	中井政太郎
19.8.30 戦病死（於[illegible]）	在役 後部[illegible]	[illegible]	同上	兄	中村玉次郎	衛生上 19.8.29	中村幸四郎

65

病入年月日 / 前所属及病入年月日	本籍地	留守担当者 住所	留守担当者 続柄氏名	徴集年	役種兵種 官等級 / 任官年月日 俸給等給 発令年月日	氏名 / 生年月日	有無	補修日付	記事
19.11.22 / 補[illegible]召集 19.6.13	埼玉県北足立郡~~草加町~~ ~~中~~与野町下落合七一〇	同	沖縄 妻 中野千代子	~~19~~ 6.13	一国備上 二〇.六.一	中野善八郎 / 大四.一二.二	無		内地[illegible] 21年6月29日
18.12.1	福井県三方郡耳村南市 才七號 三五	同	沖縄 父 仲嶋島造	~~18.12.1~~	現衛上 二〇.九.一	仲嶋良作 / 大一二.三.一	無		21.1 復員
19.12.1	滋賀県野洲郡守山町大字[illegible]三〇二	同	沖縄 父 中川清次郎	~~18.12.1~~	現衛上 二〇.九.一	中川明 / 大一二.七.一七	無		21.7.4 復員
17.12.1	東京都北多摩郡小金井町小金井一八七〇	同	沖縄 妻 永野リウ		技手 2 二〇.三.三一	永野桂之助 / 明四三.一〇.七	有		21.4.13 復員
17.5.1 / 召集 16.1.1	栃木県河内郡絹島村大字芦沼一二五六	同	沖縄 父 中見忠蔵	16.6.1	補衛兵 二〇.八.一	中見平 /	無		21.5.20 復員
~~19.5.4~~	~~堺市[illegible]~~	~~同~~	沖縄 ~~中野[illegible]~~		~~直員~~ 36650 二〇.八.一〇	~~中野光子 / 大一三.五.一二~~	~~有~~		受入スミ 21.3.31 [illegible] 昭二〇.九.二〇 戦死

66

	西川國夫	西川正三	西田貞次郎	新山佐美屋	西村武次郎	西村藤庄
	召集解除 21年5月20日	召集解除 21年6月23日	召集解除 21年5月20日	召集解除 21年5月20日	召集解除 21年5月20日	21 5 20 復員 二
編入年月日	17.5.5	18.12.10	19.5.18	18.2.8	17.5.1	17.5.5
前所属及其編入年月日	歩兵 歩兵 14.12.25				兵 防給 16.12.10	濱口 腰痛 14.7.25
本籍地	奈良縣南葛城郡大正村大字樹羅	滋賀縣野洲郡中里村字北江七一	京都市上京区五辻通七本松三西柳町五七九	大阪市東成区南中道町一丁四九	廣島縣呉市栄町三ロ	佐賀縣小城郡芦川村三條一六五六
留守担当者 住所	同	同	同	兵庫縣尼崎市金楽寺宅地四ロ	同	同
留守担当者 続柄	上 沖縄	沖縄	沖縄	沖縄	沖縄	上 沖縄
留守担当者 氏名	西川清次郎	西川友七	西田ミサヲ	新山イシ	西村若男	西村ケサヰ
徴集年 任官年月日	16.3.1	18				14
役種兵種 官等 給料 傳年月日	予 衛軍 二〇、六、三〇	現 衛 上 二〇、九、一	雇員 22.00 二〇、九、三〇	雇員 82.00 二〇、九、三〇	現 衛 伍 二〇、九、一	補 衛 兵 二〇、九、一
氏名 生年月日	西川國夫 大八、三、八	西川正三 大五、二、二六	西田貞次郎 明三六、二六	新山佐美屋 明三四、一、一九	西村武次郎 大八、一、二七	西村藤庄 大八、七
留守宅渡 有無	無	無	有	有	無	無
補修年月日	21.6.24		21.6.24	21.6.24	21.6.24	—

67

召集解除 21年5月20日

	17.5.1 南支 防給 16.4.16	埼玉縣川口市上青木町四ノ五四八	同	沖縄	西野元次郎	一補衛兵 二〇、九、一	西野喜三郎 大九、一、一〇	無 21.6.24
21.5.19 復員	南陣 防疫 16.10.23	兵庫県尼崎市大庄浜[illegible]九七	岡山県吉備郡神在村富原	妻	西山澄子	衛員 18.10.23	西山文藏 明二七、二、七	有
21.5.3 復員	18.2.4 [illegible] 中支 [illegible] 13.12.28	滋賀県[illegible]郡[illegible] 香川県木田郡[illegible]	三木町[illegible]	父	西松増次郎 昭16	二補上一 18.3.1	西松健次 大〇、一〇、九	無
19.11.18 戦死		大阪府布施市[illegible]	同上	父	西田安藏	[illegible] 三等七級	西田清[illegible]	
20.7.10 戦死		東京部				技手	西田三男 大九、二、七	

68

召集解除 21年5月20日

木

編入年月日	11.4.17
前所属及其編入年月日	
本籍地	岸和田市沼町
留守担当者 住所	大阪府岸和田市沼町五六六
留守担当者 續柄	沖縄
留守担当者 氏名	根来玉枝
徴集年 任官年月日	
役種兵種 官等級 給料給与 今年月日	79.00 二〇.九.三〇 雇員
氏名 生年月日	根来一夫 明四四.五.九
留守宅渡ノ有無	有
補修年月日	✓

21.6.24.

69

召集解除 21年5月20日

1

補修年明	留守宅渡有無	氏名 生年月日	役種 兵種 官等級 給令年月日	徴集年 任官年月日	留守担当者 氏名	留守担当者 續柄	留守担当者 住所	本籍地	前所属 其編入年月日	編入年月日
21.6.24	無	野崎良助 大六、三、一	予 衛 軍曹 20.12.1	19.12.1	野崎友枝 野崎[illegible]助	妻	神奈川県高座郡相模原町田名五〇〇九	東京都深川区新大橋二ノ九	中支 防給 15.1.22	17.4.16
	無	野田高市 大三、三、一	現 衛 一 17.6.1	昭18	野田ミよ	母	同上	滋賀県蒲生郡金田村大字上田五一八		
	無	野口佐一郎 大一二、一、二	現 衛 上 19.12.1	昭18	野口靖次	父	同上	滋賀県野洲郡速野村大字[illegible]三七五		
		野村光義	鹿兵 17.8.1	昭17	野村善次郎	兄	同上	鹿児島県川内市内田町七〇三一		

21.5.21 復員

21.5.18 復員

19.12.4 戦病死

70

21
4
13
復員

21
6
22
復員

帰還

編入年月日		18.12.1	18 1.10
前所属及其編入年月日			
本籍地	新潟縣北蒲原郡新発田町字泉町一七一八	滋賀縣蒲生郡市原村大字市原野一二二八	東京都麻布區新龍土町一二
留守担當者 住所	東京都杉並區檜之木町一二三五 沖縄	同 沖縄	横浜市[illegible] 沖縄
續柄			
氏名	野田禮治	野田繁	野田芳
徴集年任官月日		20 10.10	
役種兵種官等級俸給年給與年月日	現 兵大尉 二〇、六、一	現 衛 伍長 二〇、四、一	軍属 20 9 30 七三五
氏名 生年月日	野田常明	野田芳明 大一六、四、一	野田英子 大二六、七、一四
留守宅疾病有無	有	無	有
神経衰弱年月日			21.7.22

71

	羽山	早川	濱	濱内	萩原	羽村
	21.7.23 内地帰還	召集解除 21年6月23日	召集解除 21年5月20日	21.5.20 復員	召集解除 21年5月20日	召集解除 21年5月20日
編入年月日	18.6.3	20.7.17	18.5.1	18.12.10	19.7.20	18.5.1
前所属 其編入年月日	船舶兵団医長 17.7.10	南方軍衛生材料廠 18.10.30	南支防給 15.6.4		東部八五 19.7.15	南支防給 16.10.23
本籍地	和歌山縣西牟婁郡下秋津村一三四	東京都麹町区二番丁九	長野縣諏訪市上諏訪弁天町一九三七	福井縣大飯郡本郷村本郷一四九	栃木縣下都賀郡赤麻村赤麻四三一	山梨縣東山梨郡大藤村中萩原四三六
留守担当者 住所	和歌山縣新宮市若草町	同	同	同	同	同
続柄	妻	妻	父	父	父	父
氏名	羽山道子	早川喜久子	濱文吉	濱内庄太郎	萩原清節	羽村古壽
任官年月日	大正14.6.30	3.6.30	12.3.1	18	11	15
役種兵種官等級給俸等級令年月日	現医少将 二〇.六.一〇	現医中佐 3.一八.八.一	予補衛軍 3.一九.八.一	現衛兵伍長 二〇.六.一〇	予衛兵伍長 二〇.九.一	一補衛兵 二〇.九.一
氏名 生年月日	羽山良雄 明三三.六.二三	早川正敏 明三八.一一.一七	濱茂雄 大四.五.七	濱内豊春 大一二.一.六	萩原清助 大八.九.二〇	羽村元慶 大八.一二.一二
留守宅渡有無	有	有	無	無	無	無
補修年月日	√ 21.12.11	√	21.6.24	√	21.6.24	21.6.24

（各欄押印：沖縄）

300

72

召集解除 21年6月23日	21.5.25 復員	21.5.20 復員	召集解除 21年6月23日	比島収容中 死亡
18.2.4	17.7.16			18.3.10
豊橋 陸病 17.12.28				昭19.7 [illegible]
三重縣名賀郡阿保町阿保 三八六	長野縣長野市西尾町四五一		千葉県山武郡千代田村大里	広島県高田郡[illegible]根野川村[illegible]根
三重縣桑名郡城南村安永	同	東京都深川区住吉町一ノ二三	同上	同上
沖縄	沖縄	沖縄	沖縄	
			兄	父
早川敎市	原山芳太郎	長谷川武雄	萩原清	橋詰文一
16				昭16
二補 衛生兵 二〇、九、一	雇員 二〇、九、三	衛兵 二〇、九、二	雇員	二補卫一 18.6.10
早川義郎 大〇、一〇、二五	原山昇治 大〇、六、八	長谷川政雄 大五、七、一四	萩原忠	橋詰満 大〇、二、一
無	石	無		無

73

	21/4/14 復員	21/6/22 復員	21/6/22 復員	21/8/28 復員	[illegible]	
編入年月日	18.3.11	18.12.1	18.12.1	19.6.30	19.5.4	18.6.1
前所属及其編入年月日						
本籍地	東京都淀橋区柏木三ノ[illegible] 三九三ノ三	千葉県千葉郡大和田町萱田 三九三	滋賀県蒲生郡中野村大字小脇 一九七六	長野県諏訪郡川岸村一〇三七番地	長野県下水内郡永田村[illegible]番地ノ一号	福岡県鞍手郡小竹町大字勝野 三〇八八
留守担当者 住所	静岡県沼津市静浦[illegible] 保養館方	同	同	同	同	満洲国錦州省阜新市大正区五龍街七八五号
留守担当者 続柄	沖縄	沖縄	沖縄	沖縄	沖縄	沖縄
留守担当者 氏名	早川静子	花島薫郎	畑勇治郎	花岡仁	畠山千恵	萩原長[illegible]
徴集任官年月日		18 12.1	18 ~~12.1~~			
役種兵種 官等級 給等給俸 令年月日	現 匠中佐 2 二〇八三三	一補 衛 ~~二等兵~~ [illegible]	現 衛 ~~二等兵~~ [illegible]	雇員 26六九月30	雇員 6750 二〇.六.二〇	雇員 7150 二〇.六.二〇
氏名 生年月日	早川清	花島順二 大五.三.五	畑與平 大一二.一一.二	花岡正晨 [illegible]	畠山ひさゑ 大八.一一.六	萩原ヨシ子 大八.六.二七
留守宅渡有無	有	無	無	有	有	有
補修年月日	v			21.7.2.		

74

二〇.七.二〇
一陸興報

八一
六一

愛媛縣西宇和郡
川上村上泊二三四

同

洋行縫

原田照太郎

ケン八〇
二〇.九.二〇
雇員

大六.二.一三
原田美子

有

75

召集解除等	編入年月日	前歴及其編入年月日	本籍地	留守担当者 住所	續柄	氏名	徴集年 役種 兵種 官等級 任官年月日 給与	氏名 生年月日	留守宅渡有無	補修年月日
召集解除 21年5月20日	18.6.1	支給 16.6.10	山口縣光市室積補二〇七.	同	父 (沖縄)	棹田廣助	16.3.11 現(非本籍) 主曹 二〇三一	棹田重幸 大六.一二.一四	有	21.6.24.
召集解除 21年5月20日	17.12.20	支給 16.2.27	東京都下谷区三ノ輪町一二七	東京都荒川区三河島町七ノ六四六	父 (沖縄)	平川佐平	14 二補衛兵 二〇九二一	平川喜次郎 大七.一二.一五	無	21.6.24.
召集解除 21年5月10日			岡山市西吉松.	同上.	妻 (沖縄)	平岩造江.	技五.	平岩半次		21.6.22.
21.6.30 復員	19.5.18		滋賀県愛知郡[illegible]	[illegible]台市[illegible]	父	広瀬英一	9.9.30 [illegible]	広瀬[illegible] 大八.一〇.[illegible]	有	
19.11.27 戦死			山口県佐波郡[illegible]	同上	妻	寺岡早子	昭13 19.11.27 [illegible]	寺岡[illegible]	有	21.4.7
21.5.10 召解			大阪市南区[illegible]	大阪市[illegible]	兄	中村[illegible]	[illegible]	檜[illegible]英二郎		4620

七

76

召集解除 21年5月20日

21 4 13 復員

21 6 22 復員

20.10.15 佛印ニ出征

編入年月日	17 5.1	17 12.18	
前所属及其編入年月日			
本籍地	愛知県名古屋市熱田区白鳥町三二	茨城県結城郡上村[illegible]	山梨県東山梨郡塩山町
留守担当者 住所	同 沖縄	同 沖縄	同 上 沖縄
留守担当者 続柄			
留守担当者 氏名	久野ヌイ	平間字平	廣瀬政義
徴集年月日	20.3.1		
役種兵種 官等級 給料 令年月日	予備 衛生伍長	20.8.30 雇員	衛任
氏名 生年月日	久野親雄 大四・一一・二	平間正光 大[illegible]	廣瀬俊行
留守宅渡有無	無	有	
補修年月日		21.7.2	21.6.24.

東京都[illegible] 藤岡宗指数 文 近田 隆

日黒区[illegible] 卯部[illegible]

19.5.1 一椿工[illegible]

大7.11.1 近田隆夫 四[illegible]

77

	1	2	3	4	5	6
（欄外）	召集解除 21年12月 [illegible]日	21.5.20 召解	召集解除 21年6月23日	召集解除 21年5月22日	召集解除 21年5月20日	21.7. 退院 21.6.4 帰還了
編入年月日	19.7.22	18.3.17	19.7.28	19.5.[illegible] 5.22 加古川国立病院へ転院	17.4.17	19.5.15
前歴 其編入年月日	歩 九七 18.7.7	歩 防給 14.10.28				
本籍地	鹿児島県揖宿郡小川町成川二三卅二	栃木県那須郡西御村大字河原一六七〇	京都市左京区北白川別当町四七	奈良県南葛城郡御所町駅前	岐阜県吉城郡阿曽布村字数河七六九	和歌山県日高郡早蘇村早藤七八
留守担当者 住所	同 沖縄	同 沖縄	同 沖縄	同 沖縄	同 沖縄	同 沖縄
続柄				妻		
氏名	福村勲	藤田久吾	藤本理三郎	藤田トシエ	福澤エキ	藤本文次郎
徴集年 任官年月日	16.2.21	20.9.1	17.12.1			
役種 官等 給料 発令年月日	現 医大尉 20.11.30	予備 補衛伍 二〇、一〇、一〇	技手 3 二〇、三、三一	雇員 7450 二〇、九、三〇	雇員 7500 二〇、九、三〇	雇員 6350 二〇、[illegible]、三一
氏名 生年月日	福村政三 大七、一〇、二〇	藤田光男 大六、一〇、二八	藤本亮郎 大四、一、三〇	藤田菊松 明三六、二、二一	福澤正勝 明三九、二、五	藤本穣 大六、一〇、一六
留守宅渡 有無	有	無	有	有	有	有
明年修補	21.7.2 21.12.11 ✓	✓	✓	✓	21.6.24 ✓	21.6.29 ✓

78

昭21.6.9 内地送還	19.5.18	
大阪市東住吉区平野西脇町八三	同	沖縄
石川カツ		
90.50 三〇.九.三〇	雇員	
石川[illegible] 明二九.三.一〇	有	21.6.4

解職 21.6.14	17.7.16	
栃木県下都賀郡藤岡町大字藤岡一八六八	栃木県下都賀郡生井村大字下生井照内一六八	沖縄
福地つミ子	18.9.30	
3 三〇.九.三〇	技手	
福地義男 明四〇.二.一五	有	

79

項目						
(上欄記入)	21.6.22 復員	21.6.22 復員	二〇、九、三〇 陸軍転出	責任入ス 21.3.31 解雇		
編入年月日	17.5.1	~~18.6.1~~ 19.5.18	19.5.4	19.5.4	18.6.1	19.5.4
編入前所属及其編入年月日						
本籍地	山梨縣南巨摩郡増穂村長澤三四七	滋賀縣栗田郡山田村大字木川五〇〇	徳島縣板野郡撫養町南浜東三番地ノ二	山梨縣中巨摩郡藤田村藤田四三七	岡山縣和氣郡神根村大字沖曽谷一五三〇	大阪市城東區野田町三ノ一六四
留守担当者 住所	同	奈良縣生駒郡伏見村西大寺 山本政五郎	同	大阪市阿倍野區天王寺町三三六	同	同
続柄	沖縄 父	沖縄 父	沖縄 父	沖縄 父	沖縄 弟	沖縄 父
氏名	深澤高造	山本政五郎	冨田雄二	深澤熊三	藤原多計夫	藤村美智
徴傭 任官 年月日	20.9.1					
役種 兵種 官等 級 給等 給 発令年月日	平 衛伍 二〇、九、一	雇員	雇員 二〇、九、三〇	雇員 二〇、九、三〇	雇員 二〇、九、三〇	雇員 二〇、六、五 20.9.30
氏名 生年月日	深澤祐一	古川好夫 大六、四、一六	冨田英子 大五、四、一	深澤秀子 大五、四、一	藤原壽恵 明四四、八、五	藤村静子 大一四、二、一
留守宅渡 有無	無	有	有	有	有	有
補修年月日		↓				21.7.2

80

要人ヘスミ
21.3.31
解雇

一陸類

召集解除 21年7月4日

18.6.1	18.6.1	
		一
山口縣宇部市大字東須恵一八一二	大阪府南河内郡道明寺村大字垣野第三番屋敷	京都府舞鶴市 宇登
山口縣厚狭郡厚南村東須恵一八一二	大阪市阿倍野區天王寺町三ノ五七	
沖縄	沖縄	沖縄
兄 藤田猶一	母 福瀬愛子	
傭 工員	傭 工員	予.寄曹
藤田サツコ 大五.一二.一五	福瀬幸子 大一四.一二.二八	古川義治
有	有	

18

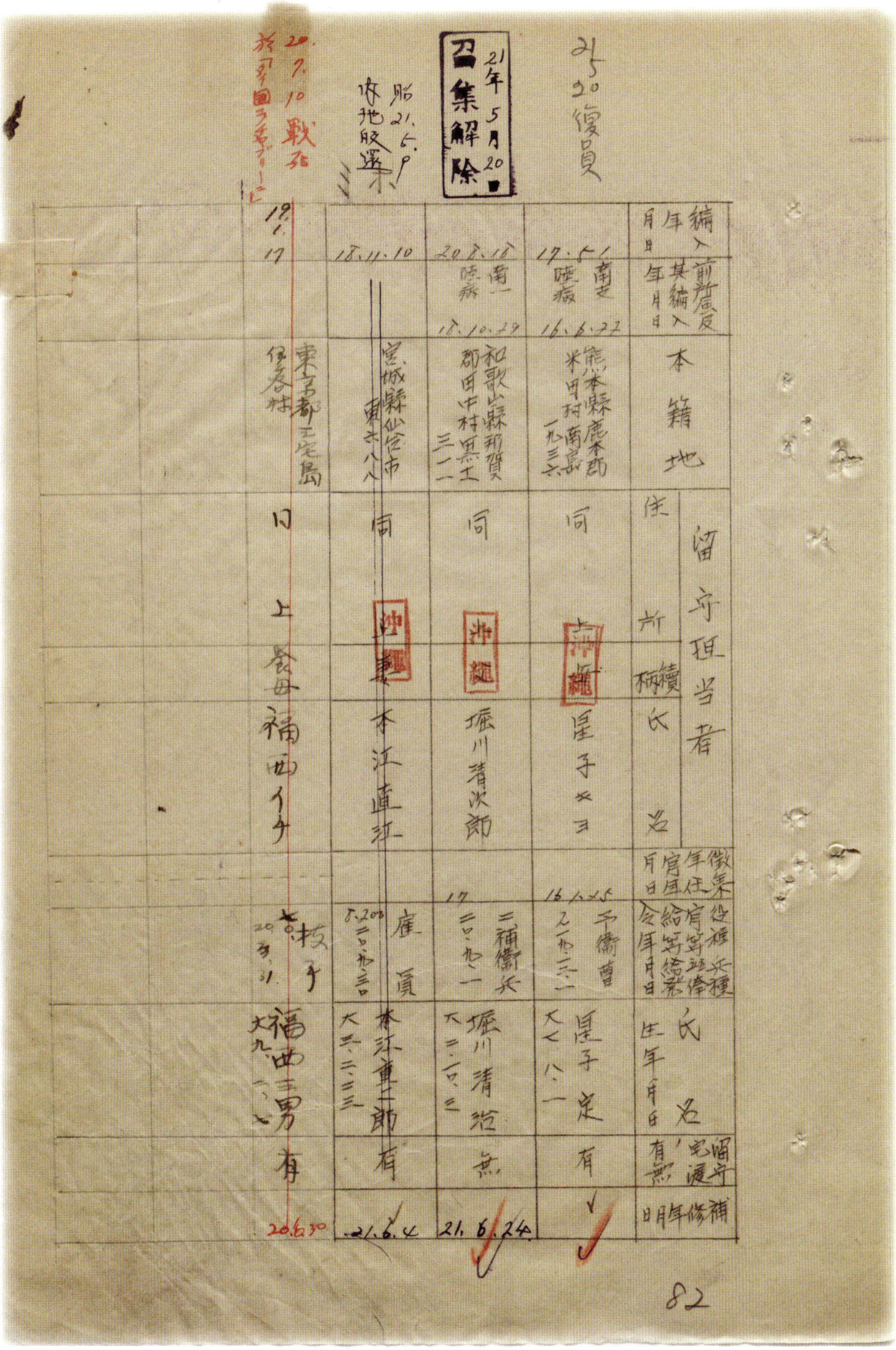

21.5.20 復員

召集解除 21年5月20日

船 21.6.9 内地帰還

20.7.10 戦死 於「ダバオ」国ラモ「ブーロ」

項目	星子定	堀川清治	本江重二郎	福西三男
編入年月日	17.5.1	20.8.16	18.11.10	19.1.17
前所属及其編入年月日	南之 陸病 16.6.22	南一 陸病 18.10.29		
本籍地	熊本県鹿本郡米田村南島一九三六	和歌山県那賀郡田中村黒土三一一	宮城県仙台市東六八八	東京都三宅島伊豆村
留守担当者 住所	同 沖縄	同 沖縄	同 沖縄	同上
留守担当者 続柄				養母
留守担当者 氏名	星子ヌヨ	堀川清次郎	本江直治	福西イチ
徴集年 任官年月日	16.八.×5	17		
役種兵種 官等 給与等級 今年月日	予備 曹 二〇.九.二一	二補衛兵 二〇.九.一	傭員 二〇.九.三〇	技手 20.3.31
氏名 生年月日	星子定 大七.八.一	堀川清治 大二.一〇.三	本江重二郎 大六.二.二三	福西三男 大九.一.七
留守宅渡 有無	有	無	有	有
補修年月日	✓	21.6.24	21.6.4	20.6.30

82

	1	2	3	4	5	6
(stamp)	召集解除 21年5月20日	召集解除 21年6月23日	昭21.6.9 内地帰還	召集解除 21年5月20日	召集解除 21年5月20日	召集解除 21年5月20日
編入年月日						
前所属及編入年月日	16.5.6 要 防給 17.9.10	16.2.5 豊橋 防病 17.9.1	19.1.12	16.4.27	16.10.21	16.2.11
本籍地	埼玉県大里郡御正村大字上押切七三四	福井県三方郡十村大字田上一九号二三	和歌山県西牟婁郡上秋津村三一九一	和歌山県東牟婁郡四村平治川一三三	鹿児島県大島郡笠利村大字外金久八一	長野県南松浦郡三井楽町浜之畔郷二七七八
留守担当者 住所	同 上	同 上	和歌山県田辺市神田町	和歌山県新宮市熊野地五三九二	大阪市港区八幡屋元町二ノ二	長野県南松浦郡三井楽町岳津郷竹山
留守担当者 続柄	沖縄 妻	沖縄 父	沖縄 妻	沖縄 父	沖縄 父	沖縄 兄
留守担当者 氏名	松本貞美子	前田金蔵	丸尾小さき	松浦兼三郎	松元正	松本長左エ門
徴集年 任官年月日						
役種 兵種 官等級 俸給 給与 任官年月日	予 衛伍 二〇.九.一	16 二補衛兵 二〇.九.一	技手 45 二〇.三.九	雇員 70.00 二〇.九.三〇	雇員 66.50 二〇.九.三〇	雇員 81.00 二〇.九.三〇
氏名 生年月日	松本徳次郎 大五.九.二〇	前田敏夫 (復) 大九.三.一	丸尾康春 大四.一二.二七	松浦茂 大五.一一.一五	松元忠雄 昭二.一.一七	松本亀蔵 明三九.一二.一五
留守宅渡有無	無	無	有	有	有	有
補修年月日	21.6.24		21.6.4	21.6.24	21.6.24	21.6.24

83

20.2.19 戦病死
19.3.3 給 関東防
19.2.9
千葉県山武郡大和村大字福俵 一九八
福岡県八幡市[illegible]町 五丁目
妻 楠浦[illegible]子
大13 現業 中佐
2.18.9.30
楠浦[illegible]雄 明25.2.20 有

20.1.21 戦病死
19.5.[illegible]
大阪市北区堂島中一丁目五
同上
父 [illegible]太郎
[illegible] 雇員
19.8.30
[illegible] 大正6.2.9 有
20.6.25

21.5.20 [illegible] 19.11.18
[illegible]一五 [illegible]大阪市[illegible]区 横[illegible]丁目 [illegible]
妻 磨井[illegible]子
雇員
磨井[illegible]一郎 有
1622

84

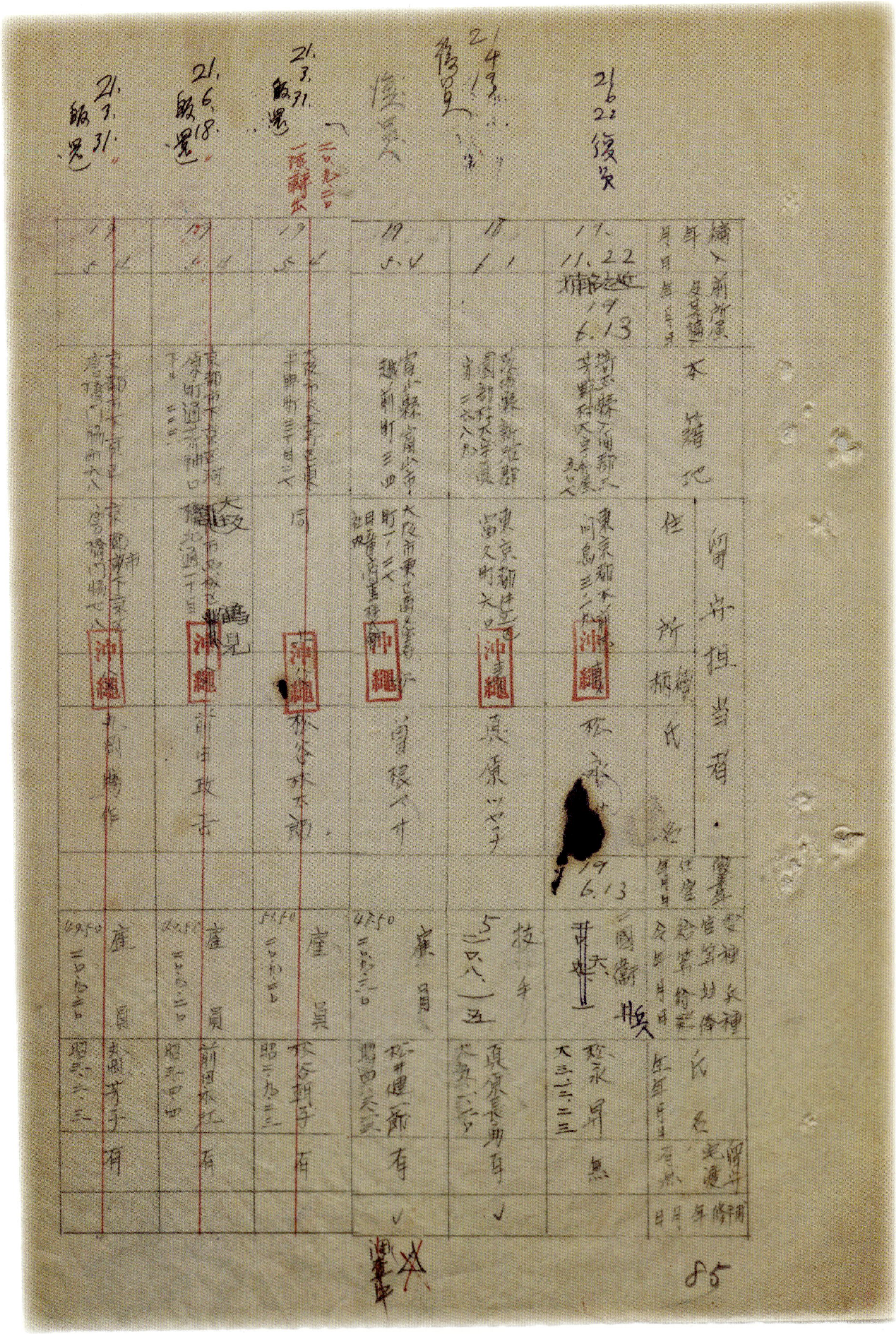

21.3.31 解傭	21.6.18 解傭	21.3.31 解傭 二〇.九.二〇 一時除隊	復員	21.4.19 復員	21.6.22 復員	
19.5.4	19.5.4	19.5.4	19.5.4	18.1.1	19.11.22 補充兵 19.6.13	編入前所属 年月日
京都市下京区唐橋門脇町六八	京都市下京区河原町通[illegible]袖口下ル二二一	大阪市東住吉区平野町三丁目二七	富山県富山市越前町三四	茨城県新治郡園部村大字[illegible]二六八九	埼玉県入間郡[illegible]芳野村大字[illegible]五〇七	本籍地
京都市下京区唐橋門脇町七八 沖縄	大阪市[illegible]北通一丁目 鶴見 沖縄	同 沖縄	大阪市東区[illegible]町一ノ二七 日本[illegible] 沖縄	東京都牛込区富久町六口 沖縄	東京都本所区向島三ノ八九 沖縄	住所
丸岡勝作	前田政吉	松谷林太郎	曽根ヘサ	真栄原ツヤ子	松永[illegible]	留守担当者 続柄 氏名
					19 6.13	任官年月日
4950 二〇.九.二〇 雇員	4950 二〇.九.二〇 雇員	5150 二〇.九.二〇 雇員	4750 二〇.三.二〇 雇員	5 二〇八.一五 技手	二国衛 [illegible]	役種兵種 官等級 給 任官年月日
丸岡芳子 昭三.六.三	前田[illegible] 昭三.四.四	松谷朝子 昭二.九.二三	松井建一郎 明四〇.[illegible]	真栄原長助 大五.[illegible]	松永昇 大三.二.二三	氏名 生年月日
有	有	有	有	有	無	留守補償 適否 有無
			✓	✓		補修年月日

85

項目	宮永	宮田（サダ）	三ッ間	水野	三木	宮田（政三）
	召集解除 21年6月23日	昭21.5.9 内地帰還	21.5.20 復員	召集解除 21年5月20日	召集解除 21年6月23日	召集解除 21年6月23日
編入年月日	17.11.20	19.9.17	19.11.23	20.8.16	18.5.1	17.11.23
前所属及其編入年月日	医校 16.12.1	野東一 19.9.17	東三 19.9.17	南陸病 19.9.29	東京防給 17.9.27	東三七 19.9.17
本籍地	埼玉県北埼玉郡騎西町字上種足八五一	東京都西多摩郡大久野村二二二三	埼玉県大里郡深谷町萱場二一〇	名古屋市中村区大正町一ノ一六	東京都本所区東駒形三ノ五六	埼玉県秩父郡尾田蒔村字蒔田二八二
留守担当者 住所	同	同	同	同	東京都荒川区尾久町二ノ二〇六	同
留守担当者 続柄	妻	妻	妻	妻	父	父
留守担当者 氏名	宮永とし子	宮田サダ	三ッ間イシ	水野あき	三木政吉	宮田政三
徴集年 役種兵種 任官年月日 官等級俸 給与年月日	17.11.30 現 衛大尉 4 二〇.六.一	17.9.30 予 衛中尉 2 二〇.八.二〇	19 11 二国 衛上 二〇.六.一	6 予 衛兵 二〇.九.一	15 二補 衛兵 二〇.九.一	10 二国 衛上 二〇.九.一
氏名 生年月日	宮永久治郎 明四四.五.一	宮田伊蔵 明二七.二.二五	三ッ間二郎 大五.一一.一五	水野学三郎 明四四.八.二〇	三木國雄 大九.一一.二三	宮田光晴 大四.一.五
留守宅渡 有無	有	有	無	無	無	無
補修年月日	✓	21.6.4	✓	21.5.24 ✓	✓	✓

86

	1	2	3	4	5	6	7
	召集解除 21年5月20日	21.6.27 内地退還	21.5.4 解職	召集解除 21年5月19日	昭21.5.9 内地帰還	召集解除 21年5月20日	21.6.27 解雇
	15.2.17	17.7.28	19.1.17	17.7.15	19.1.25	19.5.15	7 19.5.8
	香 木田郡東植田村大字東植田一九六八	廣島縣沼隈郡鞆町鞆四九九七	東京都牛込区政代町三一	京都市左京区岡崎西天王町七四	長野縣諏訪郡金澤村二五〇	岡山縣勝田郡廣野村大字河面	三重縣南牟婁郡五郷村寺谷七七
	奈良縣生駒郡駒町谷田四四四ノ一	大分縣宇佐郡豊川村積善寺	同	東京都牛込区辨天町辨天アパート	同	岡山縣勝田郡植月村植月大字東	大阪市此区支小政五丁目七八
	沖縄	沖縄	沖縄	沖縄	沖縄	沖縄	沖縄
	三好[illegible]	宮地利彦	宮田トク	三浦光子	宮坂[illegible]太郎	米井和代	南英二郎
		17.12.1	19.1.17	17.12.1	20.8.15		
	專任囑託 130.00 二〇、六、三一	属 8 二〇、九、三〇	技手 44 二〇、三、三一	技手 3 二〇、九、三〇	技手 5 二〇、八、一五	雇員 63.00 二〇、九、三〇	雇員 52.00 二〇、九、三〇
	三好次太郎 明三〇、七、二〇	宮地廣 大三、三、一八	宮田浩 明四五、三、三	三浦精 明三八、三、二五	宮坂[illegible]男 大六、三、二	米井健次 大九、一〇、二〇	南隆生 昭三、三、三
	有	有	有	有	有	有	有
	✓ 21.6.24	✓	✓	✓	✓ 21.6.4	✓ 21.6.24	✓

87

21.5.20 復員

馬事勤務兵 帰還

21.6.26 召解

17.8.5	15.11.10	17.12.20	
中支 防給 15.8.22		中支防 復 15.5.22	
長野縣南安曇郡豊科町四八六四	神戸市湊区神田町一三六	栃木県上都賀郡穂積村大字同中一五	
同 本籍者	同	〃	
	〃	上	
沖縄	沖縄	父	
水野谷ひさ江	宮本潤次郎	宮田總三郎	
17.8.22		昭12	
二上等兵 20.12.31 衛生曹長	94.00 二〇九三〇 雇員	20.3.1 一補工長	
大八.九.二六 水谷芳定	明四二.九.二〇 宮本昌明	大三.一一.二二 宮田多伊八	
無	有	無	
21.7.2 ✓	✓		

88

項目	宮田石平	宮崎英助	南順勇	三谷正明	三井三一郎	水野トク
（付記）	21.6 帰還	21.6.22 復員	21.3.31 解雇 継業 二〇.九.一〇 一應轉出	存否	21.6.18 解雇	22.10.2 復員
編入年月日	19.5.1	18.6.1	19.6.4	19.6.4	19.6.4	18.6.1
前所属及其編入年月日						
本籍地	千葉縣市原郡平三村平藏 二一三四	東京都西多摩郡五日市町小和田 一七〇	廣島縣佐伯郡大柿町大字柿浦 一三五三	島根縣安濃郡久手町大字遥根 西一三七一四	福井縣今立郡鯖江町廣小路	東京都下谷区[illegible]町三
留守担当者 住所	静岡縣駿東郡御殿場町新橋 一五七八	同	大阪市福島区[illegible]四三八七九	大阪市[illegible]町 一一二	京都市上京区御前通下立売上 西入北町五七四	東京都板橋区板橋町五.九
続柄	父	父	[illegible]	父	父	[illegible]
氏名	宮田石平	宮崎英助	南順勇	三谷正明	三井三一郎	水野トク
徴集年 任官年月日	19.7.1					
役種・兵種 官等・級 俸給 命令年月日	予医中尉 2 二〇.八.二	技手 5 二〇.八.一五	雇員 49.50 二〇.九.一〇	雇員 51.50 二〇.九.一〇	雇員 49.50 二〇.九.一〇	雇員 六六八五円 20.9.30
氏名 生年月日	宮田澄	宮崎修一郎 大四.一〇.二七	南登志子 昭三.一.二四	三谷美智子 昭廿二.三.二九	三井幸子 昭三.一二.八	水野幸子 大一一.一二.三〇
留守宅渡 有・無	有	有	有	有	有	有
補修年月	ν	ν				21.7.2

59

帰還　21.7.3 復員　召集解除 21年5月20日　23.8.7 内地死亡　解雇 21.6.25　帰還

	村上幸隆	村井芳太	村上健	村越昇次	村井傳一郎	
編入年月日		19.2.3		18.11.　21.6.26 名古屋刑務所ニ移監	18.12.25	編入年月日
前所属其編入年月日						前所属其編入年月日
本籍地	熊本県玉名郡[illegible]村大字西安寺九二〇	岩手県盛岡市川原町七號一	和歌山縣田辺市芳養町九四四	東京都下谷区入谷町四一二	石川縣江沼郡山谷村字菩提五四	本籍地
留守担当者 住所	熊本市水前寺出水町	盛岡市内丸字高前一二七	和歌山縣田辺市芳養町四四二七	東京都足立区千住旭町一四	京都市下京区東九條石田町一	留守担当者 住所
続柄	父	兄	父	母	妻	続柄
氏名	村上勝花	村井友司	村上長人	村越トヨ	村井俶子	氏名
徴集年 任官年月日						徴集年 任官年月日
役種兵種 官等級 給料 令年月日	現役 中尉	技手 五級 17.9.30	雇員	雇員 74.00 三〇五二三	雇員 97.00 三〇九一三	役種兵種 官等級 給料 令年月日
氏名 生年月日	村上幸隆	村井芳太 大五.一一.一三	村上健	村越昇次 明四五.一.一八	村井傳一郎 大五.二.一六	氏名 生年月日
留守宅渡ノ有無		有		有	有	留守宅渡ノ有無
補修年月日			21.6.24 ✓	✓	✓	補修年月日

沖縄（印）

-200　90

復員

二〇、九、二〇 陸軟出

21.3.31 解雇

右仝 〃

山

留守担当者

項目			
編入年月日	20 8.31	19 5 4	19 5 4
前所属 受領年月日	南一 陸病 19.12.15		
本籍地	熊本県玉名郡山北村大字田字寺九一〇	大阪市旭区[illegible]恵町三丁目二九	兵庫県飾磨郡鹿谷村新戸五三
住所	熊本市水前寺町	大阪府布施市平地七五	兵庫県神崎郡中寺村恒屋
続柄	沖縄	沖縄	沖縄
氏名	村上勝喜	村上信正	坂口定一
徴集入営年月日	19. 12.15		
兵種 官等 給与 発令年月日	現 医中尉 2 二〇、八、二〇	4350 雇員 二〇、九、二〇	5150 雇員 二〇、九、二〇
氏名 生年月日	村上章彦	村上静江 昭五、七、七	村上嘉子 昭二、八、一七
留守宅渡有無	有	有	有
補修年月日	✓ ✗		

91

留守担当者	1	2	3	4	5
印	召集解除 21年6月23日	召集解除 21年5月20日	21/5/24 復員	召集解除 21年5月20日	召集解除 21年5月20日
編入年月日	20.5.18	18.5.1	18.5.1.	17.4.17	19.5.18
前所屬（集編入年月日）	南一 陸病 20.8.入	南史 防給 16.10.23	南史 防給 17.8.1		
本籍地	奈良縣奈良市高天市町三二	山梨縣南巨摩郡五開村葉[illegible]一三七九	山梨縣南巨摩郡静川村切石四三三	神戸市灘区城之内通三ノ七六二	大阪市港区寿町三ノ一〇
住所	同	同	山梨縣東八代郡豊富村字大[illegible]何場隈	兵庫縣津名郡中河原村清水八〇八ノ一	廣島縣御調郡[illegible]貞村大字結[illegible]三二一
續柄	沖縄 父	沖縄 父	沖縄 [illegible]	沖縄 [illegible]	沖縄 父
氏名	森田健三	望月德藏	望月幸 千代志	森山住江	森分萬一
徵集年任官年月日	19.12.15	〃	20.9.1		
役種兵種 官等 給等級 任令年月日	現 医中尉 二〇、八、二〇	補 衛 兵 二〇、九、[illegible]一	予 衛 伍 二〇、九、一	雇員 6900 二〇、九、二〇	雇員 7100 二〇、九、二〇
氏名 生年月日	森田健想知 大一一、三、一八	望月運二 大五、九、二七	望月幸雄 大六、一三、一九	森山弘 大一一、三、二	森分重信 大五、六、八
留守宅渡有無	有	無	無	有	有
補修年月日	✓	21.6.24 ✓	△	21.6.24 ✓	21.6.24 ✓

92

21.6.22 復員

21.3.31 解雇

二〇、九、二〇 一陸轉出

召集解除 21年5月20日

21.5.20

召集解除

解雇 21.6.27

項目	1	2	3	4	5
編入前所属 年月日 / 其編入年月日	19 5 4	19 5 4			19.7.1
本籍地	奈良県吉野郡越部一五七〇	大阪市東成区[illegible]町一三三三	京都府与謝郡与謝村字金屋二〇四四	大阪市港区八幡屋松ノ町二丁目六十一	大阪市東淀川区日出町三三二
留守担当者 住所	大阪府中河内郡[illegible] 沖縄	大阪市天王寺区[illegible]島町[illegible] 沖縄	同上 沖縄	徳島市西新濱町四丁目 沖縄	大阪府南河内郡北八下村字河合五四六一
続柄	父	父	父	妻	妻
氏名	大谷真三郎	森 作入	森垣正太	守山福笑	森口秀子
徴集年 任官年月日					
役種兵種 官等級 給与 給与令年月日	4750 二〇、九、三〇 雇員	5250 二〇、九、三〇 雇員	雇員	七 2068 9 30 雇員	6300 二〇、九、三〇 雇員
氏名 生年月日	大谷菜男 昭四、二、一	森 栄子 昭二、一、一七	森垣菊夫	守山藤太郎 明三四、三、一八	森口俊夫 明四四、八、一六
留守宅渡有無	有	有			
補修年月日	V		21.6.24	21.6.24	

93

	22.10.4.召解	召集解除 21年6月27日	召集解除 21年5月20日	21.5.20 復員	召集解除 21年5月20日	[illegible] 21年6月29日
編入年月日	19.1.10	20.4.12	17.4.30	18.5.1	17.4.5	18.5.1
前歴 其編入年月日	中部二二 17.10.1	三七軍司 19.11.20	歩公 駄 16.9.10	南方要 防給 16.10.23	要 防給 16.3.27	南方要 防給 17.9.10
本籍地	大阪府堺市南旅籠町西四丁一〇六	静岡縣磐田郡磐田町中泉一三五〇	茨城縣鹿島郡軽野村	山梨縣北巨摩郡大草村西割六三七	東京都瀧野川区西ヶ原町九七九	神奈川縣津久井郡中野町中野一三五四
留守担当者 住所	大阪府堺市百舌鳥高田町ヒサマ九〇八	同	茨城縣鹿島郡波崎町東仲島	山梨縣北巨摩郡大草村下條西割六三七	同	東京都杉並区高円寺三丁目四八
留守担当者 続柄	沖縄 [illegible]	沖縄 [illegible]	沖縄 [illegible]	沖縄 父	沖縄 [illegible]	沖縄 [illegible]
留守担当者 氏名	山田由松	山田清子	山本忠夫	矢崎徳吾	矢澤とみ	八木千代
徴集年 任官年月日	19.7.1	20.6.20	15.9.1	20.9.1 ~~15~~	12	16
役種 兵種 官等 給 俸給 令年月日	予医少尉 一九、七、一	予薬少尉 二〇、六、二八	予主曹 二三、九、三	予衛伍 二〇、九、一	二補衛兵 二〇、九、一	三補衛上 二〇、九、一
氏名 生年月日	山田早苗 大一、一、二八	山田恭平 大正九、九、一	山本義夫 大四、一二、一五	矢崎三郎 大九、一、一	矢澤大治郎 大六、五、九	八木城之 大一、三、二七
留守宅渡 有無	有	有	有	無	無	無
補修年月日	21.12.11		21.6.24		21.6.24	21.12.11

94

上部記載	日付	本籍	住所	続柄	家族氏名	職	俸給・日付	氏名	生年月日		
召集解除 21年5月17日	18.2.11	長崎県南松浦郡福江町福江郷三四一	秋田市楢山本新町上丁六	沖縄 妻	山下コト	雇員	102.00 二〇.九.三〇	山下仁	明三八.七.一	戸	✓
復員	18.5.18	新潟県三島郡桐島村大字北野	大阪市福島区海老江上三ノ二	沖縄 義弟	野田勇	雇員	74.00 二〇.九.三〇	山崎恭三郎	明二六.六.廿七	戸	✓
召集解除 21年5月20日	18.2.8	大阪市東区瓦町 ~~上福島北四~~ 五ノ二九	大阪府泉北郡高石町羽衣六三四ノ六八	沖縄 父	山口八十松	雇員	~~64.50~~ 74.50 二〇.九.三〇	山口正巳	大六.一二.七	戸	✓ 21.6.24.
21.5.20 復員	19.5.18	大阪市福島区上福島北四ノ六九	岡山県岡山市巌井西新町三六ノ三	沖縄 妻	八部絹子	雇員	69.00 61.00 19.9.30 二〇.九.三〇	八部徳蔵	明四四.二.七	戸	✓
召集解除 21年5月10日	19.6.8	岡山県邑久郡国府村大字磯上九六八	同	沖縄 ~~妻~~ 父	~~山中[illegible]~~ 安本富太	雇員	47.50 二〇.九.三〇	安本敦夫	昭四.三.一	戸	✓
クラン鉄道隊 勤 20.12.24 復員	19.5.19	大分県別府市大字別府六六七	徳島市北東富田町本町二ノ一三	沖縄 妻	山田春江	雇員	71.50 二〇.九.三〇	山田秀雄	大七.二.一二	戸	✓
21.5.20 復員	19.5.19	鳥取県東伯郡浦安町大字下伊勢五六〇	同	沖縄 妻	山田まつの	雇員	67.00 二〇.九.三〇	山田百蔵	大三.三.四	戸	✓

95

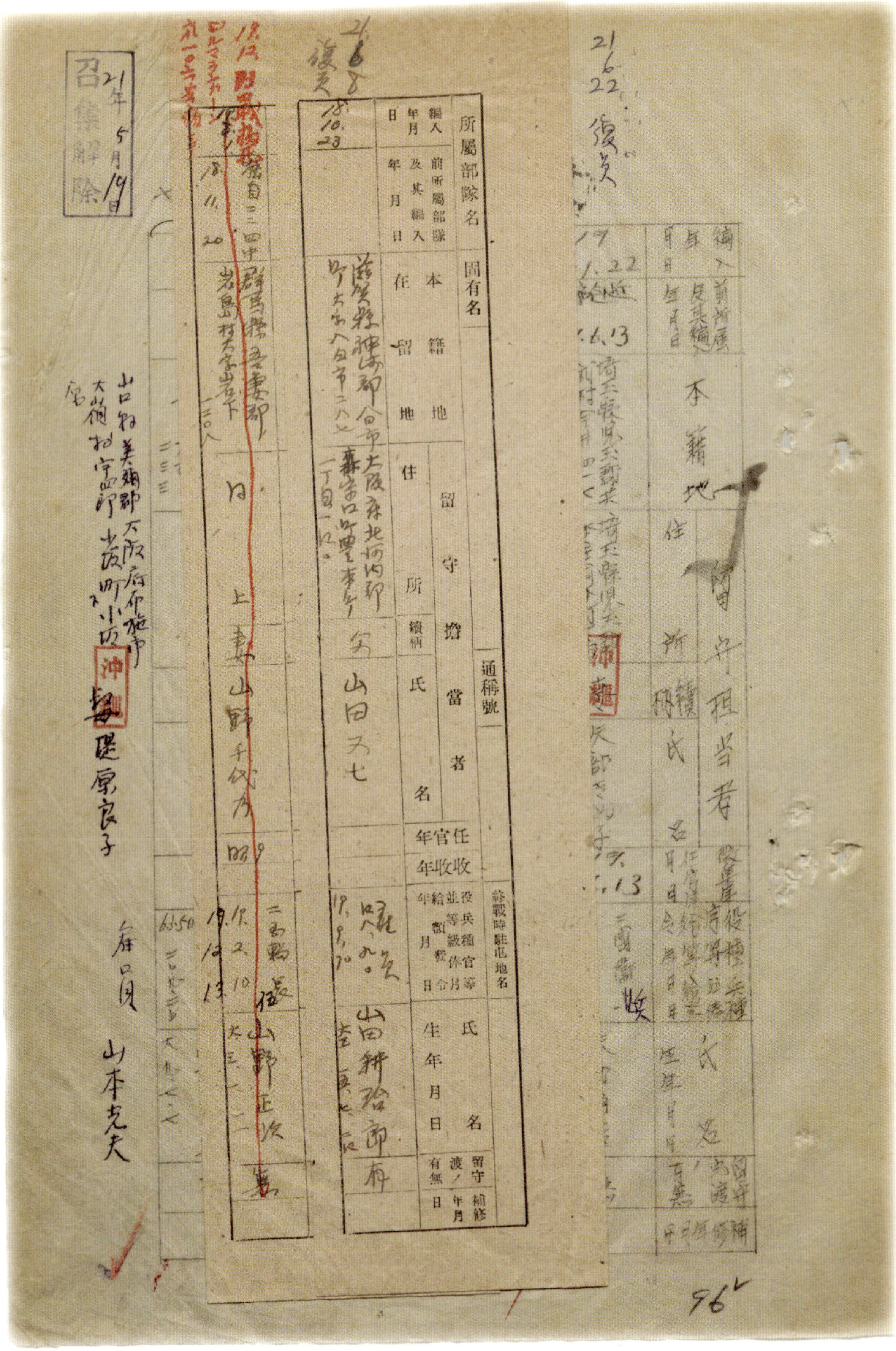

召集解除 21年5月19日
21.6.8 復員
21.6.22 復員
所屬部隊名
固有名
通稱號
編入年月日
18.10.23
前所屬部隊 及其編入年月日
本籍地 在留地
留守擔當者 住所
續柄 氏名
山田久七
任官年
收年
役種兵種官等 等級並俸給
氏名 生年月日
山田耕治郎
留守渡ノ有無
補修年月日
終戰時駐屯地名
留守担当者
沖繩
山本克夫
96

召集解除 21年5月19日

21.6.22 復員

21.4.13 復員

一〇、九、二〇 一陸軍属

21.3.31 解雇

編入年月日	前所属及其編入年月日	本籍地	留守担当者 住所	続柄	氏名	年月日	役種兵種 官等級 給与 任官年月日	氏名 生年月日	留守渡有無	補修年月日
19.11.22	[illegible] 19.6.13	埼玉県大里郡[illegible]村[illegible]四二七	埼玉県[illegible]本庄町本町[illegible]	沖縄	矢部さめ子	19.6.13	二国衛 兵長	矢部通造 大六.一.一三	無	
11.6.1		栃木県安蘇郡[illegible]村[illegible]	同	沖縄	山根利市		雇員	山根三之郎 大三.八.七	有	V
19.6.1		大阪市此花区四貫島宮居町一一	大阪市[illegible]町十[illegible]番	沖縄	山口健太郎		雇員 二〇.九.二〇 45.50	山口日子 大一三.九.五	有	
19.5.4		静岡県[illegible]郡[illegible]村 一二三三	同	沖縄	山本[illegible]		雇員 二〇.九.二〇 51.50	山本[illegible]代 昭二.九.七	有	
19.5.4		和歌山県伊都郡高野町花坂 二三三	同	沖縄	山本[illegible]		雇員 二〇.九.二〇 63.50	山本[illegible] 大九.七.七	有	

山口県美祢郡大嶺村宗山町 大阪府布施市小阪町小坂 沖縄 [illegible]原良子

雇員 山本光夫

96

召集解除 21年7月7日

召集解除 21年7月4日 (ヤ)

編入年月日	20.4.10				
前所属及其編入年月日	三軍司令部 19.10.9				
本籍地	福島県南会津郡荒海村大字中荒井字桑原一八三	奈良県磯城郡朝倉村	東京都文京区八千代町二六	福井県足羽郡一乗谷村浄教寺 加十ノ二四	福井県今立郡神明村水落 二八-五
留守担当者 住所	同		東京都豊島区南長崎二ノ六	同上	東京都世田谷区一八九
留守担当者 続柄	沖縄	沖縄	文	父	妻
留守担当者 氏名	弓田力三		山本吉雄	山崎海了	山本ふみ
徴集年 任官年月日	16.7.28		昭15	昭18	昭17
役種 兵種 官等級 給等俸 命令年月日	現 兵 大尉 二十 20.11.30	補衛 上	補衛兵 19.5.31	現衛上 19.8.28	補上
氏名 生年月日	弓田力 大七.七.九	山中信男	山本哉	山崎策雄	山本力 明治三六.八
留守宅渡 有無	有				
補修年月日	21.5.2				

19.5.31 戦傷死

19.8.28 戦傷死

19.11.19 戦病死

97

21.4.14
工 復員

編入年月日	18.4.15
前所属部隊へ転属年月日	四五野戦 18.10.15
本籍地	東京都柳橋通三丁目八
留守担当者 住所	東京都柳橋通一丁目二 （沖縄）
留守担当者 続柄 氏名	湯淺信子
徴集年 任官年月日	18.9.10
兵種 官等 給俸 給与年月日	予 醫中尉 ~~八.三〇.九.三〇~~
氏名 生年月日	湯淺達男 明三三
留守宅渡 百分数	有
補修年月日	✓

98

召集解除 21年5月20日

召集解除 21年5月20日

召集解除 21年5月20日

内地帰還 昭21.5.9

21.5.20 復員

編入年月日	20.8.20	19.12.20	15.4.17	15.2.19	19.5.19
前所属部隊 年月日	勇 經理 教育 19.9.10	史 防給 14.6.1			
本籍地	東京都西多摩郡増戸村山田九五四	福岡県三池郡三池町大字今山四三一六ノ二	大阪市西淀川区稲里一ノ五二	奈良県山辺郡二階堂村字荒蒔	大阪府三島郡茨木町大字茨木一五三四
留守担当者 住所	同	福岡県田川郡方城村三菱方城炭坑高見町	同	同	同
留守担当者 続柄	兄	父	妻	伯父	叔父
留守担当者 氏名	吉澤忠國	吉田傳一	吉田郁子	森杉元治	吉里新七
徴集年 任官年月日	20.8.20	11.6.1			
役種兵種 官等級 給与 年月日	予主少尉 二〇.八.二〇	現衛准 一一.九.八	雇員 79.00 二〇.九.三〇	雇員 72.00 二〇.九.三〇	雇員 64.00 二〇.九.三〇
氏名 生年月日	吉澤淳夫 大〇.二.七.二一	吉田傳 大五.六.一	吉田正一 昭三.九.一〇.八	吉田文雄 大六.九.二三	吉里昇七
留守宅渡有無	有	有	有	有	有
補修年月日	✓	21.8.4	21.6.24 ✓	21.6.24 ✓	21.6.24 ✓

99

項目	1	2	3	4	5	6
(欄外)	21/6/22 復員	21.4.13 復員	21.4.17 [illegible]	21.3.31 解雇 二〇.九.二〇 陸解出 (要入[illegible])	右仝 (〃)	右仝 (〃)
編入年月日	17.5.1	11.9.[illegible]	20.2.9	19.5.4	19.5.4	19.5.4
前所属及其編入年月日						
本籍地	愛知県中島郡今伊勢村大字本神戸二三三	新潟県中蒲原郡橋田村大字上甲三[illegible]三六七	京都府与謝郡宮津町字猟路二三三九	大阪市西区九条通三丁目六二	大阪市阿倍野区天王寺町三三五六一	兵庫県加古郡神野村神野九一六一
留守担当者 住所	同 沖縄	同 沖縄	大阪市吹田市前町一三九 沖縄	同 沖縄	同 沖縄	同 沖縄
留守担当者 續柄	父	父	兄	妻	父	父
留守担当者 氏名	吉田伊三郎	吉井静策	餘語和夫	吉田政枝	吉川市三郎	岩本松治郎
徴集年 任官年月日	19.4.1					
役種 官等 給与 兵種 令年月日	予 衛生 3 二〇、八、一	技手 冬 二〇、三、三一	技手 [illegible]	雇員 46.50 二〇、九、二〇	雇員 55.00 二〇、九、二〇	雇員 52.50 二〇、九、二〇
留守宅渡氏名 生年月日	吉田作治 大七、七、二	吉井策郎 大二、七、二一	餘語利子 大八、一、二四	吉田みさ子 昭四、一、四	吉川末子 大四、七、[illegible]	岩本ヒサ子 大一二、一、一
留守宅渡有無	無	有	有	有	有	有
補修年月日		✓	✓			

△

100

受入3

21.3.31 解雇

二〇.九.二〇 一陸轉出

19.5.6		鳥取縣米子市祇園町三丁目六二	鳥取縣米子市塩町四九	沖繩 取	又 荒木猜太郎		57.50 二〇.九.二〇 雇 員	昭五.二.五 吉留松子 有
19.5.6		京都市上京区出水通浄福寺東入田村備前町三三七	同	沖繩 又	吉田竹之助		46.50 二〇.九.二〇 雇 員	昭五.二.五 吉村民子 有

101

ワ　21.5.9復員　召集解除 21年5月20日　21.7.4解雇　21.5.20復員　内地除隊 21年6月29日

編入年月日	18.5.1	20.8.18	18.2.11	19.5.18	17.12.20
前所屬其編入年月日	南支 防給 16.10.28	南方 一陸病 19.4.22			中支方面 14.10.13
本籍地	山梨縣北巨摩郡旭村上條北割二六七六	大阪市西成区千本通五ノ二八	大阪府南河内郡富田林町一一三〇	栃木縣上都賀郡西方村大字本郷八二四	栃木縣那須郡下江川村大字下川井1072
留守担当者 住所	同上	同上	同上	滋賀縣大津市膳所中之庄町三〇六	同上
續柄	妻（沖縄）	妻（沖縄）	長男（沖縄）	妻（沖縄）	父
氏名	渡邊新利	渡邊花江	川本一己	和賀井ふく	和久健一郎
徵集任官年月日	15	5			昭12.12.1 昭13.1.15
役種兵種 官等給等俸給 任官年月日	補衛 伍兵 二〇・三・一	補衛兵 二〇・九・一	雇員 75.50 一九・二・一〇	雇員 77.50 二〇・九・三〇	予 曹長 准位 19.4.1
氏名 生年月日	渡邊末男 大九・二・二六	渡邊勇 明四六・八・六	和田義一 明三四・三・一〇	和賀井弁天 明三八・六・七	和久平助 大三・一・一三
留守宅渡有無	無	無	有	有	無
補修年月日	21.12.11			21.6.24	

102

項目	1	2	3
	召集解除 21年5月20日	召集解除 21年5月20日	召集解除 21年5月20日
編入前所属 年月日	20 7.19	20 10.17	
反対側 年月日	司 三重 19.6.20		
本籍地	神奈川県小田原市十字二丁目三四	福岡県京都郡豊津村大字豊津力 一、二七八	大阪市南区東賑町二四、
留守担当者 住所	神奈川県[illegible]郡[illegible]瀬町[illegible]二三二	大阪府豊能郡庄内町荊江 三〇〇、二	大阪市大正区東新千歳町 一六五
続柄	[illegible]	義弟	義兄
氏名	和田利子	景山精蔵	中村政治
復員年月日	11.11.12		
兵種 官等 級	現主大尉 7 二〇九、三〇	雇 5 二〇八、一五	雇員
氏名 生年月日	和田光三郎 大七、三	和田清夫 明四二、一一、五	増谷英二郎
資格 有無	有	有	
補修年月日	21.6.24	21.6.24	21.6.22

103

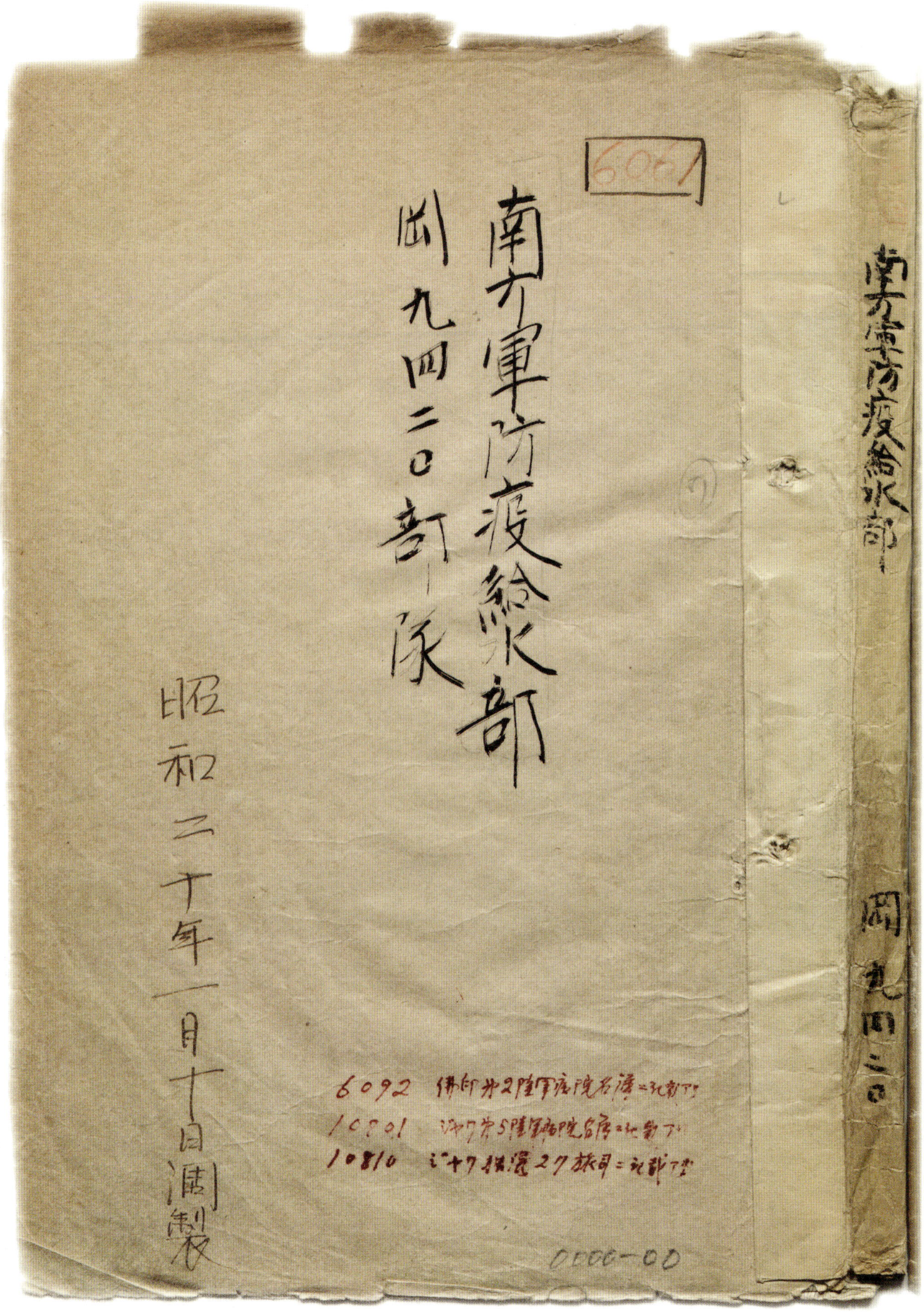
南方軍防疫給水部
岡九四二〇
6061
南方軍防疫給水部
岡九四二〇部隊
昭和二十年一月十日調製
6092 佛印第2陸軍病院名簿ニ記載アリ
10801 ジャワ第5陸軍病院名簿ニ記載アリ
10810 ジャワ独混27旅司ニ記載アリ
0000-00

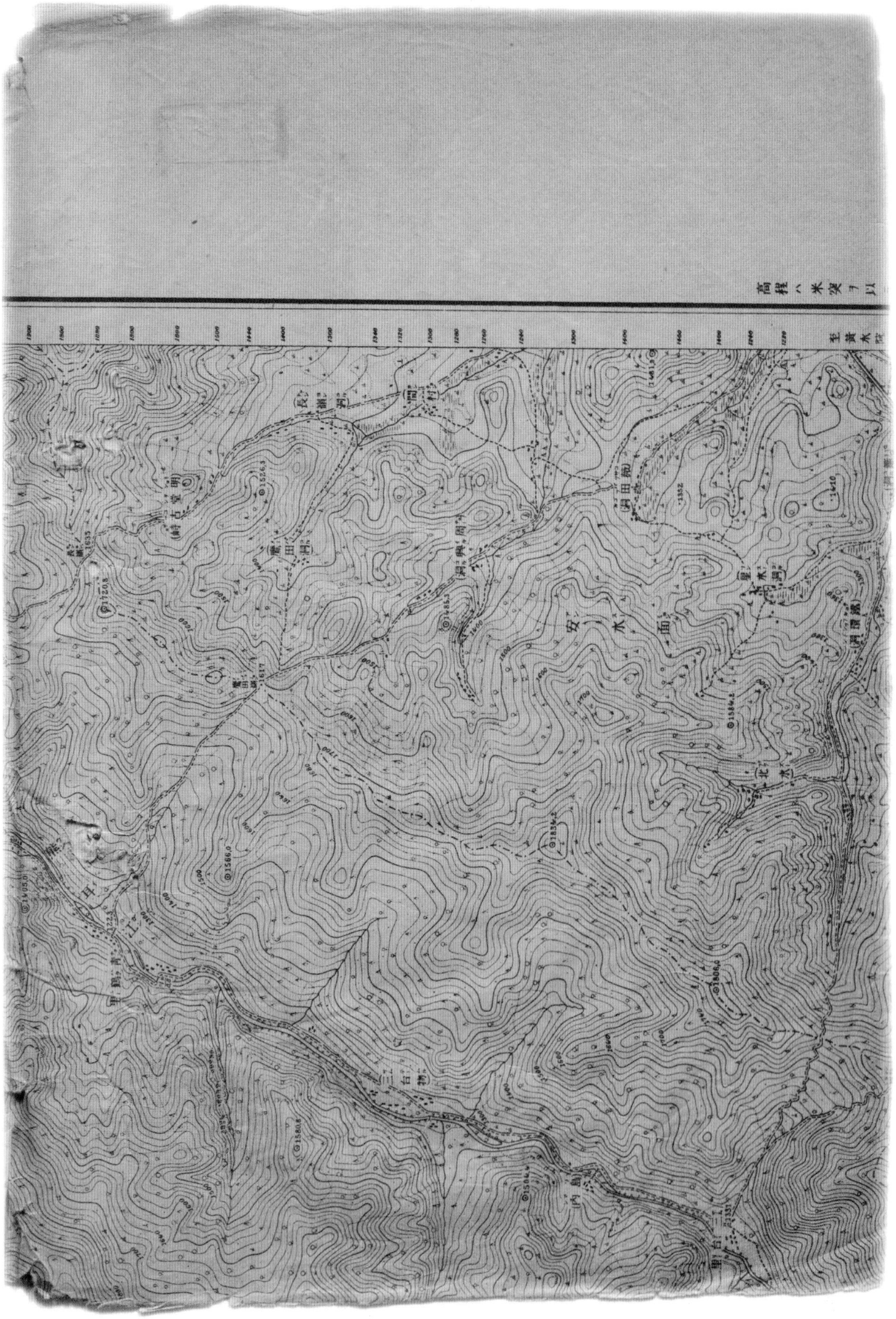
高程ハ米ヲ以

南方軍防疫給水部
岡第九四二〇部隊

留守名簿

昭和二十年一月十日調製
南方軍防疫給水部

6061

0000-01

ア

17.5.5	輜重兵第一五聯隊 一六、六、三	東京都京橋区青木林市長島町三三 工藤ひで方		沖縄	秋吉すみ子	昭12	昭16	現 主曹 二、19、9、30	秋吉清一 大六、二、九、	有		
18.5.1	南支 防給 四、一一、二	東京都澁谷区千駄ヶ谷五丁目九九八番地	台南州新豊郡永康庄塩行三五九ノ一	沖縄	荒川今三郎 父	昭12	昭14	現 衛曹 二、18、12、31	荒川栄二郎 大七、九、八	有		
17.12.20	中支 防給 一五、三、二八	東京都南多摩郡鶴川村金井二〇〇四	同	沖縄	秋本直次郎	昭14	昭16	予 衛 曹 二、20、12、31	秋本佳里 大八、二、六	無	10810	20.6.23
18.5.1	南支 防給 二七、九、一〇	埼玉県秩父郡尾田蒔村大字蒔田一九四七	同	沖縄	青木宜豊	昭12	昭18	予 衛軍 二、20、8、31	青木完治 大六、一一、五	無	10810	20.6.23
17.12.20	中支 防給 五、一〇、五	神奈川県足柄下郡真鶴町六二九番地	神奈川県足柄下郡湯河原町上湯河原七三三	沖縄 母	青木たを	昭12	昭19	一補 衛伍 19、9、1	青木真次 大六、一〇、一	無	10810	
17.5.5	歩第?聯隊 一四、九、一	〆八五 東京都世田谷区松原町一丁目五〇四	東京都淀橋区西大久保一丁目	沖縄 母	安藤とく	昭14		二補 衛 上伍 20.9.3	安藤鎌吉 大八、三、五	無		20.5.12
17.5.5	独立輜重第二聯隊 一六、四、九	香川県三豊郡仁尾町大字仁尾丁八六四番地	同	沖縄	浅野房吉	昭15		現 衛 上伍 20.9.3	浅野一義 大九、四、一二	無		20.5.12

留守担当防衛庁

ア

18.5.1	南支防 給 二七九〇	東京都日本橋区浜町二ノ一二	東京都荒川区尾久町二ノ五一五	沖縄 人	荒井修一郎	昭12	[illegible]3.1	補衛兵長 伍	大六八五	荒井輝居	無	20.5.12
18.6.1	南支防 給 二七九一〇	千葉県山武郡緑海村松ケ谷三一三五	同	沖縄 上 人	秋葉惣八	昭12	19.9.1	補衛兵長	大六六八	秋葉留雄	無	
17.5.5	大阪陸軍病院 五一七	和歌山県東牟婁郡勝浦町四六九	同	沖縄 浜 人	阿部藏之助	昭13	17.12.1	補衛上	大六一三九	阿部芳雄	無	
17.12.20	中支防 給 五五三九	長野県小県郡長瀬村大字田中六六四	同	沖縄 浜 婦	浅川たけよ	昭10	19.9.1	補衛兵長	大四一三一	浅川良喜	無	
17.5.5	独混一三 旅砲一隊 五一一二	愛知県宝飯郡八幡村大字千両九三番戸	同	沖縄 浜 人	浅井香次郎	昭14	昭20.3.1	現衛 曹長	大八一二一二	浅井七郎	無	20.5.12
17.12.20	中支防 給 五五三九	群馬県佐波郡永安村大字西久々六七	同	沖縄 正 人	明戸茂三郎	昭14	17.9.1	補衛上	大七七一	明戸高蔵	無	
18.2.4	豊橋陸軍病院 七一一三八	京都府天田郡福知山市仲上豊富村字内町一七、二 積原		沖縄	足立亀吉	昭16	18.3.1	補衛一	大一〇一一	足立一井	無	6092

312 350 75 503 34 507 210

2

18.12.10		福井縣吉田郡東藤島村間山第一号七三	同	沖縄 父	天谷治左エ門	昭18	現 衛一 19.7.15	大二三.二.九	天谷治一	無		438
18.2.4	豊橋陸 病 天一〇三	静岡縣浜名郡舞坂町舞坂一九〇八	東京都荒川区南千住町一ノ五三	沖縄 父	天野藤勝	昭15	補衛 戦 20.3.8	大九.一一.二四	天野安之	無	20.5.12	202
17.12.20	中支防給 天三.一七	神奈川縣横浜市港北区新田村新羽四一六九	神奈川縣港北区北綱島町二〇	沖縄 妻	秋本みの	昭10	補衛 戦 20.9.1	大四.一二.二	秋本精一	無	20.5.12	515
19.11.22	近衛野 乾 一九.七.八	埼玉縣比企郡大河村腰越七七	埼玉縣大里郡幡羅村字国済寺五六四	沖縄 兄 義	安野那吉	昭11	國衛一 19.12.1	大五.九.二七	荒井米造	無		797
17.5.5	南支陸 病 天七.一三五	愛知縣西春日井郡枇杷村大字如意二〇六九	同	沖縄 父	安藤善次	昭13	補衛上 19.9.1	大七.六.一五	安藤善一	無		63
17.12.1		東京都牛込区辨天町二一	千葉縣船橋市本町一丁目三	沖縄 妻	天野りさ		抜 手 三.17.10.31	明三三.三.一九	天野小文治	有		165
ア 19.1.17		宮崎縣南那珂郡細田村大字萩之四九七六	同	沖縄 母	荒武トヤ		抜 手 四 19.1.17 3.31	大元.一二.一七	荒武時平	無		775

[illegible]

3

ア

年月日	本籍	住所	氏名	職	留守担当者	
19.5.18	鹿児島縣薩摩郡鶴田村神子五七三二	同 [沖繩]	有村ミツ	雇員 六二 19.9.30	有村知衛 明四三、一二、二〇	有
19.5.18	富山縣西礪波郡子撫村法樂寺三二一	同 [兵庫?]	東やい	雇員 六一 19.9.30	東茂之 明三五、八、二五	有
19.5.18	京都府竹野郡同久町二二五四ノ一	京都府中郡峰山町杉谷乙一ノ五番地 [沖繩]	東平助	雇員 五五 19.9.30	東義三郎 大三、八、一八	有
19.5.18	鳥取縣東伯郡灘手村大字谷四四番地	鳥取縣気高郡青谷町大字青谷三九七五 [朝鮮?]	明星すみ子	雇員 五七 19.9.30	明里誉美 明四三、一二、一四	有
18.4.17	愛媛縣宇和島市本町二六番地	愛媛縣宇和島市野川 [沖繩]	有蒲久一	雇員 [illegible] 19.9.30	有蒲房能 大九、三、八	有

昭和二十年五月廿日調

南方防疫番

4

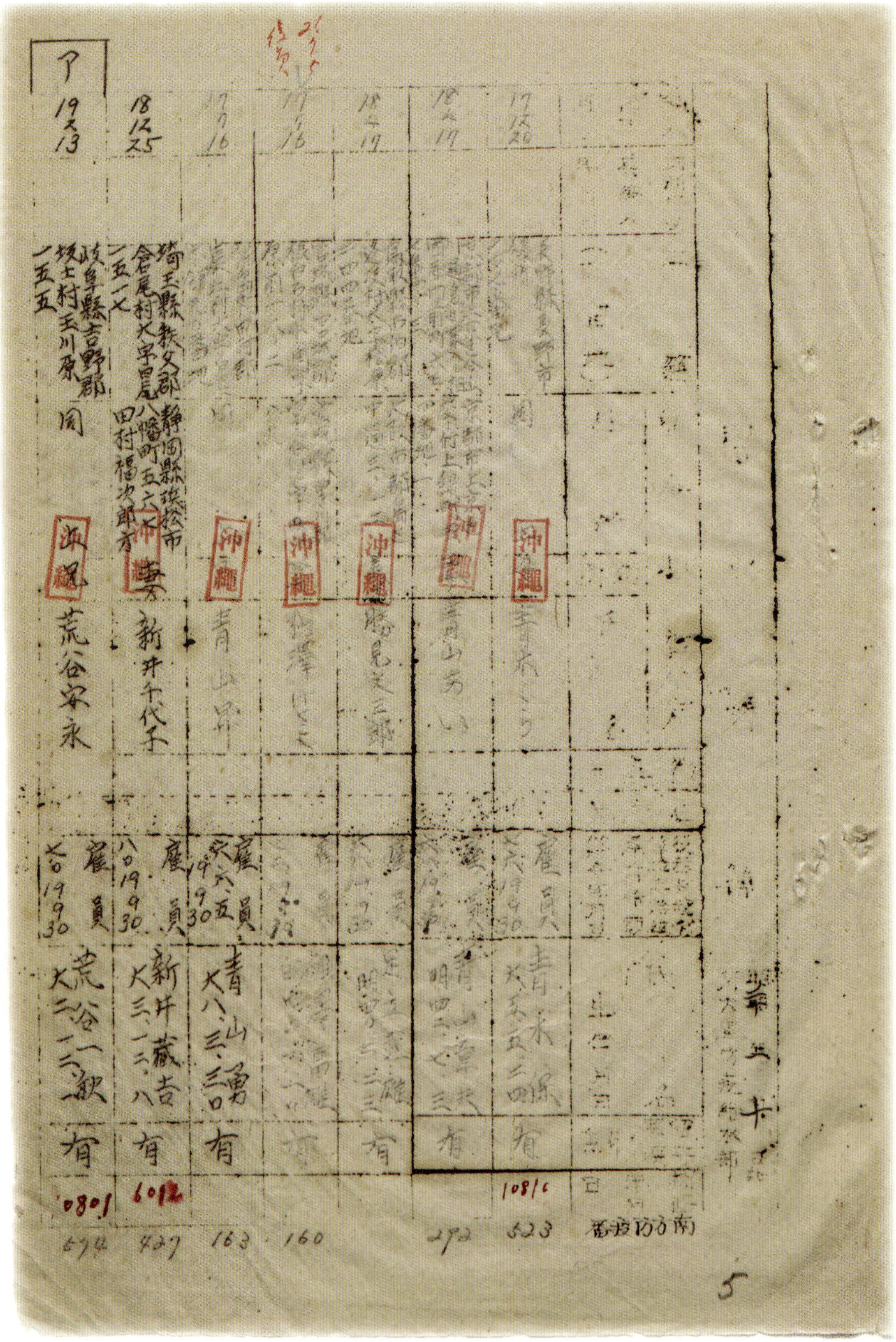
ア

日付	本籍・住所	印	氏名	職	家族	有無	番号
19.2.13	岐阜縣吉野郡坂土村玉川原一五五 同	沖縄	荒谷安永	雇員 七〇 19.9.30	荒谷一歎 大二.一二	有	0801 / 674
18.12.25	埼玉縣秩父郡倉尾村大字日尾一五一七 静岡縣浜松市八幡町五六 田村福次郎方	沖縄	新井千代子	雇員 八〇 19.9.30	新井蔵吉 大三.一二.八	有	6012 / 427
17.7.16	[illegible]	沖縄	青山昇	雇員 六〇 大六.五 19.9.30	青山勇 大八.三.三〇	有	163
17.7.16	[illegible]	沖縄	[illegible]	[illegible]	[illegible]	有	160
18.4.17	[illegible]	沖縄	勝見文三郎	[illegible]	[illegible]	有	
18.4.17	[illegible]	沖縄	青山ちい	[illegible]	青山 明四二.七.三	有	272
17.12.20	長野縣長野市 同	沖縄	青木くら	雇員 大六.五 19.9.30	青木保 大五.二.四	有	1081/c / 523

第五十
南方派遣

5

工（廿）

20、6、1 [illegible]

17.4.1	臨天津病 五七三	富山縣西礪波郡[illegible]村上向殿 四四九四七	同	沖縄	井村甚五郎		昭15 豫医大尉 三 19.9.15	井村東司 大四.九.二三	有	
17.5.1	中支防給 天二一一	新潟縣中頸城郡直江津町大字直江津七三四	新潟縣中頸城郡直江津町[illegible] 五六一九	沖縄	五十嵐亀次郎		昭16 豫薬中尉 一 19.9.30	五十嵐正一 大七.一.一	有	
19.7.1	南方総司 九一三	大阪府大阪市西成區[illegible]通一丁目七	同	沖縄	石野松治		昭19 豫医少尉 19.7.1	石野喜與司 大八.八.二五	有	6092
19.10.9	南方第一三[illegible] 六八一四	東京都荏原區[illegible]三	京都府綴喜郡[illegible]	沖縄	石村俊子		昭17 豫医中尉 二 19.9.15	石村隆藏 明四〇.三.二六	有	20.6.23
17.12.20	中支防給 六三	東京都南多摩郡[illegible]村[illegible]坂一六八七	同	沖縄	市川宗治	昭[illegible]	昭16 豫衛[illegible]	市川植治 大六.一二.二六	無	10801 20.6.23 467
17.6.5	中支防給 五五三	栃木縣塩谷郡大宮村大字[illegible]宮一九七六ノ二	同	沖縄	石川米吉	昭11	昭17 豫衛[illegible]	石川市 大五.九.二五	無	20.6.23 17
17.5.5	杭州陸病 五一二一八	愛知縣海部郡津島町大字日光上山一一二一	同	沖縄	伊藤米治郎	昭13	昭19 豫衛伍 19.4.1	伊藤善一 大六.一二.四	無	6092 54

[illegible]

6

イ五一

援員

17.12.20	中支防 給 五一二六	長野縣上伊那郡美篶村三口八	同	沖縄 伊藤清直	昭12 昭17	19.9.1 豫衛伍	大六.五.五 伊藤嵓	無	488
19.9.20	獨立工兵二五 九九一七	長野縣北佐久郡志加村三三八六	同	沖縄 上 伊藤道太	昭9 昭13	二 19.9.30 豫衛軍	明四五.二.三 伊藤茂雄	有	802
17.5.5	北支三八 野戦一一三一隊 西	奈良縣宇智郡阪合部村大字大野一四	同	沖縄 伊 井上常三郎	昭14	20.9.1 現衛兵長(伍)	大八.八.二五 井上勘四郎	無	20.5.12 22
17.5.5	中支防 給 五一二三	東京都京橋区越前堀一丁目一四、一	同	沖縄 上 豹 伊奈まん	昭14	18.3.1 補輜上	大八.九.一 伊奈藤次郎	無	6092 71
17.12.20	中支防 給 五二三六	群馬縣勢多郡宮城村大字柏倉一五三三	同	沖縄 上 入澤安治	昭14	18.3.1 補衛上	大八.三.三 入澤定雄	無	6092 280
17.5.5	中支防 給 六八三七	横濱市港北区下谷本町一四〇三	同	沖縄 上 飯田縫藏	昭14	19.4.1 補衛上	大八.一.三一 飯田彌次	無	6092 188
17.5.5	上海第一防疫 一六大六	群馬縣山田郡大間々町大字桐原七八三、四	同	沖縄 石原トヨ	昭15	19.9.1 現衛上	大九.九.二三 石原米雄	無	97

留守[illegible]

7

イ 年

前所属		本籍	留守宅	続柄・氏名		階級・氏名・生年月日	
17.5.5	上海第一陸軍病院 天大、天	宮城県石巻市住吉町一ノ一九	北海道室蘭市中島町三ノ一七	父 石田栄蔵 （沖縄）	昭15	19.9.1 現衛上 石田繁 大九.一.七	魚
17.5.5	上海第一陸軍病院 天六、三天	長野県長野市大字字木三九六	同	父 飯島孫市 （沖縄）	昭15	18.12.1 現衛上 飯島利一雄 大九.七	魚
18.2.4	豊橋陸軍病院 天七八、五	愛知県名古屋市中村区明武町一丁目七六	同	父 伊藤孫三郎 （沖縄）	昭16	18.1.11 現衛一 伊藤新男 大百.三.一八	魚
18.2.4	豊橋陸軍病院 天一二、天	京都府北桑田郡宇津村大字下宇津小字西所四一九	同	兄 井川穰次郎 （沖縄）	昭16	20.3.1 二補衛上 井川春一 大百.四.二二	魚
18.5.1	南支防給 天四、天	東京都蒲田区下通五丁目一四	同	叔 佐駒徳蔵 （沖縄）	昭15	18.9.1 一補衛上 陸駒隆 大九.三.二七	魚
18.5.1	南支防給 天百、三	神奈川県高座郡海老名町上郷四五番地	同	兄 井上辰造 （沖縄）	昭15	19.9.1 一補衛上 井上勇雄 大九.百.一四	魚
18.5.1	南支防給 天百、三	神奈川県中郡西秦野村堀川八三番地	同	父 飯田茂十郎 （沖縄）	昭15	20.4.3.1 一補衛上 飯田忠義 大九.三.二三	魚

20.5.12 6092

95 100 205 211 367 193 南方行良苗

8

イ 五

17.5.5	野戦豫備病院 四三三	山梨県南八代郡久那土村三澤一六一七	同	父	今村市太郎	昭19	19.9.1 一補衛兵長	大三八六 今村市策	無
18.12.20		滋賀県蒲生郡八幡町篤心町中四番地	滋賀県蒲生郡八幡町池田町三丁目二	父	井上吉藏	昭18	19.12.1 現衛上	大三一八 井上一郎	無
18.12.10		福井県足羽郡社村南居町四七号三六	同	父	市村辰五郎	昭18	19.12.1 現衛上	大二二六二 市村堅士	無
19.11.21	近衛輜重兵第二聯隊 一九七六	神奈川県横浜市南区井土ヶ谷中町九口	同	父	石川勇夫	昭17	19.12.1 二補衛一	大一二一一 石川康治	無
19.11.21	近衛輜重兵第二聯隊 一九七六	神奈川県横浜市南区境之谷六口	神奈川県横浜市南区大岡町千保一三三八	父	猪亦彦藏	昭17	19.12.1 二補衛一	大一一三三 猪亦信治	無
19.9.20	仙台第二陸軍病院 五一三	新潟県北魚沼郡小千谷町一三	京都府南桑田郡篠村谷鑪山	父	石坂靖太郎	昭15	19.9.1 一補衛長	大九九二八 石坂孝三郎	無
19.9.27	歩兵第八〇聯隊	和歌山県和歌山市中徒町九	上海北四川路新緑里七號	兄	伊藤槇	~~昭15~~ 昭15	現在	大五一五 伊藤順吉	無

20.6.23 20.5.12

803 800 801 449 446 60

6092

9

20
12
12
(?)

19.8.30	第一師団衛生隊 一八九九	栃木縣宇都宮市旭町三ノ四三ノ一三	同	沖縄 上 父 伊勢昌龍作	昭9	一補衛 上等兵 伊勢昌謙次	大三.九.一五	無	20.5.12
19.8.30	第一二三兵站病院 一九一一二	愛媛縣伊豫郡廣田村高市三三八甲	同	沖縄 上 父 和泉峯太郎	昭15	二補衛一 和泉才衛 18.5.10	大九.三.二二	無	
19.8.30	第一二三兵站病院 一八二二五	愛媛縣新居郡多喜浜村白六五	同	沖縄 上 母 今井サカヱ	昭12	豫衛上 今井武行 [illegible]	大六.四.二	無	20.5.12
19.9.27	第二野戦自動車廠 九三二五	岐阜縣稲葉郡蘇原村吉田新兵ヱ	愛知縣葉栗郡北方村湯根	沖縄 妻 生田まち	昭12	一補輜上 生田一清 [illegible]	大六.一.一	無	20.5.12
19.1.17		東京市世田ケ谷区上馬町三丁目九三七	東京都世田ケ谷区上馬町三丁目九六七	沖縄 妻 石崎照子		技手 石崎政明 [illegible]	大二.六.一	有	20.6.23
19.1.17		山梨縣西八代郡大河内村一二七	同	沖縄 父 伊藤長三郎		屬 伊藤榮 五 19.9.30	大四.一二.二五	有	
工手 17.7.16		大阪市北区都島本通七ノ四七	東京市板橋区下赤塚町六三七	沖縄 妻 石田綾子		技手 石田順 四 19.9.30	明四〇.六.二二	有	

133 788 771

南方防疫部

10

イ王

昭21.6.9 21.4.15 復員 内地帰還

昭和二十年一月十日調 南方軍防疫給水部

17.10.31		新潟県新潟市西大畑町六三〇	同	妻 板谷キケ	属 三 19.9.30 板谷虎三郎 明三五、一〇、一九	有
17.10.31		栃木県下都賀郡富山村大字下皆川三六八七	新潟県新潟市寄宿町四五九五	妻 市川房	技手 三 20.3.31 市川利一 明四三、九、二四	有
17.9.1		東京都本所区業川三丁目一六ノ二	東京都深川区森下町三丁目八ノ二	父 石井廣吉	技手 三 19.9.30 石井錠平 大三、六、一六	有
17.12.1		東京都京橋区木挽町弐ノ七	同	妻 井元香子	技手 四 19.9.30 井元眞一 明四四、一、二	有
19.12.15	陸軍々醫學校還	香川県綾歌郡滝宮村大字北一三七一	同	父 井上十次郎	昭17 現 五 昭19.3.1 軍医中尉 井上美明 大一〇、三、二九	有
19.2.13		千葉県西砺郡西礒村松山一〇六〇	同	母 飯島江恵	雇員 六八 19.9.30 飯島一二 大六、九、一	無

(Red stamp beside each name: 沖縄)

21.6.4 21.6.23
72 132 175 南方防疫番

11

召集解除 21年5月17日

18 10 3	和歌山縣和歌山市雑賀崎町一六之六	大阪市東成区片江町三三八	沖縄 妻	池谷よし忍	雇員 六五 19 9 30	池谷淺次郎 明三六、七、一六	有	404
18 12 30	山口縣下関市大字豊浦二〇六〇	大連市山縣通り二〇八番地 金田誠介方	沖縄 兄	稲葉卓一	雇員 六七 19 9 30	稲葉士郎 大八、八、二四	有	426
19 7 13	新潟縣北蒲原郡長浦村大字浦木一二九九	大連市三室町二番地二ノ三号	沖縄 父	石井文三	雇員 六四五 19 9 30	石井文二 大八、一二、二八	有	390
18 5 26	岐阜縣吉城郡國府村字広瀬二八二番地	同	沖縄 父	石水[illegible]八十郎	雇員 六四 19 9 30	石水清子 大六、四、一六	有	
19 5 18	岐阜縣益田郡萩原町大字上呂四二八	同	沖縄 父	今村秀次郎	雇員 六〇 19 9 30	今村博造 大九、二、一五	有	689
19 5 18	大分縣日田市大字北豆田九九五番地	京都市中京区京池ノ内町二九	沖縄 妻	池永美芝屋	雇員 五八 19 5 18	池永六二 明四五、三、六	有	669
イ(干) 19 5 18	兵庫縣川辺郡園田村小林一九番地	神戸市灘区青谷町四丁目五六八番地	沖縄 母	幾井弥生	雇員 六九 19 9 30	幾井鶴江 明三八、一〇、三	有	685

南方防疫

12

19 5 18		神戸市葺合区熊内町三丁目四七番地	神戸市灘区辰中町三丁目三八番地	沖縄 笠原テル	傭員 八五 19 5 18	井手清給 明三八、九、二七	有	581
19 5 18		岐阜県土岐郡稲津村小里一六五番地ノ二	同	沖縄 岩島兼三八	傭員 五六 19 9 30	岩島進 大二、九、五	有	596
19 5 18		長野県岡谷市一八六一番地イ号一	同	沖縄 今井真樹	傭員 八〇 19 5 18	今井省吾 大八、一二、二五	有	680
19 5 18		大阪市東区谷町四丁目二一番地	同	沖縄 井上ヨシノ	傭員 六一 19 5 18	井上徳三郎 明三六、四、九	有	6092 667
19 5 18		富山県高岡市渡り七番地	同	沖縄 石田吉太郎	傭員 七五 19 5 18	石田喜作 明三三、八、二六	有	599
19 5 18		和歌山県伊都郡笠田町大字東五四一	和歌山県和歌山市田中町三丁目一二番地	沖縄 岩橋ゑつ	傭員 六五 19 5 18	岩橋喜之助 明三五、三、二一	有	6092
イ(午) 19 5 18		大阪市浪速区河原町三丁目一四五六番地	大阪市西成区橋通六丁目一〇	沖縄 近藤通太郎	傭員 六五 19 5 18	井関健次 明四三、三、二五	有	6092

南方派遣番

[illegible]

13

イ
(牛)

19/5/18	北海道北見市山下通り三丁目番外地	同	兵庫	伊藤秀子	雇員 六〇 19/9/30	伊藤正夫 大三、六、一五	有	715
19/5/18	石川県金沢市木新保二番丁三番地	京都市中京区衣棚御池上ル	沖縄	石田静枝	雇員 五八 19/9/30	石田三郎 大三、七、三〇	有	6092 741
19/5/18	滋賀県大津市神出一七三	兵庫県武庫郡本庄村西青木一〇四番地	沖縄	木谷トキ	雇員 五七 19/9/30	石田芳雄 大二、七、二	無	734
19/5/18	鳥取県八頭郡社村大字吉岡二〇四	同	沖縄	池原佐太郎	雇員 六〇 19/9/30	池原細吉 大七、六、七	有	6092 732
19/5/18	福井県坂井郡大田村下関六五号七番地	福井県福井市宝永上町八	沖縄	伊藤つたを	雇員 六〇 19/9/30	伊藤七郎右衛門 明四二、二、二七	有	758
19/5/18	大阪府中河内郡松原町阿保二四九番地	同	沖縄	岩本寅作	雇員 五九 19/9/30	岩本正信 明四四、三、三〇	有	765
19/5/18	大阪府池田市栄町二丁目三〇三二番地	同	沖縄	井上清太郎	雇員 五九 19/9/30	井上清 大五、一二、二五	有	588

南方防疫番

昭和二十五、一、十二 大阪[illegible] 総務部

14

1（午）

19.5.18	大阪市西成区松通八丁目八番地	高知市若松町三丁目七三	沖縄	井上豊	雇員 五八 19.9.30	井上隆義 大七、三、三〇	有	593
19.5.18	鳥取県東伯郡以西村大字竹内三一六	同	沖縄	石賀辰蔵	雇員 五六 19.9.30	石賀萬次郎 大五、六、二三	有	652
18.10.23	大阪市阿倍野区昭和町東一丁目二四番地	大阪市阿倍野区[redacted]	沖縄	井田章	傭人 四九 19.9.5 300	井田幸子 大一五、三、一六	有	420
19.5.18	高知県幡多郡中村町大字中村一一三一番地	神戸市灘区青谷町四丁目五六八番地	沖縄	幾井弥生	傭人 六四 19.9.9 300	幾井茂喜 大九、一〇、九	有	615
19.5.18	香川県大川郡丹生村字松崎川北三八番地	大阪市港区千代見町四〇一	沖縄	石崎力ネ	傭人 四五 19.9.30	石崎条江 大一五、三、一	有	616
19.5.18	京都市東山区山科御陵原西町五六番地	京都市東山区山科御陵原西町五五番地	沖縄	辻次郎吉	傭人 四七 19.9.7 300	伊庭園子 大一三、八、九	有	633
19.5.18	大阪市大淀区大仁東三丁目一〇番地	同	上[illegible]	石井恒次郎	傭人 四八 19.9.9 300	石井信枝 大一三、一二、二一	有	624

6092

南方方渡番

15

1（本）

19 4 18

香川縣綾歌郡 香川縣綾歌郡
宇多津町 飯野村大字東分
一六〇八 二

飯田[redacted]松太郎

備人
三六、六〇
19 9 30

飯田直行
昭五、八、四

壬一八六十

540 番疫防方南

16

昭和十九年十月廿日調

南方軍防疫給水部

17.5.5	山梨縣北巨摩郡篠尾村上笹尾第二八五八ノ八	同	沖縄	今井武平	雇員 八三 19.9.30	今井聽積 大四、二、一五	有
18.4.17	愛媛縣松山市高濱町三丁目之四番地ノ九ノ	大阪府豊能郡箕面村大字半牧丈町四六之	沖縄	伊藤正信	雇員 八三 19.9.30	伊藤一行 大五、一、二	有
18.4.17	奈良縣添上郡東山村大字北野二三二八ノ八	大阪市都島区高倉町四丁目一二二四番地	沖縄	片倉キクノ	雇員 七一 19.9.30	片倉亀太郎 明三六、四、一五	有
18.4.8	大阪市東成区今里町二二四番地	布施市西提四六六	沖縄 母	伊藤八千代	雇員 六九 19.9.30	伊藤三郎 大七、六、五	有
18.4.8	大阪市住吉区西今川町六丁目一七番地	兵庫縣西宮市千歳町三四	沖縄 母	一條龍子	雇員 六八 19.9.30	一條龍三 大九、三、八	有
18.4.8	島根縣八束郡八束村大字大江三六七番地	兵庫縣尼崎市神田北通六丁目一五八	沖縄 兄	岩田鮮策	雇員 六五 19.9.30	岩田讀大 大八、一二、一九	有
イ(丹) 18.4.17	大阪府布施市足代北一丁目九三番地	同	上 沖縄 母	井上こま	雇員 六〇 19.9.30	井上善正 大六、一、一三	有

6072

424 266 246 320 196

南方防疫部

17

留守名簿

昭和二十年一月十四日補
南方軍防疫給水部

19.3.20	臨東一病 六八二〇	福島県福島市大字福島字大町五二	福島県福島市大町五二 福島	沖縄	内池キエ	[redacted] 昭12	現 20.1.31	大三.一二. 内池孝一郎	有
19.10	南方軍 一八三五	熊本県八代郡[illegible]村[illegible] 一六三八	熊本県鹿本郡[illegible]	沖縄	上野和子	[redacted] 昭17	二.19.4.15 衛医中尉	大三.一〇.二六 上野直亮	有
17.12.20	中支防給 三三八	長野県飯田市大字上飯田 一九	同	沖縄	上原喜平	昭11 昭18	三.19.12.1 衛軍	大五.一.六 上原良秋	無
18.5.1	南支防給 三九〇	神奈川県中郡[illegible]村徳延 二九五	横浜市神奈川区泉町	沖縄	向井小右衛門	昭12 昭19	19.9.1 衛伍	大六.一.六 向井辰巳	無
18.5.1	南支防給 五二七	長野県北安曇郡北城村 七三三三	同	沖縄 祖父	内川栄太郎	昭8	18.9.1 補衛上	大七.八.三 内川源五	無
18.5.1	南支防給 一六〇三	東京都北多摩郡村山村大字中藤 四四四	同	沖縄 父	内野重治	昭15	19.9.1 補衛上	大九.二.三 内野俊雄	無
19.8.30	第一二三兵站病院 八二五	青森県上北郡天間林村大字天間舘字下鳥谷部四四	同	沖縄 父	鳥谷部市太郎	昭10	20.5.1 補衛 伍	大三.一二.九 鳥谷部誠司	無

20.4.1 第三野戦防疫給水部付

20.5.12　20.6.23　20.5.12

375　335　417

南方防疫部

18

ウ

留守名簿

昭和二十年一月十[illegible] 大[illegible]

南方附表番	日付	留守宅住所	留守担当者	身分・年齢	本人氏名・生年月日	有
692	19.5.18	熊本縣熊本市黒鍬町一五 / 大阪市港区桂町三丁目五番地	沖縄 磨井清子	雇員 六二 19.9.30	磨井三郎 大四、二、一一	有
750	19.5.18	姫路市福澤町五〇番地 / 姫路市高尾町六二一番地	沖縄 梅中イシ	雇員 五五 19.9.30	梅中末治 大四、一、一	有
761	19.5.18	兵庫縣尼崎市中在家町三丁目四〇三 / 尼崎市灘波中通り六丁目一二七	沖縄 魚見マチ	雇員 五四 19.9.30	魚見富次 大六、八、二七	有
541	内地歸還 21.5.9 19.5.18	京都市上京区紫竹西[illegible]町七番地 / 同	沖縄 上田孫三郎（一郎）	傭人 五九 19.9.30	上田輝也 昭四、五、一九	有 21.5.30
607	19.5.18	大阪市東区谷町三丁目一四 / 奈良縣南葛城郡御所町[illegible]口〒一〇七	沖縄 上田マサエ	傭人 五九 19.9.30	上田美子 昭四、六、一	有
618	19.5.18	大阪市都島区友渕町七八 / 同	沖縄 浮津管次郎	傭人 四四 19.9.30	浮津秀子 昭二、一二、一	有

19

留守名簿

昭和二十一年八月十日

ウ

日付	住所		本籍	氏名	身分・採用	氏名・生年月日		番号
18.2.8	香川縣綾歌郡宇多津町二一六九	岡山縣久米郡弓削町駅前	沖縄	海野宗七	雇員 大五 19.9.30	海野強 明四五.六.七	有	247
17.7.16	神奈川縣横浜市神奈川区七島一三二	東京 麻布区坂下町三五 灰原カト方	沖縄	細谷辰治	雇員 大六.五.四 19.9.30	岡田繁一郎 大八.三.一四	有	
18.4.17	愛媛縣北宇和郡吉野生村大字奥野川甲三五一六	大阪市阿倍野区昭和町五丁目	沖縄	上甲コタケ	雇員 大九 19.9.30	上甲政雄 大九.一三.五	有	297
18.2.8	大阪市西成区玉出新町通五丁目七六	同	沖縄	植村安治郎	雇員 大三 19.9.30	植村益雄 大八.八.二六	有	260
18.10.23	大阪市住吉区南賀屋町四三五	同	沖縄	妻 臼井政枝	雇員 大四 19.9.30	臼井昌二 明三九.九.五	有	407
19.5.18	兵庫縣尼崎市難波中在家町三丁目通六丁目一七	四四三番地	沖縄	魚見[illegible]	雇員 大四 19.9.30	魚見高次 大六.八.二七	有	
19.5.18	神戸市兵庫区船大工町四七八	京都市右京区西京極郡野田町一七番地	沖縄	野田ハルエ	雇員 大六 19.9.30	宇野快作 明三四.七.一一	有	698

番長防方所

20

壹

工

17.12.20 中支防給三七三	大分縣宇佐郡長州町大字長州六六	同	上 妻 江本トミ子	[redacted] [redacted]15	傭医大尉 三19.4.15	江本修治 大四.九.二八	有
17.5.5 中支防給五五三	栃木縣河内郡吉田村大字磯部三五五	同	母 海老原キン	昭11 昭19	傭衛伍 19.12.1	海老原正 大五.七.一〇	無
17.5.5 中支防給五二六	神奈川縣高座郡新磯村新戸二〇八六	同	父 遠藤國藏	昭13	一補衛兵長 19.9.1	遠藤湧 大七.六.二	無
17.12.20 中支防給六三七	埼玉縣比企郡高坂村大字高坂八一四	同	上 兄 榎本好治	昭13	二補衛上 19.4.1	榎本傳造 大六.一二.一	無

昭和二十年一月十日調
南方軍防疫給水部

10801

67 42

南方防疫番

21

エ

留守名簿

19/2/13

佐賀縣佐賀市水ヶ江町三番地

同

江頭民子

雇員

交19 9 30

江頭二郎

大四、一、二

有

10801

575 南方防疫部

22

オヨ

昭和二十年一月十日調
南方軍防疫給水部

17.4.29	電信第三聯隊 一六二一	東京都京橋区築地三丁目二番地ノ七	同	野田静	昭18	昭16	一 19.9.30 豫主中尉	大[illegible]三 四 野田六二	有
18.1.28	歩兵第三五聯隊 六八三	兵庫縣伊丹市伊丹三ノ一三	同	萩野末藏	昭18	昭18	18.12.1 豫医少尉	大四 五 一九 萩野耕一	有
17.5.5	中支防給 五一三三	新潟縣石船郡山辺里村大字下相川四五六	同	大龍岩藏	昭11	昭13	19.12.1 現衛准尉	大五 二 八 大龍彦次郎	有
17.5.5	中支防給 五一三三	神奈川縣鎌倉市由比ヶ浜町一八四四	同	大木常吉	昭13	昭16	二 19.12.31 [redacted] 現療曹	大七 一〇 三一 大木延將	無
17.5.5	北支防給 四五四	東京都瀧野川区上中里町一四	同	大東あい	昭12	昭16	二十 20.3.31 豫衛[illegible]	大五 一二 七 大東行直	無
17.5.5	中支防給 四六三	東京都西多摩郡五日市町五日市八四二	同	岡崎采次郎	昭13	昭17	19.12.31 [redacted] 豫衛軍	大七 一 一三 岡崎武博	無
17.5.5	獨輜第三聯隊 五三五	鹿児島縣伊佐郡大口町里[illegible]三	同	岡元仁衛門	昭12	昭19	19.9.1 豫衛伍	大六 三 二九 岡元明	無

20.6.23　6092

52　20　11　10　2

南方防疫番

23

オヨ

17.12.20	中支防給 一五〇五	埼玉県北足立郡大久保村領[illegible] 東五三三	同	沖縄	大熊庄一	昭14 昭19	19.9.1 豫衛伍	大八.二.一〇.三	大熊力三	無	10801 493
17.5.5	中支防給 一五五三	栃木県下都賀郡国分寺村大字川中子一六〇八	同	沖縄	大橋安	昭12 昭19	19.4.1 豫衛伍	大六.一〇.二七	大橋恒雄	無	43
17.12.20	中支防給 四一〇三五	群馬県新田郡[illegible]村大字[illegible]村 同五三五	同	沖縄	小川佐京	昭12 昭16	19.9.30 一豫衛兵	大六.九.八	小川陽	無	10810 492
17.5.5	中支防給 五三三六	茨城県東茨城郡鯉淵村大字鯉淵 六七〇五	同	沖縄 [illegible]	小澤ヤス	昭9	20.3.1 一補衛 兵伍	大三.一〇.一四	小澤俊雄	無	6092 20.5.12 27
17.5.5	歩兵第五〇三聯隊 五一三一	三重県名賀郡阿保町大字岡一四八	同	沖縄	岡本トラヱ	昭15	20.9.1 現衛 兵長	大九.四.一四	岡本朝丸	無	6092 20.5.12 69
17.5.5	北支防給 一六一六	千葉県千葉郡幕張町長作一二七〇	同	沖縄	大木綱吉 [redacted]	昭15	18.9.1 一補衛上	大九.七.三一	大木清太郎	無	6092 91
18.6.1	南支防給 一六〇三	東京都京橋区八丁堀三丁目四ノ五	同	沖縄	大原亜三郎	昭15	18.9.1 一補衛上	大八.二.二七	大原健吉	無	6092 314

昭和二十年一月十日調
南方軍防疫給水部

南方防疫番

24

オヲ

留守名簿

昭和二十年一月十日調
南方軍防疫給水部

18.2.4	18.5.1	18.12.10	18.12.10	18.12.10	17.12.20	18.12.10
豊橋陸軍病院 一七.四.一〇	南支防給 一六.一〇.一三				中支防給 一五.三.二六	
愛知県南設楽郡鳳来寺村大字門谷字薮内四五	東京都西多摩郡石畑村一九〇四	滋賀県蒲生郡朝日野村三三三	福井県三方郡西田村田井第三口號七	滋賀県蒲生郡日野町大字松尾一五三四	千葉県印旛郡成田町寺台四二〇	福井県遠敷郡小濱町小濱鹿島五五
同	東京都西多摩郡瑞穂町	同	同	同	同	同
[沖縄] 母 小笠原シゲ	[沖縄] 父 尾根澤政吉	[沖縄] 父 奥村多助	[沖縄] 父 大下彌吉	[沖縄] 母 尾林ふじ	[沖縄] 父 小倉音松	[沖縄] 母 德岐トミ
昭16	昭15	昭18	昭18	昭18	昭17	昭18
19.9.1 現衛兵長	20.7.3.1 一補衛上	19.12.1 現衛兵	19.12.1 現衛上	19.6.1 現衛一	20.4.3.1 二補衛伍長	19.6.1 現衛一
大一〇.一.二七 小笠原功	大九.八.五 尾根澤縫藏	大一一.一一.三二 奥村豪雄	大一三.三.一 大下善永	大一三.一.二 尾林一正	大六.四.一 小倉廣祐	大一三.一.二七 德岐睦夫
無	無	無	無	無	無	無
	20.5.12				10810 20.5.12	
204	178	459	442	439	521	452

南方防疫番

25

オ(ヨ)

17.5.5	19.8.30	19.8.30	19.9.27	17.7.1	17.9.1	17.7.16
野戦豫備病院 四二三一二	二〇師一野病 八八三一	歩兵第二三七聯隊	三八師二野病 四八三			
埼玉縣北足立郡草加町高砂町三三二	廣島縣廣島市左官町三一	茨城縣結城郡豊田村大字仁江戸一六四一	愛知縣西加茂郡小原村大藏八八 運	神奈川縣横濱市南區白妙町三丁目三四	東京市板橋區練馬高松町一,三六五七	静岡縣榛原郡吉田村吉田一八八二,二
同	同	同	同	東京市牛込區富久町五八 積辺千代[illegible]	東京市板橋區石神井谷原町一,一二五	同
大川ふみ	大田誠一	大島盛一	岡田彦縄	小澤登美子	小澤きよ	大鐘明輔
昭10	昭11	昭15	昭12			
17.7.1 一補衛上	20.5.1 二補衛上	17.9.1 現衛上	20.5.5 二補衛長	三.19.3.31 抜手	四.19.9.30 抜手	四.19.9.30 抜手
大川正信 大四.八.一二	太田保 大五.二.九	大島當雄 大九.二.四	岡田信一 大六.六.五	小澤定雄 明四一.一二.二	小澤勇藏 明四三.一二.一五	大鐘清次 大九.二.一八
無	無	無	無	有	有	有
	20.8.12		20.5.12			
58				166	107	149

昭和二十年一月十四日調
南方軍防疫給水部

105

番疫防方南

26

大ヨ

昭和二十年一月十日
大阪府?……部

19.7.22		廣島縣呉市京城府宮井町 西三河通八丁目六三 二一一		妻 沖波靜枝		技師 七.19.7.22	沖波實 明三九.五.一	有
18.5.4		靜岡縣沼津市本字通横町九九ノ一二	神奈川縣藤澤市辻堂六四五	妻 大林巖		囑託 18.5.4 一七〇.〇〇	大林靜男 明四四.三.一〇	有
18.12.20		高知縣香美郡在所村永野二四〇	大阪市住吉區澤口町四四三ノ一 浦島司療	長男 小野川正澄		囑託 19.7.20 一二五.〇〇	小野川眞澄 明三〇.九.一〇	有
14.5.5	第一大隊 第二野病 一三.一三.一	京都府京都市東山區正面通本町東入茶屋町五八	同	尾林友四郎	昭11 昭15	豫齋雪 二.19.12.31	尾林友太郎 大五.七.九	無
		石川縣石川郡出城村北安田之	同上	父 園村二太郎	明14 明21	手楽 28.8.21	園村健太郎 大八.五.二	

27

留守名簿

17.7.16	兵庫県神崎郡瀬加村下瀬加八六四八	兵庫県神崎郡瀬加村下瀬加	沖縄	岡本太吉郎	雇員 九四 19.9.30	岡本次郎吉 太三.九.二	有
18.5.26	新潟県中頸城郡明治村大字上増田新田六五ノ一	静岡県沼津市下一丁目八八〇三番地	沖縄	筧緑郎	雇員 九三 19.9.30	岡田勇治 大七.二.一〇	有
17.5.23	長野県埴科郡埴生村字小島三一五一番地	同	沖縄	大西義房	雇員 八〇 19.9.30	大西幸則 大五.四.五	有
17.5.23	熊本県八代郡市前川町五六番地	同	沖縄	岡崎利七郎	雇員 八二 19.9.30	岡崎利雄 大五.二.二八	有
17.5.5	東京都芝区芝本芝二丁目三番地	同	沖縄	岡野キミ	雇員 ?七 19.9.30	岡野健之助 明四三.一.一三	有
17.5.5	愛知県幡豆郡一色町大字一色字下乾地一〇五	中支那南京市大平路六四号 尾崎明方	沖縄	妻 [redacted] 岡本美津子	雇員 七六 19.9.30	岡本正一 明三七.三.八	有
才(ア) 18.4.17	兵庫県佐用郡久崎町櫛田一一一番地	大阪市生野区飼野東六丁目 長田精次郎方	沖縄	長田まつ	雇員 七〇 19.9.30	長田唯雄 明四二.八.一七	有

111　127　126　391　148　南方防疫番

28

復員

復員日	本籍	留守担当者住所	氏名	身分	留守担当者氏名・生年月日		
19 4 18	大阪市西区新町北通一丁目二ノ三	同	(沖縄) 大島進	傭人 19 9 30	大島正二郎 昭三、一、六	有	544
19 4 18	奈良県生駒郡矢田村山田	大阪市旭区鴫野町一四四	(沖縄) 辻又上	傭人 19 9 30	大西国利 明昭二、一二、二	有	534
19 4 18	徳島市下助任西町字西分諸合併一ノ六	大阪市住吉区北加賀屋町五七	(沖縄) 大栗正男	傭人 19 9 30	大栗和利 昭二、三、一〇	有	527
19 4 18	鹿児島県大島郡古仁屋町手安一四二	神戸市林田区大橋町六丁目一番屋敷	(沖縄) 沖寶四郎	傭人 19 9 30	沖和夫 昭三、四、二八	有	546
19 5 10	台湾新竹州大湖郡卓蘭庄卓蘭四三四	同	(沖縄) 岡本清	雇員 19 9 30	岡本正弘 大七、一、一五	有	551
19 5 10	台湾台南州斗六郡斗南街石亀渓四三七	同	(沖縄) 黄輝	雇員 19 9 30	黄紹革 大五、四、一五	有	
19 5 10	台湾新竹州新竹市東門町二ノ一三六五	台北州海山郡中和庄中坑字中和三八七	(沖縄) 林清子	雇員 19 9 30	温清炎 大一二、四、一七	有	

昭和二十年一月十日調

29

留守者簿

昭和二十年一月十七日

解雇 21.5.10

17.7.16	福井縣丹生郡三方村三留第四二号五番地ノ一	同	沖縄	尾崎咲次郎	雇員 七三、19.9.30	尾崎成則 大六、九、二三	有
18.4.17	兵庫縣川邊郡川西町小戸䑓脇田九番地	兵庫縣川辺郡川西町小戸宮後六番地	沖縄 母	岡本ゑつ	雇員 六七、19.9.30	岡本清重 大二、一六、二	有
18.2.8	大阪市西区江戸堀上通一丁目三〇番地	大阪市旭区大宮町六丁目一〇一	沖縄	大峯ツ子	雇員 七〇 19.9.30	大峯良夫 大三、六、一一	有
17.2.25	山形縣東田川郡大和村大字小出新田三五	東京都牛込区高田町五〇一	沖縄	乙坂ツネ	判任待雇員 九六 18.12.20	乙坂三之丞 明四〇、三、五	有
18.2.8	高知縣高知市越前町一九三番地	兵庫縣尾崎市長洲南町一九八番地	沖縄 妻	尾崎壽子	雇員 一六、二〇 19.9.30	尾崎貞利 明四〇、一〇、四	有
18.5.26	福岡縣浮羽郡柴刈村大字八幡八七八	福岡縣浮羽郡川會村志〇島	沖縄	隈塚富衛	雇員 五七、19.9.30	隈塚ミツエ 大一三、三、二四	有
才関 18.12.25	京都市上京区大宮通上立売上ル芝ノ横町二五三	京都市左京区北白川町追分町一五五番地	沖縄	大田黒乙熊	雇員 六九、19.9.30	大田黒復策 大六、五、一五	有

番號 防衛方南 159 302 204 788 245 399 429

30

留守名簿

昭和二十年一月十?日 第三大東島部隊

18.12.29	和歌山縣新宮市新宮八三二番地	和歌山縣新宮市新宮七六三番地	沖繩 大石光栄	雇員 七三、19.9.30	大石貞基 明三三、六、三	有	786
後援務 21.6.26 終止 18.12.20	大分縣大分郡野津原村大字野津原三〇三	同	沖文 小野等	雇員 七一、19.9.30	小野正美 大一〇、一〇、一五	有	626
18.10.23	大阪市生野区中江町六丁目一番地	同	沖… 岡部幸子	雇員 六四、19.9.30	岡部惣吉 明三八、一二、一〇	有	406
18.10.23	鹿児島縣川辺郡西南方村久志九五七	大阪市城東区野江西二丁目三八番地	沖文 押五十助	傭人 四九、19.9.5、300	押立和男 昭三、一二、一五	有	421
18.12.25	岐阜縣吉城郡船津町大字東町四三一四	同	沖縄文 岡田作次	傭人 四八、19.9.30	岡田歌子 昭六、三、七	有	434
18.9.17	大阪市生野区鶴橋北之町三丁目一三五番地ノ八	同	沖文 岡本辰蔵	雇員 五七、19.9.30	岡本タツヱ 大一三、七、一八	有	304
才(ヲ) 19.4.18	大阪市南区問屋町一三	同	上 沖文繩 奥村信太郎	傭人 四三、五〇、19.9.30、300	昭[redacted] 奥村純一 昭三、五、二六	有	587

南方防衛番

31

留守名簿

昭和二十年一月十日

19.5.18	群馬縣勢多郡木瀬村大字荒井六六二	同	沖縄 大手宮吉	雇員 六〇 19.9.30	大手菊司 大八.一三.二三	有	725
19.5.18	神戸市神宮山本通五丁目一五番地	尼ヶ崎市七松稲荷五五番地	沖縄 大田セこし	雇員 五九 19.9.30	大田富裕 大八.二.一五	有	718
19.5.18	福井縣南條郡南日野村清水第十九號八	福井縣南條郡武生町線一三番地	沖縄 正法日耀	雇員 五三 19.9.30	奥谷孝 大二.一〇.一〇	有	722
19.5.18	山梨縣東山梨郡諏訪町松口一三七四	大阪市南區上本町三丁目一八番地	沖縄 小澤光子	雇員 五八 19.9.30	小澤義也 大三.三.二八	有	655
19.5.18	大阪市生野區猪飼野町三十一一〇三番地	同	沖縄 小野稼吉	雇員 五六 19.9.30	小野繁敏 大九.二.一〇	有	713
19.5.18	兵庫縣加古郡天満村中村一八一〇番地	兵庫縣加古郡加古川町居屋河原三丁目七三	沖縄 大路長松	雇員 五七.五 19.9.30	大路玫夫 大七.三.三	有	749
19.5.18	兵庫縣尼ヶ崎市西字南開七三四番地	同	沖縄 逢野ムメ	雇員 七三 19.5.18	逢野利喜男 明四二.三.三	有	728

6092

番號 南方派遣

32

留守名簿

昭和二十一年一月十日調
第六軍防疫給水部

入所年月日	本籍	留守担当者住所		留守担当者氏名	階級（身分）・給与	氏名・生年月日		番号
19.5.18	岡山県浅口郡富田村大字道口二七八八番地	同	沖縄	大森仁平	雇員 五四、19.9.30	大森毅 大八、二、一八	有	678
19.5.18	京都市下京区高辻通油小路東入永養寺町二三九	同	沖縄	岡田定市	雇員 五五、五〇 19.9.30	岡田保 大六、九、六	有	742
19.5.18	大阪市港区八幡屋錦町一七九番地ノ三	大阪市浪速区反物町一三三三	沖縄	大西トキ	雇員 六二、19.9.30	大西太三郎 明四二、八、二五	有	595
19.5.18	大阪市東区森之宮東之町四五五番地	尼ヶ崎市神田北通七丁目一九六番地	沖縄	廣瀬ハル	雇員 五三、五〇 19.9.30	奥野唯雄 大九、一、五	有	743
19.5.18	和歌山県那賀郡東貴志村大字北六六七番地	同	沖縄	上しげ子	雇員 六八、19.5.18	岡野瀧雄 明三四、一〇、六	有	397
19.5.18	鹿児島県大島郡知名村大字上城五五六番地	神戸市灘区原田通リ六丁目一〇八番地	沖縄	大當重信	雇員 五四、19.9.30	大當島勝 大八、六、一〇	有	757
19.5.18	京都府京都市下京区中堂寺壬生川町三一番地	京都府京都市西京区京樋口町北[illegible]七番	沖縄	奥村久子	雇員 六一、19.9.30	奥村松司 明四二、三、二九	有	760

6092

33

留守名簿

昭和二十年八月十日調

[illegible]部

19/5/18	神戸市林田区駒林町五丁目三八番地	神戸市須磨区東垂水町字山田四五七番地	沖繩 小川重一	雇員 五八 19/5/18	小川勝壽 大六、二、二四	有	714
19/5/18	大阪府中河内郡久宝寺村大字久宝寺三〇〇ノ三	同	沖繩 奥田卯之松	傭人 五四九 19/9/30	奥田もむ 大九、三、六	有	611
19/5/18	広島県福山市西霞町三六九番屋敷	神戸市葺合区坂口通四丁目六番屋敷ノ二	沖繩 大村久雄	傭人 四九二 19/9/30	大村佐和子 大一二、七、三	有	686
19/5/18	山口県熊毛郡大野村大字大野北第一五六四番地	山口県熊毛郡大野村神領六三〇	沖繩 奥原百合蔵	傭人 四一四 19/9/30	奥原百合子 昭参、二、一四	有	601
19/5/18	静岡県浜名郡北庄内村堀江二五三番地	大阪市港区磯路町三丁目二二番地	沖繩 大貫きく子	雇員 五八 19/5/18	大貫恒雄 明四〇、一、一	有	769
19/5/18	大阪市北区新川崎町一番地	大阪市城東区古市南通一ノ一四	沖繩 岡志友	雇員 八〇 19/5/18	岡静明 明三七、九、五	有	641
19/7/13	長野県東筑摩郡本城村東城二二八一番地	同	沖繩 大川とくの	雇員 七四 19/9/30	大川修英 明四四、九、二五	有	384

番號方南

34

力

20.4.1 第十三野戦防疫給水部

21.5.20 復員

19.3.17	南方軍遊撃隊司 一九一三七	京都府京都市上京区出雲路松ノ下町一六ノ二番八三	東京都杉並区阿佐谷町一ノ一 渡邊喜一方	沖縄	妻 河内久美子	昭5	四月30.八.知 現 医中佐	明三六.一二.一〇 河内太郎	有
17.4.1	名古屋陸病 一三七一	名古屋市熱田区高蔵町七〇	同	沖縄	父 河野矢太郎	昭 / 昭13	一.19.4.30 豫 医大尉	明四四.九.一六 河野寮園	有
19.10.9	南方第一三陸病 一八八三〇	京都市左京区田中樋ノ口町五九ノ一三	同	沖縄	妻 河本九鼎子（オテコ）	昭 / 昭9	一.19.9.30 豫 薬中尉	明四三.九.二四 河本四郎	有
17.5.5	漢口第一陸病 一六七五五	大分県東国東郡富来町大字東堅来塩屋一〇七	大分県東国東郡富来町	沖縄	叔 勝代玉男	昭11 / 昭18	二 20.3.31 豫 衛軍	大五.二.一六 河野辰美	無
17.12.20	中支防給 五一三六	茨城県新治郡佐賀村大字坂七八三	同	沖縄	父 貝塚善之助	昭9 / 昭18	二 20.3.31 豫 衛軍	大三.一〇.一五 貝塚寅之助	無
17.12.20	中支防給 五五三九	群馬県碓氷郡九十九村大字高梨子一三一三	東京都王子区下十条町一二一	沖縄	父 金井斌	昭14 / 昭18	三.19.12.1 豫 衛軍	大八.二.一 金井重雄	無
17.5.5	北支陸病 四一三一	愛知県名古屋市中村区日比津町字野合一〇八	同	沖縄	父 加納久米太郎	昭14 / 昭19	19.11.1 現 衛伍	大八.六.一八 加納健一	無

昭和二十年一月十日調
南方軍防疫給水部

10810 20.6.23 20.6.23 10810 20.5.12

36 271 475 29

南方防疫

35

力

日付	所属・給	本籍	住所	留守担当者（続柄・氏名）	昭	階級	氏名（生年月日）	備考		南方防疫番
17.5.5	北支防 給一三・三・八	東京府東京都城東区北砂町四ノ一三七五	同	沖縄 上兄 川島倉藏	昭15 昭19	豫衛伍 19.4.1	大九・二・五 川島通徳	無		41
17.12.20	中支防 給五・一〇・五	山梨県東都留郡船津村船津八七二	同	沖縄 上 梶原取次郎	昭14 昭19	豫衛伍 19.4.1	大八・八・二五 梶原久雄	無		782
18.5.1	南支防 給七・九・一〇	千葉県安房郡八束村福澤二〇	同	沖縄 上 川崎榮一	昭12	一補衛兵 19.9.1	大六・九・一〇 川崎正巳	無		310
17.12.20	中支防 給四・一〇・一五	栃木県河内郡瑞穂野村大字上桑島七三八	同	沖縄 上 金田太次郎	昭12	一補衛兵長 20.3.8 1.	大六・二・三 金田武次	無	20.5.12	275
17.12.20	中支防 給五・三・二六	東京府東京都小石川区宮下町二五	同	沖縄 上 香山ウラ	昭11	一補衛兵 19.9.1	大五・六・二五 香山大理	無	10810	522
17.12.20	中支防 給五・三・二六	山梨県東山梨郡上万力村一三四三	埼玉県北足立郡草加町高砂町四三一	沖縄 上 川合親榮	昭10	一補衛上 18.3.1	大四・二・一八 川合榮	無	10801	477
17.12.20	中支防 給一六・三・一七	千葉県船橋市本町三丁目一九一六	同	沖縄 上兄 金子春吉	昭15	二補衛兵伍 20.5.1	大八・一二・三 金子福松	無	20.5.12	277

昭和二十年一月十日調
南方軍防疫給水部

36

力

17.12.20	中支防給 五三七	東京都下谷区初音町三ノ一五	東京都荒川区日暮里町三ノ一三九	金子鉄次郎	昭8	一補衛上 18.9.1	大二.九.一 金子正治郎	無
18.2.4	豊橋陸病 七三三八	福井県丹生郡宮崎村江波第四八号三六	福井県南條郡武生町幸町五九	川上正樹	昭16	二補衛兵 19.9.1	大一〇.三.一〇 川上秀雄	無
17.5.5	北支防給 一六一一六	横浜市鶴見区生麦町一五四三	同	河又鶴千代	昭15	一補衛上 19.4.1	大九.八.二 河又八郎	無
17.5.5	北支防給 一六一一六	東京都西多摩郡調布町河辺九六六	同	河邊幸三郎	昭15	一補衛上 19.4.1	大九.二.一七 河邊邦夫	無
19.8.1	獨立自動車第二四三中隊 八二一二	群馬県北甘楽郡富岡町富岡七七三	同	金庭茂八	昭13	三國輜上 20.3.?	大七.三.四 金庭音五郎	無
19.9.27	第五一師軍医部 七〇三五	長野県諏訪郡中洲村神宮寺一三六二	同	笠原すみ江	昭10	一補衛上 17.8.17	大四.七.三 笠原富夫	無
19.9.27	第三〇師衛生隊 一八八三〇	[redacted]山形縣南村山郡中川村大字金谷七八二	同	鏡虎之助	昭13	一補衛一 [redacted]18.2.20	大七.六.一五 鏡孝任	無

(各欄に「沖縄」朱印)

昭和三十年一月十四日調
南方軍防疫給水部

6092
20.5.12

782 93 12 206 223 番号防疫

37

カ

19.2.17	17.7.16	20.4.10 南方軍第十二陸軍病院 死二、三、一入院
東京都浅草区小島町二丁目三ノ六 浅草区小島町二ノ十三 （沖縄）	新潟県中頸城郡直江津町大字直江津五三一八 新潟県中頸城郡直江津町三二一 （新潟）	福岡県門司市大字門司一一三九 門司市丸山町五丁目 （沖縄）
笠原源治	笠原ヨミ	川原ヒデ
技師 19.9.30	技手 五.18.4.1	昭15.三.19.3.1 現医大尉
笠原順一郎 明四三、八、七	笠原清蔵 明四四、一、三五	川原俊男 大七、一、三〇
有	有	有

昭和二十年一月十六日 ……大隊本部

144　南方防疫部

38

力

留守名簿

昭和二十年一月十日調
南方軍防疫給水部

編入年月日	前所属及其編入年月日	本籍（在留地）	留守担当者住所	続柄	留守担当者氏名	叙任年／集官年	役種兵種官等級・俸給・発令年月日	氏名	生年月日	留守宅渡有無	番号
19.5.18		神奈川県足柄下郡[illegible]村五二二	同	父	亀川末次郎		雇員 七五〇 19.9.30	亀川若次	大九.八.一	有	644
19.5.18		茨城県水戸市奈良屋町二〇七	東京都淀橋区柏木三ノ三五五	妻	川上わク		雇員 七一〇 19.9.30	川上健	明一九.九.三〇	有	578
19.5.18		新潟市東秀町通一ノ町二五八七	大阪市生野区鶴橋南之町三ノ三六二	妻	片桐清子		雇員 七四〇 19.9.30	片桐護郎	明四三.六.二九	有	584
19.5.18		京都市下京区西木屋町通四条下ル船頭町一六六	京都市中京区河原町通六角下ル山崎町三六六	親	大坪美津枝		雇員 六五〇 19.9.30	亀村警藏	明三五.一.二	有	666.
19.5.18		大阪市東住吉区桑津町五四五	同	父	川本七次郎		傭人 四三九 19.9.30	川本文子	昭二.四.三〇	有	619
19.5.18		大阪市大正区三軒家東一丁目二七	大阪市旭区大宮西之町七丁目一三	父	河端林三郎		傭人 四七七 19.9.30	河端冨美子	大一三.五.一三	有	605
19.5.18		釜山府草梁町七五八	尼崎市西建家町八五	父	金岡左三		傭人 四四七 19.9.30	金岡玩一	昭二.一〇.二二	有	769

沖縄 沖縄 沖縄 沖縄 沖縄 沖縄 沖縄

6092

39

留守名簿

昭和二十年一月十日 大連市[illegible]部

18.10.23	大阪市住吉区万代町東三丁目八	大阪市阿倍野区相生通三丁目二七	沖縄 川津ハル[illegible]	雇員 四八、五〇 19.9.30	川津輝夫 大一五、三、二五	有
18.5.26	福岡県八幡市大字尾倉一二〇六番地	同	沖縄 金子登美子	抜 20.2.9	金子光郎 大三、六、四	有
19.5.10	台湾台北州基隆郡双渓庄双渓三五	同	沖縄 簡石発	雇員 六一 19.9.30	簡錦文 大一四、二、二九	有
19.5.18	大阪市東淀川区十三南之町三丁目一九番地	兵庫県伊丹市伊丹四二五	沖縄 金澤音三郎	雇員 五八 19.9.30	金澤道春 大五、五、一	有
19.5.18	大阪府三島郡玉川村大字沢木八六三ノ三	同	沖縄 加納安治郎	雇員 五六 19.9.30	加納信彦 大九、一、一九	有
(struck through in red)	新潟県東蒲原郡東川村大字三本木六七九	同	上 沖縄	雇員	春田俊男 大三、四、八	
19.2.13	山口県防府市仲之関町新前町一〇〇六	大連市仲町二一八	沖縄 川頭正作	雇員 五五 19.9.30	川頭正勝 大五、二、二一	有

19.7.22 宮古[illegible] 戦死確認

20.4.26

708 607 417

南方防衛番

40

カ

日付	本籍	住所	所属	氏名	官職・日付	遺族氏名・続柄	有無	番号
17 7 16	栃木県芳賀郡須藤村大字坂井三三四一	同	沖縄	河又一郎	雇員 一〇〇、19 9 30	河又光義 大六、二、四	有	136
18 2 8	千葉県君津郡青堀町青木七五三番戸	千葉県市原郡十種村青柳台 加藤その方	沖縄	鹿島イノ	雇員 七八、19 9 30	鹿島七五郎 明三、二、八	有	
18 4 17	茨城県久慈郡久米村大字芦間一、三八〇	大阪市東淀川区路町新町一四〇	沖縄	茅根富識	雇員 六九、19 9 30	茅根八公平 大二、一、五	有	291
17 11 23	宮崎県宮崎郡岩切村洞戸口一〇〇一	同	沖縄	加藤甚之丞	雇員 六八、三〇 19 9 30	加藤養五郎 大六、七、二六	有	171
18 5 26	北海道上磯郡木古内村町字末町四二	同	沖縄	川村武	雇員 六六、19 9 30	川村毅 大七、一、一四	有	396
17 12 20	大分県下毛郡大幡村大字池永七七二	大分県中津市大幡 池永八〇五	沖縄	金丸竣藏	雇員 六一、19 9 30	金丸次信 大六、二、二	有 10801	524
18 10 23	大阪市福島区上福島南三丁目一七六	同	沖縄	川本音松	傭人 四九、二〇 19 9 30	昭 川本與吉 明三、一、二八	有	423

21 6 26

21 5 13

番衰防方面

41

キ

17.5.5	中支防 給 五.三.二六	茨城県那珂郡山方村大字野上四口七	同	沖縄	水村 誠	昭9	昭18	三.19.12.1 豫衛軍	大三.一三.一三 水村武雄	魚		26
17.12.20	中支防 給 五.三.二六	長野県下水内郡永田村大字永江六二九ノ一	同	沖縄	北澤タイ	昭14	昭19	19.12.1 豫衛伍	大八.三.三 北澤壽	魚		484
17.12.20	中支防 給 五.三.二六	茨城県鹿島郡七重村大字借宿二四五	同	沖縄	水村善吉	昭9	昭19	19.12.1 豫衛伍	大三.八.八 水村一男	魚		273
18.12.10		滋賀県野洲郡河西村播磨田八一六	同	沖縄	北村きみ	昭18		現衛上 伍20.3.1	大一三.三.二八 北村源	魚	20.6.23	450
17.12.20	中支防 給 四.一〇.二五	栃木県芳賀郡逆川村大字天子四二二	同	沖縄	北野只一郎	昭12		20.3.9.1 一補衛 兵伍	大六.三.三 北野省三	魚	20.5.12	345
17.5.3		大阪市西淀川区姫島町三六一	大阪市西淀川区姫島町宮西一五三五	沖縄	北村孝文	昭14		19.11.1 現衛兵	大八.三.二七 北村哲也	魚		40
18.5.1	南支防 給 七.九.一	東京都赤坂区台町七二	同	上 沖縄	木佐貫政美	昭12		20.3.14.1 一補衛 兵長	大六.一.一九 木佐貫徳藏	魚	20.5.12	353

昭和二十年一月十日 [illegible]

[illegible]

42

キ

18.5.1	南支 一給五安六	東京都大森区雪ヶ谷町五一二	静岡県浜名郡吉野村東大山七七	北村義康	昭14	一補衛上 18.9.1	北村久司 大八.一三.一	無
18.12.10		福井県吉田郡松岡町本第一七号ノ六	大阪市旭区南富町一四	木本玉次	昭18	親衛一 19.7.15	木本義雄 大一三.二.二〇	無
19.9.27	五一師 第二野病	茨城県真壁郡任賀村大字関荷一〇三六	同	木村芳壽	昭15	三補衛上 18.9.1	木村定吉 大九.三.二二	無
17.4.17		神戸市林田区大橋町六ノ三丁目	大阪市此花区春日出町中二丁目三	母 渡部時栄		[illegible]衛上 四投 8.31	水村治己 明三八.三.一五	有
18.4.20		富山県上新川郡堀川町西中野一二五	同	北森由之助		技師 高19.3.31	北森良範 明四五.七.一	有
20.4.23	十五方面軍 野戦貨物廠 威一九五三〇四一九	山口県玖珂郡北河内村大字宇内	東京都世田谷区浦堤町一ノ二四	妻 木村キヨ子	昭12	現 主計少佐 二〇.一.三一	木村修輔 大二.二.一八	有

昭和三十年一月十日付 大阪府[illegible]部

319　437　363　審査済

43

キ

留守名簿

昭和二十年一月十日調
南方軍第?給水部

編入年月日（前所属及其編入年月日）	本籍（在留地）	留守担当者 住所	続柄	留守担当者 氏名	徴集年・任官年	役種兵種官等・俸給・発令年月日	氏名	生年月日	留守宅渡 有無	南方派遣番号
19.5.18	大阪市西成区長橋通六丁目三	同	沖縄	岸本作藏		傭人 四六五 19.9.30	岸本靖子	大一三.七.一	有	688
19.5.18	神戸市灘区鹿ノ下通一ノ九	神戸市灘区大石東町七丁目七ノ六六	沖縄	岸本義高		雇員 五八〇 19.9.30	岸本義一	大八.三.二八	有	590
19.5.18	大阪市都島中通一丁目三〇	長野縣西筑摩郡川村字木場郷六三三	沖縄	北村友繁		雇員 六四〇 19.5.18	北村棟秋	明三八.五.一	有	686
19.5.18	京都府南桑田郡篠村小字上西裏七ノ一	神戸市神戸区楠通四丁目四二ノ三	沖縄 妻	木村光枝		雇員 六三〇 19.5.18	木村敏雄	明四三.一二.一	有	720
19.5.18	京都市下京区入條寺内町四	大阪府北河内郡枚方町坂四三	沖縄 妻	岸谷芳子		雇員 六三〇 19.9.30	岸谷平太郎	明四一.三.一四	有	679
19.7.20	三重縣多気郡津田村大字牧	三重縣多気郡相可町相可三七〇	沖縄 妻	樹下琴子		雇員 八〇〇 19.9.30	樹下正一	明三四.三.二八	有	

6092

44

キ

留守名簿

昭和二十年一月十日調

南方軍防疫給水部

編入年月日	前所属及其編入年月日	本籍（在留地）	留守担当者 住所	続柄	氏名	叙任・昇官年	役種兵種官等級 俸給日給額 発令年月日	氏名 生年月日	留守宅渡有無	
17.5.5		大阪府中河内郡楯津村字新庄五七三	同	上（沖縄）兄	木村太三郎		雇員 八九円 19.9.30	木村秀三 大四.五.九	無	112
18.4.17		兵庫県三原郡倭文村長田八九八二	兵庫県洲本市外通町甲五六一ノ四	上（沖縄）妻	北山つるゑ		雇員 六七円 19.9.30	北山秀雄 明三六.一〇.二八	有	341
18.4.17		大阪市大淀区本庄川崎町四ノ三一	同	上（沖縄）母	岸田トミ		雇員 六四円 19.9.30	岸田道治 大五.一一.二五	有	347
18.2.8		京都府福知山市字京一九	同	上（沖縄）妻	衣川初恵		雇員 六八円 19.9.30	衣川武二 明三三.一〇.二四	有	242
18.12.25		兵庫県神戸市林田区大橋町六丁目	大阪市此花区春日出町三丁目三	上（沖縄）母	矢部時榮		傭人 五三.五 19.9.30	木村朝子 大一三.一.一三	有	433
19.5.10		台湾台北州海山郡中和庄亀山命蘭渓州字下渓州四七	同	上（沖縄）父	許火生		雇員 六四円 19.9.30	許謙誠 大九.四.一	有	
19.4.18		徳島県那賀郡大野村下大野	徳島県那賀郡大野村下大野	（沖縄）父	木下貞雄		傭人 四三.〇 19.9.30	木下聰 昭三.六.四	有	549

南方防疫番

45

ク

18.3.31	歩兵第三八聯隊 西九七	岐阜県不破郡宇留生村大字滿尾四六八	京都市上京区千本下長者町西入ル	沖縄 妻	久保田文子	昭17	現 軍医少佐	明四四.五.二六 久保田満夫	有
18.6.18	南方軍憲兵隊 八三三	東京都北多摩郡多摩村連光寺一一九一	同	沖縄 妻	栗山ユキ	[redacted] 昭18	18.11.20 軍医少尉	明四三.五.二六 栗山三郎	有
17.12.20	中支防給 三五五元	長野県南佐久郡小海村一六九三	同	沖縄	黒澤とーさ	昭10 昭18	19.12.1 衛軍	大四.三.一 黒澤和市	無
17.12.20	中支那給 一五三三六	埼玉県北足立郡志木町一八六五	同	沖縄	栗原末吉	昭14 昭19	19.4.1 衛伍	大八.一.一七 栗原勝治	無
17.12.20	中支防給 西一〇三五	長野県上伊那郡中箕輪村一三八〇三 イ口号	同	沖縄	栗原昇	昭14 昭19	19.4.1 衛伍	大五.九.一 栗原壽人	無
18.5.1	南支防給 八五一	横浜市神奈川区三ッ澤下町九四	川崎市渡田町四ノ三一 河野誠司方	沖縄 妻	倉持初子	昭12	18.9.1 一補衛兵	大六.五.三 倉持昌弘	無
18.5.1	南支防給 七九一〇	千葉県千葉郡生實町濱野一二八五	同	沖縄	草田太郎吉	昭12	14.8.8 一補衛上	大六.三.二七 草田巳一	無

10801 10801 20.5.12

351 308 483 480 476

46

ク

17.5.5	中支防給西一〇八四	群馬県多野郡藤岡町大字藤四三一	東京都下谷区光月町一
沖縄	栗田靜山	昭13	
一補衛上 17.8.1	栗田双三郎 大七.一.二	魚	
19.8.30	五一師第二野病	群馬県北甘楽郡小幡町小幡	
沖縄			
一豫衛軍 19.12.31	桑原氷十郎		
19.9.27	歩兵五一師六六聯	茨城県猿島郡長田村西泉田一二一八	同
沖縄	草間春吉	昭11	
三國衛廿 20.3.31 細	草間傳一郎 大五.三.二〇	魚	20.5.12

昭和二十年一月十日調

64　西方防護番

47

ク

留守名簿

昭和二十年一月十日調
南方軍防疫給水部

編入年月日	前所属部隊ヨリ其編入年月日	本籍（在留地）	留守担当者 住所	留守担当者 続柄・氏名	徴集年 / 任官年	役種兵種官等級 / 俸給額 / 発令年月日	氏名 / 生年月日	留守宅渡有無	年月日
19.5.18（20.2.9 戦病死）		香川縣香川郡東川東村大字川東上一九四八ノ一	同	黒川松太郎		雇員 五四〇〇 19.5.18	黒川一雄 大一一.七.二〇	有	20.5.5
19.5.18		大阪市北区芝田町一ノ二	同	栗山盛治		雇員 五五〇〇 19.9.30	栗山理 大一一.一〇.二	有	
19.5.18（復員）	21.11 復員	滋賀縣神崎郡八日市町大字金屋五八九	同	野知和助		雇員 五四〇〇 19.9.30	楠亀昌三郎 大九.八.二一	有	

725 709

番衣防方庫

48

留守名簿

昭和二十年一月十日調
南方軍防疫給水部

編入年月日	前所属及兵籍編入年月日	本籍（在留地）	留守担当者 住所	続柄	留守担当者 氏名	任官年 集官年	役種兵種官等級 俸給給与 発令年月日	氏名 生年月日	留守宅渡 有無	
17.12.12		山口県徳山市七二三	満州国濱江省哈爾濱市外満州第七三一部隊陸軍官舎二棟二ノ四二	沖 妻	國廣メ子		雇員 七七・〇〇円 19.9.30	國廣達雄 明三九.一二.二九	有	
18.8.17		大阪市旭区野江東之町三丁目九八	奈良県生駒郡龍田町字龍田	沖 妻	久世萬亀子		雇員 六九・〇〇円 19.7.30	久世正治 明四三.四.一〇	有 21.5.29	322
19.4.18 内地帰還		大阪市東区[illegible]町十丁目二十二	大阪[illegible]区山坂町一丁目二八	沖 父	柴田駒造		傭人 三九・三〇円 19.9.30	黒澤曉 昭四.九.二五	有 21.5.29	539
19.5.18		京都府福知山市字鍛冶三七	大阪市東淀川区十三東之町一丁目三	沖 父	黒田徹栄		雇員 六六・〇〇円 19.9.30	黒田圭三 大八.一〇.二四	有	583
19.5.18		大阪市城東区北中浜町三丁目一ノ九	同	沖 父	栗山源十郎		雇員 五六・〇〇円 19.9.30	栗山國治 大六.八.四	有	682
ク 19.5.18		大阪市大淀区長柄中通四丁目六九	同	沖 父	久保梅蔵		雇員 五五・〇〇円 19.9.31	久保健一 大八.一〇.二五	有	702

南方防疫番

49

留守名簿

昭和二十一年一月十日調
南方軍防疫給水部

ク

編入年月日	前所属及其編入年月日	本籍（在留地）	留守担当者住所	続柄	留守担当者氏名	叙任（官等・年）	役種兵種官等 / 学歴 / 任用給与 / 發令年月日	氏名 / 生年月日	留守宅渡有無	備考
17.12.12		山口縣徳山市七二三	満州国濱江省哈爾濱市外七三一部隊 陸軍官舎二棟二ノ四二	妻	國廣メ子		雇員 七七ヶ月 17.9.30	國廣達雄 明三九.一二.二九	有	
18.4.17		大阪市旭区野江東之町三丁目九八一	奈良縣生駒郡龍田町字龍田 山岡幸義方	妻	久世萬亀子		雇員 六九ヶ月 17.9.30	久世正治 明四三.四.一〇	有	21.5.29 322
18.4.18		大阪市東区和泉町二丁目二七	大阪市東住吉区山坂町一ノ二八	父	柴田駒造		傭人 三九ヶ月 17.9.30	黒澤曉 昭四.九.二五	有	21.5.29 539
19.5.18		京都府福知山市字鍛冶三七	大阪市東淀川区十三東之町一丁目三		黒田滋栄		雇員 六六ヶ月 17.9.30	黒田圭三 大八.一〇.一四	有	583
19.5.18		大阪市城東区北中濱町三丁目一ノ七	同	上	東山源十郎		雇員 五六ヶ月 17.9.30	東山國治 大六.八.四	有	682
19.5.18		大阪市大淀区長柄中通四丁目六九	同		久保梅藏		雇員 五五ヶ月 17.9.31	久保健一 大八.一〇.二五	有	702

内地帰還

番號防疫所

49

コ

入所年月日	所属部隊	本籍	留守担当者住所	印	氏名	生年月日	入隊年月日・階級	留守担当者 生年月日・氏名	有無	備考	番
18.5.1	南支防給 一三三	東京都麹町区九段一丁目三ノ二	愛媛県新居浜市星越町住友社宅り一二	沖縄	権田隆登	昭 / 昭16	18.1.31 豫医中尉	大四.一.一三 権田隆茂	有		
17.5.5	野戦豫備病院 五三一六	鹿児島県大島郡走島村一五八	同	沖縄	木村サン	昭8 / 昭17	19.12.31 [redacted] 豫衛軍	大三.一.一〇 小林敏數	無		13
17.5.5	中支防給 五三一六	山梨県西八代郡共和村宮原二〇六一	同	沖縄	小林慶治	昭11 / 昭18	19.3.31 豫衛軍	大五.二.一五 小林敞	無	6092 20.6.23	19
17.12.20	中支防給 五三一六	長野県諏訪郡本郷村大字立澤四五	同	沖縄	小池貞人	昭14 / 昭19	19.9.1 一補衛伍	大八.四.二 小池今朝春	無	10801	491
17.5.5	南支防 陸病 六六三六	愛知県西春日井郡清洲町大字廻間八	同	沖縄	後藤録三郎	昭13	17.9.1 一補衛上	大七.七.一〇 後藤兼光	無		62
17.12.20	中支防給 五三一六	東京都世田ヶ谷区北澤四ノ五七三	同	沖縄	小林春吉	昭12	18.3.1 一補衛上	大六.三.三 小林一郎	無	10810	517
17.12.20	中支防給 五三一六	長野県諏訪郡富士見村九九一〇	長野県諏訪郡落合村一〇〇六	沖縄	松サダ又	昭11	18.3.1 一補衛長	大五.八.二 小松千策	無	10810 20.5.12	518

昭和二十年一月十日調 大第一[illegible]本部

番夜防方序

50

コ

17 5 5	18 2 4	18 5 1	18 5 1	17 5 5	19 11 21
石門 陸病 天二二八	豊橋 陸病 天四一〇	南支防給 天三一三	南支防給 天六一三	中支防給 五二三六	近衛野砲 三聯隊 九六五五
愛知県岡崎市福寿町九	滋賀県甲賀郡龍池村大字野瀬八八三	東京都江戸川区一之江町一丁目一九八三	山梨県中巨摩郡[illegible]村[illegible]沢三九六二	群馬県前橋市[illegible]泉町三六八	埼玉県川越市小仙波三一八
同	同	同	同	同	同
沖縄	沖縄	沖縄	沖縄	沖縄	沖縄
小坂喜代治	小林仙太郎	小池定五郎	小島勇三	小見とみ	小島松五郎
昭15	昭15	昭12	昭14	昭13	昭11
現衛上 17.12.1	現衛兵長 20.5.[illegible]	豫衛兵長 20.3.4 下	一補衛上 20.3.1	補衛上 18.3.1	國衛一 19.12.1
小坂利一 大九、一、二一	小林義男 大八、一二、一〇	小池糧雄 大六、一一、二二	小島秀夫 大八、一〇、五	小見政雄 大七、一、一五	小島勝治 大五、一、一三
無	無	無	無	無	無
6092	20.1.12	20.1.12	20.1.12		
85	201	352	368	66	796

昭和二十年一月十[illegible]日

番復府方庫

コ

召集解除 21.6.19 ／ 召集解除 21年?6月19日

五一師 衛生隊 19.8.30 沖縄
茨城縣筑波郡各務村下小目 三八四
補衛一 小菅和夫 四

18.6.1 給 南支防 七三二
埼玉縣大里郡新會村成塚 七九二 同 上 沖縄
父 吉館善藏 昭15
二補衛上 19.9.1 吉館傳 大九.九.二〇 無

21.6.19 19.10.1 南方 三陸病 八七三
三重縣桑名市油町 一六五 同 上 沖縄
妻 後藤鈴子 昭8
二補衛兵 19.8.1 後藤一男 大二.三.二二 無

茨城縣猿島郡幸島村大字新和田 二三五
茨城縣鹿島郡鹿島町大字宮中 二四七七 沖縄
妻 兒矢野よね
抜 手 西16.3.31 兒矢野稲太郎 明四〇.三.一三 有
20.6.25 148

257 復帰
東京都 [illegible] 沖縄
妻 小林あく
衛 兵 18.6.1 小林栄 明三四.六.一〇
21.5.27

21.10.16 331

番護防方衛

52

コ

留守名簿

昭和二十年一月十日調

年月日	本籍地	住所	氏名	身分・給与	留守担当者氏名・生年月日	有無
19.5.18	長野県小県郡浦里村大字仁古田六一二	長野県東筑摩郡本郷村下浅間二一六八	沖縄 近藤富士太	雇員 19.9.30 五八〇	近藤好 大八.七.五	有
19.5.18	三重県一志郡香良洲町一五八一	大阪市西成区三日路町三	沖縄 近藤兼一	傭人 19.9.30 四五九〇	近藤マサ子 大一五.七.一	有
19.5.18	和歌山市小雑賀五七	大阪府中河内郡久宝寺村	沖縄 琴野三省	傭人 19.9.30 五六四〇	琴野清香 大八.[illegible]	有

6092

635 634 716 [illegible]

53

留守名簿

昭和二十年一月十日調
海南島防衛総司令部

編入年月日	前所属及其編入年月日	本籍（在・留地）	留守担当者 住所	続柄	氏名	歳任年 集官年	役種兵種官等 級俸 発令年月日	氏名	生年月日	留守給与 有無
19.5.10		台湾台中州大甲郡清水街社口字三三〇	台中州大甲郡龍井庄龍目井三一七	父	呉萬		雇員 五六〇〇 19.9.30	呉春慶	大五.三.九	有
19.9.27 戦死 19.5.10		台湾新竹州中壢郡楊梅庄楊梅七七	同	父	古娘生		雇員 五七〇〇 19.9.30	古張燦	大一三.八.二九	有
21.5.9 内地帰還 19.5.18		大阪市西成区新開通四丁目五	同	父	古妻二郎		傭人 三五〇〇 19.9.30	古妻章	昭六.三.二六	有 21.5.30
19.5.18		姫路市岩端一三八	同	母	小西てる子		雇員 五四〇〇 19.9.30	小西茂	大九.四.二六	有
19.5.18		大阪市西区立売堀南通三丁目	兵庫県多紀郡福住村福住一三	妻	小島アイ子		雇員 六又〇〇 19.5.18	小島十三郎	明三八.一三.一三	有
19.5.18		兵庫県武庫郡本庄村青木二三〇番屋敷	兵庫県住吉村住吉五二（本籍地ヲ現住所ニ変更届出ヅ 不在二（三.三.一三））	妻	米谷芳松		雇員 五三〇〇 19.9.30	米谷國雄	大八.一一.一三	無
返還 コ 19.5.18		長野県諏訪郡川岸村四九七一	同	父	小松遠雄		雇員 七五〇〇 19.5.18	小松善孝	大一一.一一.一二	有

6092 6092

679 746 693 659 537

海南防衛

54

コ

召集解除 21年6月22日

留守名簿

昭和二十一年一月十日調

南方[illegible]

編入年月日（前所属ヨリ其ノ編入年月日）	本籍（在留地）	留守担当者住所	続柄	留守担当者氏名	徴集年	任官年	役種兵種官等	俸給	発令年月日	氏名	生年月日	留守宅渡有無	南方復員番
[illegible]	千葉県市原郡八幡町山木六三四	東京都葛飾区小松江町三ノ[illegible]	妻（沖縄）	小泉歌子	—	—	雇員	八〇	19.9.30	小泉新吉	明四五.一.一七	有	150
17.7.16	東京都葛飾区堀切町八三七	同	父（沖縄）	小高欽藏	—	—	雇員	七四	19.9.30	小高敏雄	大六.一〇.二六	有	157
17.7.16	大阪市東淀川区（大淀）同次町三ノ二九九ノ二	同	母（沖縄）	小寺ハル	—	—	雇員	六六	19.9.30	小寺幸次	大三.一〇.三一	有	294
18.2.8	香川県木田郡前田村大字前田西七二ノ一	同	兄（沖縄）	香西正一	—	—	雇員	六三	17.9.30	香西正義	大九.六.二四	有	261
18.10.12	三重県志摩郡片田村二九八四	同	[illegible]（沖縄）	小山安松	—	—	雇員	六三	17.9.30	小山伊助	明四三.九.二九	有	425
18.10.23	東京都浅草区寺町二丁目四二	同	[illegible]（沖縄）	小室千松	—	—	雇員	五八	17.9.30	小室静代	大九.六.一	有	415
19.5.10	台湾新竹州桃園郡桃園街字桃園中南二六九	同	[illegible]（沖縄）	呉周元	—	—	雇員	五七五	17.9.30	呉文川	大一一.五.七	有	✓

6092

55

41.5.4

廿

18.5.1	南支 給一六二三三	沖縄県中頭郡勝連村字内間五二五	同	戸 座間味山戸	昭	昭16	衛生中尉 一 19.9.30	座間味清善 大六.五.一五	有	
17.12.20	中支 給五三三六	栃木県足利郡三和村大字松田三六六八	同	父 齋藤八十	昭14	昭17	衛生軍曹 [redacted]	齋藤徳太郎 大八.十一.一五	無	969
17.12.20	中支 給四一八	長野県北佐久郡大井村大字本一〇六五	同	父 佐藤徳重	昭12	昭18	衛生軍曹 20.3.1	佐藤忠義 大六.一〇.二〇	無	267
17.5.5	張家口 陸 五九七	千葉県千葉郡幕張町実籾八一二	同	父 櫻井増右ヱ門	昭11	昭18	衛生軍曹 三 19.12.1	櫻井英雄 大五.一〇.二二	無	33
17.5.5	獨混二二旅団 一六五〇	島根県美濃郡二條手村大字金山イ七九地の一	島根県美濃郡東仙道村三渝	父 佐々木光照	昭15	昭17	衛生伍長 現 19.9.1	佐々木大成 大九.三.二四	無	46
19.9.26	南方 第二一座 振八.〇.一八	新潟県東頸城郡黒田村字和田一三三六	同	妻 澤田ミズヱ	昭10		補衛 一 18.8.1	澤田義隆 大三.一二.七	無	
17.5.5	中支 給五一三三二一	東京都向島区平河町三丁目八	同	母 長谷部ウメ代	昭14		補衛上 一 18.3.1	酒井義久 大八.一一.三〇	無	78

昭和二十年一月十　日
部

南方防疫番

56

サ

21/4/16

17.5.5		群馬県群馬郡滝川村大字宿横手田四〇八	同	上 沖縄 斎藤要吾	昭15	20.3.1 現衛 兵伍	大九.七.一三 斎藤廣	無	20.5.12	96
17.12.20	中支防給 六三五	神奈川県横浜市神奈川区子安通一ノ一六	千葉県夷隅郡御宿町六軒町（加藤長蔵方）	上 沖縄 真田登利	昭9	18.9.1 一補衛 上	大三.三.三一 真田重雄	無		284
18.2.4	豊橋陸病 七一三六八	福井県丹生郡天津村直栗第三三号四一	同	上 沖縄 坂本傳平	昭16	19.9.1 三補衛 上	大十三.二.一六 坂本強	無		215
18.5.1	南支防給 六五一	東京都荏原区下神明町一六	同	上 沖縄 酒井浅次郎	昭10	18.3.1 予衛 上	大四.一一.一 酒井高保	無		357
17.12.20	中支防給 四六三三	埼玉県入間郡大家村大字四日市場四三七	同	上 沖縄 斎藤五郎	昭12	20.3.1 一補衛 兵伍	大六.三.二五 斎藤義	無	20.5.12	504
17.5.5		愛知県名古屋市中川区八熊町字柳原一三七二	同	上 沖縄 坂野長七	昭14	20.3.1 現衛 兵伍	大八.一一.一五 坂野朝三	無	20.5.12	70
17.12.20	中支防給 五二三	東京都板橋区板橋町六丁目三二九三	同	上 沖縄 斎藤藤太郎	昭12	18.3.1 補衛 上	大六.三.一〇 斎藤實	無	6092	464

生年月日 氏名

番號

昭和二十年一月十日 留守業務部

57

サ

フ　復員　21/1

入隊年月日	17.5.5	18.4.30	19.1.17
所属部隊	中支防給 一五五三九		
本籍	群馬県群馬郡相馬村大字柏木澤二〇〇	千葉県香取郡多古町染井一七三	岩手県西磐井郡平泉村一五一
留守宅	同	東京都杉並区阿佐ヶ谷五ノ六二	岩手県西磐井郡萩荘村上永(斎藤行親方)
印	沖縄	沖縄	沖縄
氏名	坂井仙五郎	佐藤倉吉	佐々木愛子
	昭14		
役種・官等級	二補 衛上 17.9.1	五 技手 19.9.30	技手 20.3.31
留守担当者氏名・生年月日	坂井清瀬 大七.六.一五	佐藤一 明四三.一.二六	佐々木欣志 明四五.五.二九
有無	無	有	有
			20.6.23
	96	181	772

昭和二十一年一月十五日

58

7

留守名簿

昭和二十年一月十日調

	1	2	3	4	5	6	7
備考	21.4.13 復員						廿
年月日	18.10.23	18.12.25	19.4.18	19.5.16	19.5.18	19.5.18	19.5.18
本籍	大阪市阿倍野区阪南町西三ノ七	三重県阿山郡友生村大字川東二七〇七	三重県鈴鹿郡井田川村大字井尻五〇六	廣島県山縣郡新庄村大字新庄一〇六六	大阪市東区龍造寺町三〇	京都市上京区小川通寺ノ内上ル本法寺前町六八	大分県中津市大字湯屋三四八
住所	京都市伏見区深草スゝキ町三六	大阪市東住吉区田辺西町七〇八	大阪市阿倍野区天王寺町三〇三六	同	大阪府豊中新免区一三八	大阪市城東区放出町一〇八	福岡県[illegible]市東本町九丁目
所属	沖縄	沖縄	沖縄	沖縄	沖縄	沖縄	沖縄
氏名	櫻井岩紅	繆村才藏	櫻井ツナ	佐伯マサヨ	笹部直隆	繆田茂	三郎丸幸次
官等級・俸給・任官年月日	雇員 七七〇 17.9.30	傭人 五三五 17.9.30	傭人 三九〇 17.9.30	雇員 五六〇 17.9.30	雇員 五五〇 19.9.30	傭人 四一四 17.9.30	雇員 五五〇 19.5.18
留守担当者氏名・生年月日	櫻井徳太郎 明四三、一、一〇	繆村典子 大三、一、一六	櫻井秀彦 昭四、一一、二五	佐伯正治 大八、三、二一	笹部富夫 大五、三、三	繆田久子 昭三、三、一三	三郎丸毅夫 大三、八、七
	有	有	有	有	有	有	有
			542	721	667	777	789

済

59

①

1　　1枚

シ

留守名簿

18.5.1	南支防給 五八	三重縣南牟婁郡新鹿村大字金山一七八	同	上 嶋田めい	昭2 昭12	現衛大尉 19.9.30	明四〇.六.一 嶋田稙造	有
17.12.20	中支防給 五百	石川縣珠洲郡宝立村字春日野六六字三三八八番地	石川縣鳳至郡字出[illegible]町	父 [illegible]田長次郎	昭8 昭13	現衛少尉 19.8.1	大二.七.一〇 清水用平	有
18.11.5		岐阜縣大垣市宮町一〇二五	滋賀縣大津市堅田町二二	父 白井一作		技師 18.11.5	大二.一二.二 白井正臣	有
18.12.10		福井縣足羽郡麻生津村三尾野二四字四九	同	上 父 直正慶太郎	昭18	現衛一 19.6.1	大一二.三.一五 直正一郎	無
18.12.10		福井縣坂井郡三国町汐見七三番地一二	同	上 父 嶋崎政治郎	昭18	現衛一 17.7.15	大一二.一〇.八 嶋崎榮一	無
17.5.5	中支防給 天三.三七	東京都板橋区板橋町九丁目一八六九	同	上 父 塩野福治	昭14	三補衛上 18.9.1	大八.三.一 塩野政治	無
17.5.5		和歌山縣西牟婁郡長野村大字上長瀬一九七九	同	上 父 下垣喜一郎	昭15	現衛長 20.5.1	大九.三.一三 下垣勝	無

20.5.12

99 108 415 443 466

6092 10810

昭和二十年一月十日調
南方軍防疫給水部

61

三

18.2.4	豊橋陸病 七・一三・三八	三重県河藝郡栄村大字山一七一三	同	上 沖縄 父	下津庄藏	昭16	二補衛上 18.3.1	下津晋 大・一〇・一・二	無	20.5.12 212
18.2.4	豊橋陸病 七・一三・三八	京都市上京区大宮上野町九	同	上 沖縄 父	下村巳之吉	昭15	二補衛上 19.9.1	下村吉治郎 大・九・三・一五	無	214
18.12.10		福井県足羽郡麻生津村浅水[illegible]三号三八	同	上 沖縄 母	漆崎梅野	昭18	現衛一 19.7.15	漆崎伊一 大・一三・一〇・一〇	無	436
17.12.20	中支防給 五・二・二六	東京都浅草区鳥越二丁目二五	東京都大森区大森三ノ六二月	上 沖縄 妻	柴田多美	昭12	一補衛長 18.3.1	柴田正市 大・四・六・八	無	20.5.12 279
17.5.5		山形県西村山郡宮宿町一一九	同	上 沖縄 妻	柴田雲香	昭15	現衛長 18.3.1	柴田一雄 大・八・一三・二二	無	20.5.12 90
17.12.20	中支防給 六・三・一七	東京都豊島区駒込六丁目五五三	同	上 沖縄 父	白尾俊郎	昭13	二補衛上 18.3.1	白尾信一 大・七・一・五	無	501
17.5.5	中支防給 一五・一〇・五	東京都瀧野川区上中里町一七一	同	上 沖縄 父	神保粿平	昭14	二補衛上 18.9.1	神保義雄 大・八・二・二六	無	77

昭和二十年一月十日調
南方軍防疫給水部

62

三

17.12.20	17.5.5	18.5.1	19.8.1	17.9.1
中支防給 六.三.七	漢口第一陸病 天七.五.五	南支防給 六.三.三	南方第一陸病 七.三.二	
埼玉県入間郡霞ヶ関村大字的場一八四五	佐賀県三養基郡旭村大字下野三三八	埼玉県熊谷市大字代六五八二	大阪府大阪市東淀区恵比須町三丁目七五	宮城県名取郡館腰村飯野坂字町一〇
東京都深川区新大橋一ノ六	同	同	大阪府大阪市住吉区松田三丁目一六	東京都小石川区坂下町四
沖縄 大野 延	沖縄 執行又吉	沖縄 清水作次郎	沖縄 塩谷安吉	沖縄 庄司レツ子
昭11		昭12	昭13	
	昭19	昭19	昭17	
二 18.9.1 補衛上	二 19.4.1 補衛伍	19.12.1 豫衛伍	[redacted] 豫衛軍	四 19.9.30 技手
鳴村芳男 大五.七.八	執行實 大六.一.六	清水藤三郎 大六.六.五	塩谷春信 大七.四.一九	庄司正巳 大元.八.二九
無	無	無	無	有
10810				
519	30	354	779	89

昭和三十年一月十日調
南方軍防疫給水部

63

三

留守名簿

昭和二十年一月十日調 [illegible]

部隊到着年月日	本籍（出生地）	留守担当者 住所	続柄	氏名	官職 等級	留守担当者 氏名 生年月日	給与	
19.5.12	福岡県門司市大字門司三〇九〇	台湾高雄市湊町四丁目九	沖縄	下村正治	雇員 六四〇〇 19.9.30	下村聖子 大八.二.一	有	628
19.5.18	鳥取県東伯郡日下村大字香谷五九七	同	上 要	鹿田良子	雇員 六三〇〇 19.5.18	鹿田寿蔵 明三六.八.五	有	662
19.6.18	京都府南桑田郡亀岡町大字[illegible]小字下[illegible]三八	大阪府三島郡茨木町大字茨木一五三〇	沖縄 要	塩見ホギク	雇員 六三〇〇 19.5.18	塩見蔵一 明三六.七.三	有	766
19.5.18	和歌山県那賀郡下神野村大字南加二二三	和歌山県那賀郡神野村大字市場	沖縄	泉谷清一	雇員 五七〇〇 19.9.30	新谷忠男 大八.六.一	有	6092
19.6.18	高松市幸町五三	同	上 沖縄	枝茂川太一	雇員 六三〇〇 19.9.30	枝茂川昌子 大九.一.三	有	686

64

留守名簿

昭和二十年一月十日現在 部隊名

項目							
年月日	17.7.27	17.7.16	18.4.17	19.4.17	18.2.8	19.5.10	18.4.17
本籍	東京都四谷区番衆町一三七	東京都本郷区真砂町三七	岐阜県郡上郡口明方村大字栃網八八	大阪府南河内郡富田林町大字喜志村九三〇	奈良県添上郡辰市村大字杏三七三	台湾高雄州旗山郡美濃庄美濃四一三	富山県西礪波郡高波村南高木一三四
留守担当者 住所	山口県宇部市東区幸町六丁目四七井上清方	東京都牛込区若松町一三八木下方	大阪府北河内郡守口町三三八	大阪市旭区大宮町四ノ二三〇一	同	同	同
続柄	妻	妻	妻	妻	妻	父	父
氏名	柴田ハツヱ	柴田澄	篠田敬	塩谷政子	東雲ヨシ	劉丁珙	庄田精一
階級							
身分	雇員 一〇二〇 17.9.30	雇員 八八〇 17.9.30	雇員 七八〇 17.9.30	雇員 七三〇 17.6.30	雇員 七六〇 17.9.30	雇員 五九五〇 17.9.30	雇員 五九〇 17.9.30
氏名 生年月日	柴田繁雄 大元.九.一〇	柴田清美 大五.五.二〇	篠田匡太郎 明四〇.八.七	塩谷歳一 明四五.三.二〇	東雲辰五郎 明三七.三.九	劉春[redacted] 大一三.三.二七	庄田古丈 大一〇.一一.二三
	有	有	有	有	有	有	有
	6092			6092			

168 154 315 337 235 663 301

65

大

留守名簿

昭和二十年一月十日調

南方軍防疫給水部

項目	1	2	3	4	5	6	7
編入年月日	18.1.29	18.5.1	17.12.20	17.5.5	17.12.20	17.5.5	18.5.1
前所属及編入年月日		南支防給 一六二一三	中支防給 一六三一七	漢口第一陸病 一六七三五	中支防給 一六三一七	中支防給 一六三一七	南支防給 一七九一〇
本籍（在留地）	福井県今立郡鯖江町東小路三六	神奈川県高座郡相模原町座間三一六八	埼玉県入間郡古谷村大字古谷本郷一三四	熊本県宇土郡松合町大字松合一三六	千葉県館山市[redacted]賀三一四	横浜市磯子区杉田町五〇八	東京都王子区八幡町一〇
留守担当者 住所	大連市聖徳街三丁目四七 新	同	埼玉県川越市三番町三一四	同	千葉県館山市北条町新塩場一五八	同	山形県最上郡最上町細田
続柄	沖縄 妻	沖縄 父	沖縄 父	沖縄 父	沖縄 父	沖縄 父	沖縄 妻
氏名	鈴木清子	鈴木喜作	鈴木仙次郎	鈴木元次郎	鈴木竹次郎	鈴木伴之助	杉崎たつゑ
叙勲 年 / 任官 年		昭15	昭13	昭10	昭15	昭10	昭10
役種兵科官等 / 発令年月日	技師 大19.3.31	一補衛兵伍 20.3.1	三補衛上 19.4.1	二補衛兵長 20.3.1	三補衛上 17.9.1	一補衛上 19.4.1	一補衛上 19.4.1
氏名 / 生年月日	鈴木俊一 明三八.六.二九	鈴木府次 大九.一.三	鈴木晴市 大七.一.一〇	鈴木靖史 明四三.三.四	鈴木光一 大七.一一.二五	鈴木辰吉 大四.三.一〇	杉崎好次 大四.一.二一
留守宅渡 有無	有	無	無	無	無	無	無
摘要		6092 20.5.12		20.5.12			
		169	516	28	508	106	369

66

入

留守名簿

昭和二十年一月十日調
南方軍防疫給水部

項目					
編入年月日	18.5.1	18.5.1	18.6.1	18.5.1	17.12.20
前所属及其編入年月日	南方防給 天二二二	南支防給 天四三五	南支防給 三〇三五	南支防給 二七九〇	中支防給 五二三六
本籍（在留地）	埼玉県川越市大字松郷七四四二	埼玉県南埼玉郡増林村大字増林三七六三	茨城県新治郡石岡町大字石岡五五五五	埼玉県大里郡鉢形村大字鉢形八二七	埼玉県北足立郡上尾町大字上尾
留守担当者 住所	同	同	同	同	朝鮮京城府黄金町一ノ三三三
留守担当者 続柄	父	父	父	父	父
留守担当者 氏名	筋野助太郎	鈴木伊之助	鈴木藤太郎	杉田久米子	巣瀬末吉
叙任 集年	昭10	昭10	昭12	昭11	昭14
叙任 官年			昭18	昭18	昭19
役種兵種官等 級俸下命達 発令年月日	三補衛上 19.9.1	補衛上 19.4.1	三豫衛軍 19.12.1	二豫衛軍 19.3.31	豫衛伍 19.12.1
氏名 生年月日	筋野啓三 大六.一.一	鈴木富蔵 大四.五.四	鈴木巳起男 大六.一〇.一	杉田辰郎 大五.三.一五	巣瀬武雄 大八.五.二四
留守宅渡 有無	無	無	無	無	無
摘要 年月日				20.6.23	
	365	348	333	348	490

67

人

留守名簿

昭和　年　月　日調

年月日	本籍（番地）	留守担当者住所	続柄	留守担当者氏名	所属・官等級	氏名・生年月日	有無		
17.5.5	朝鮮慶尚南道蔚山郡三義安面東内里五三一ノ二	同郡蔚山市二〇四		杉山永治	傭員 七三〇 19.9.30	杉山利三 大七.五.五	無		
19.5.18	三重県一志郡中原村大字□屋城八一四	同	兄	鈴木勇惣一	傭員 六二〇〇 19.5.18	鈴木藤夫 明四一.九.八	有	6092	684
19.5.18	愛知県碧海郡川谷町大字□字良色七五	愛知県碧海郡川谷町大字□衛山一八	妻	鈴木とよ	傭員 五八〇〇 19.5.18	鈴木兼松 明四三.一.三五	有		761

沖縄（印）　沖縄（印）　沖縄（印）

68

七

留守名簿

昭和二十年一月十日編
南支那防疫給水部

編入年月日	編入前部隊	本籍（在留地）	留守担当者 住所	続柄	留守担当者 氏名	徴集年 / 任官年	役種兵種官等級 任官年月日	氏名 生年月日	留守宅渡給与 有無		
17.12.20	中支防 給 五.一〇.五	埼玉県南埼玉郡増林村大字増林一七八七	同	沖縄 父	関島大吉	昭14 /	二補 衛 兵長 伍 20.3.1.	関島三男 大八.三.五	無	10801 20.6.12	500
18.5.1	南支防 給 五.九.二六	千葉県市原郡戸田町柏橋六九三	同	沖縄 岳父	関根平藏	昭12 /	一補 衛 上 18.3.4	関根若太郎 大六.五.三	無		330
18.5.1	南支防 給 六.二.二	神奈川県高座郡渋谷村福田一.三三六	同	沖縄 岳父	関水維吉	昭15 /	一補 衛 上 20.3.1.	関水若正 大九.三.二	無	6092 20.5.12	328
17.5.5	野戦[illegible] 衛病 五.五.三三	廣島縣蘆品郡網引村大字宮内五〇一	同	沖縄 [illegible]	妹尾伸助	昭14 / 昭17	豫 衛 曹 20.3.31	妹尾敬三 大七.一二.七	無		15
17.5.5	中支防 給 五.三.二六	茨城縣新治郡上大津村大字午野六八一	同	沖縄 父	瀬古沢藤七	昭9 / 昭19	豫 衛 伍 19.4.1	瀬古沢恭 大三.三.十八	無		35

69

七

七

留守名簿

昭和二十年一月十日調
南方軍防疫給水部

項目			
編入年月日	19.2.13	19.5.18	19.6.18
前所属及其編入年月日			
本籍（在留地）	新潟県南魚沼郡上田村大字早川六五六	東京都日本橋区小伝馬町一丁目二ノ五	宮崎県西諸県郡飯野町大字大河平四六三
留守担当者 住所	同	大阪府中河内郡恩智村大字堤教専寺方	宮崎県西諸県郡飯野町竹
留守担当者 続柄	[illegible]	妹	父
留守担当者 氏名	関利作	千田雅子	瀬尾浅助
官等級 任官年月日			
役種兵種官等 技能 俸給額 発令年月日	技手（五級俸） 雇員 19 六五 9.30	雇員 19 六六 9.30	雇員 19 五五 9.30
氏名	関基	千田肇	瀬尾時義
生年月日	大五、二、二六	大正八、三四	大五、七、二三
留守宅 有無	有	有	有
留守宅通信年月日	20.4.24		

688 729

70

留守名簿

昭和二十年一月十日調
南方軍防疫給水部

項目		
編入前所属及其編入年月日	19.6.18	19.6.18
本籍（在留地）	愛媛県喜多郡大洲町大字大洲四六一ノ六二	島根県簸川郡上津村大字上島一一九五
留守担当者 住所	三重県北牟婁郡尾鷲町南浦三四四ノ六	同
留守担当者 続柄	妻	母
留守担当者 氏名	曽根みよ恵	曽田ミツ
職任・兵種・官等 / 発令年月日	雇員 19.6.18	雇員 19.9.30
氏名 / 生年月日	曽根米吉 明三七.三.四	曽田恒雄 大五.一二.六
留守宅渡 有無	有	有
	5092	5092
	730	731

71

夕

21.6.17 復員

17.5.5	中支防 給 五.一三.三	奈良県吉野郡川上村大字東川七番屋敷	同	沖縄 父	高貝鶴松		昭13 三.19.4.15 特志衛大尉	高貝安次郎 明三五.三.三	有
18.5.1	南支防 給 一八.五.一	奈良県高市郡八木町大字八木一二〇	同	沖縄 父	谷孫兵衛	[redacted]	昭16 一.18.1.31 豫医中尉	谷信正 大四.一〇.一三	有
17.5.5	盧州 陸 六八.三.三〇	千葉県香取郡新島村扇島八二五	同	沖縄 父	高安宗悦	[redacted]	昭16 一.19.9.30 豫医中尉	高安宗顕 大五.一〇.一八	有
18.5.1	南支防 給 七.一三.一三	福岡県直方市大字直方五九四ノ一	福岡県直方市殿町五九四	沖縄 妻	武内尚子	[redacted]	昭18 二.18.5.20 豫医中尉	武内雄輔 大七.三.三〇	有
19.9.20	歩六六聯 補 昭一九.七.八	福井県遠敷郡小浜町大字[illegible]四番二六	京都市中京区三條通烏丸[illegible]梅忠町五	沖縄 父	高石清吾	[redacted]	昭18 二.18 20.3.10 現医少尉 中	高石清行 大九.一二.二二	有
19.3.20	六八師司 六八.二	山口県大島郡日良居村大字日前一八四四	山口県大島郡日良居村一八四四	沖縄 妻	竹川タマ		昭12 二.[illegible] 20.1.31 現医少佐	竹川信也 明四三.六.二二	有
19.7.1	南方総司 一九.一二.三〇	和歌山県西牟婁郡白浜町二一八九	同	沖縄 父	高田源太郎	[redacted]	昭19 19.7.1 豫医少尉	高田茂 大八.二.九	有

6092　10810

20.5.12　20.5.12　20.6.23

72

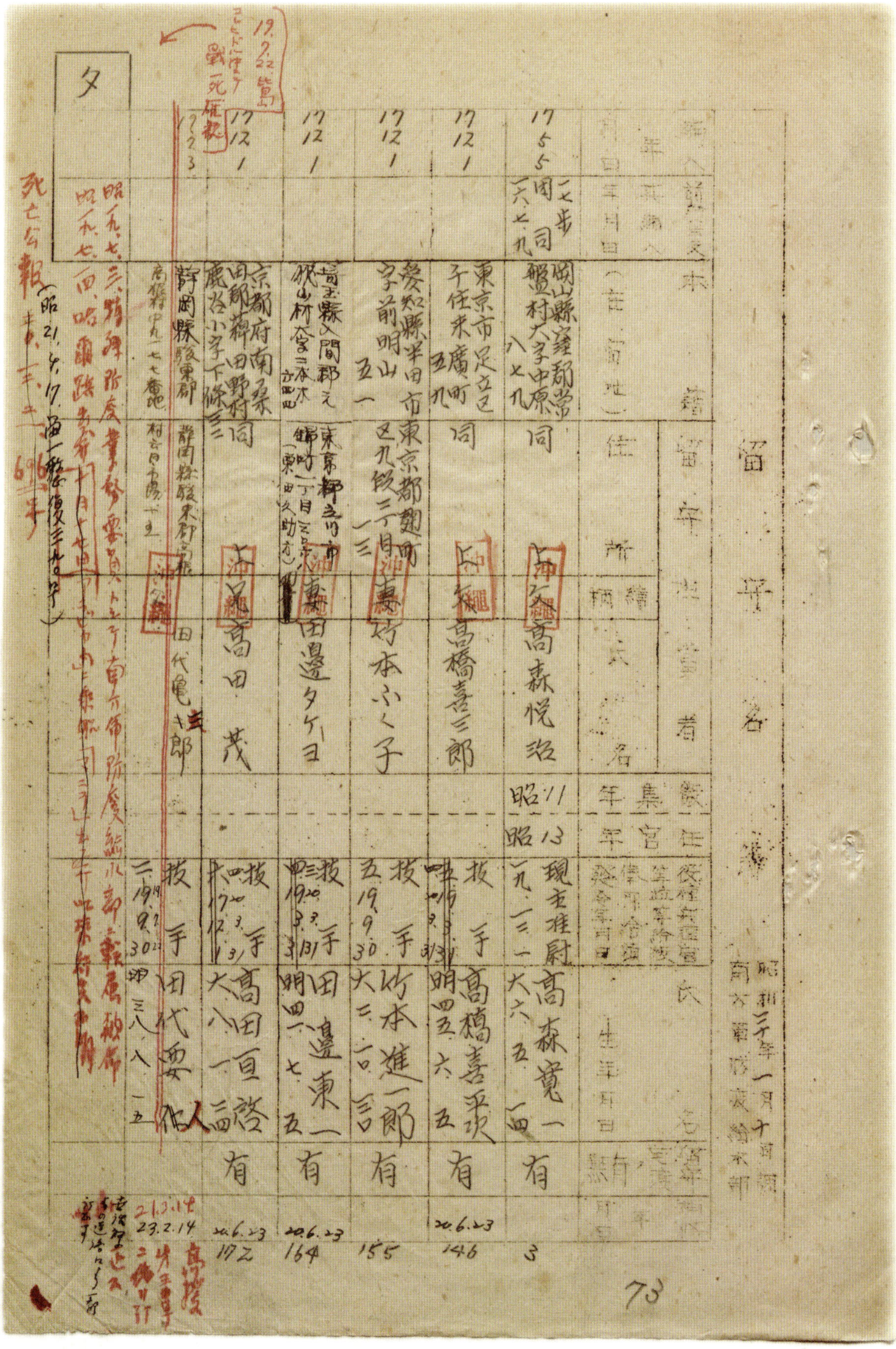

留守名簿

昭和二十年一月十日調 南方軍防疫給水部

項目	1	2	3	4	5	6
編入年月日	17.5.5	17.12.1	17.12.1	17.12.1	17.12.1	19.2.3
前所属部隊・年月日	二七歩 同 一六七、九					
本籍（住所）	岡山縣窪郡常盤村大字中原八七九	東京市足立区千住東廣町五九	愛知縣半田市字前明山五一	埼玉縣入間郡元狭山村大字二本木六四四	京都府南桑田郡稗田野村鹿谷小字下條三	静岡縣駿東郡高根村中丸一七七番地
留守担当者 住所	同	同	東京都麹町区九段三丁目一三	東京都立川市錦町一丁目三一八（東田久助方）	同	静岡縣駿東郡高根村[illegible]
留守担当者 続柄・氏名	沖縄 高森悦治	沖縄 高橋喜三郎	沖縄 竹本ふく子	沖縄 田邊タケヨ	沖縄 高田茂	沖縄 田代亀三郎
徴集年・任官年	昭11 / 昭13					
役種兵科官等級・発令年月日	現主准尉 一九、一三一	抜手 19.3.31	抜手 五 19.9.30	抜手 19.3.31	抜手 17.3.31	抜手 二 19.9.30
氏名	高森寛一	高橋喜平次	竹本進一郎	田邊東一	高田亘啓	田代要作
生年月日	大六、五、一四	明四五、六、五	大二、一〇、一三	明四一、七、五	大八、一、一四	明三八、八、一五
有無	有	有	有	有	有	
備考	3	20.6.23 146	155	20.6.23 164	20.6.23 172	21.3.14 23.2.14

19.7.22 ビアク島ニ於テ戦死確認

死亡公報（昭21.5.17 第一復員局[illegible]）

昭一九、七、三、第三南方軍防疫給水部[illegible]

73

留守担当者名簿

昭和二十年一月十日調
南方軍野戦給水部

タ

編入年月日	兵籍簿又ハ兵籍編入	本籍（在留地）	留守担当者 住所	続柄	留守担当者 氏名	徴集年	任官年	役種兵種官等級 発令年月日	氏名	生年月日	有無		
17.12.20	中支防 給 五三三六	茨城県那珂郡上野村大字宇留野五八〇	同	沖縄	高瀬千代	昭9	昭17	[redacted] 豫衛書	高瀬猶	大三、一〇、三一	無	20.6.25	265
17.12.20	中支防 給 四一〇八	長野県南佐久郡臼田町大字臼田一六四三	同	沖縄	田嶋覺	昭11	昭19	豫衛伍 19.4.1	田嶋泰	大五、七、三一	無		478
17.12.20	中支防 給 五三三六	[redacted]東京都豊島区高田南町一丁目四三六	同	沖縄	田島佐吉	昭11	昭19	豫衛伍 19.4.1	田島孝雄	大四、一、二	無		479
17.12.20	中支防 給 四一〇八	長野県小縣郡東内村二一六八	同	沖縄	竹鼻則昭	昭11		一補衛兵 19.4.1	竹鼻馨	大五、一、一五	無	1080	494
17.12.20	中支防 給 四一〇三五	長野県上水内郡浅川村大字西條一七七番地	同	沖縄	竹村たみ	昭12		一補衛上 17.8.1	竹村誠	大六、六、一六	無		505
17.12.20	中支防 給 五三三六	栃木県足利郡吾妻村高橋六九五ノ一	同	沖縄	田口晴	昭14		一補衛 [illegible] 1. 伍	田口光二	大八、五、六	無	1080 20.5.12	495
17.12.20	中支防 給 五三三六	茨城県猿島郡幸島村大字諸川三七五	同	沖縄	館野喜三郎	昭10		補衛上 17.8.1	館野勝郎	大四、四、一三	無	1080	496

74

留守名簿

昭和二十年一月十日調
南方軍[illegible]本部

タ

編入年月日	前所属部隊名	本籍（在留地）	留守担当者 住所	続柄	氏名	徴集年 / 任官年	役種兵科官等級 任命年月日	氏名	生年月日	家族の有無	備考	
17.12.20	中支防 給 五五三九	長野縣更級郡塩崎村四九九	同	沖縄 父	田中雄	昭14	一補衛 20.3.1 兵長	田中文吉	大八.三.八	無	1080! 20.5.12	497
17.12.20	中支防 給 五五三九	長野縣埴科郡坂城町六五四九	同	沖縄 父	田中春雄	昭10	一補衛上 17.9.1	田中岩雄	大四.三.一〇	無		276
17.12.20	中支防 給 一五五三九	長野縣南佐久郡田口村大字田口二五三三	同	沖縄 母	高橋てつじ	昭10	一補衛 20.3.1 兵伍	高橋勝	大四.一.八	無	20.5.12	274
17.12.20	中支防 給 五五三三	栃木縣河内郡絹島村大字下小倉三三八六	同	沖縄 父	高橋松五郎	昭12	一補衛上 18.3.1	高橋榮	大六.四.一五	無		513
17.5.5	獨歩 五一大隊 六三三〇	島根縣美濃郡東仙道村大字小原七〇二	同	沖縄 兄	田原寅市	昭15	現衛上 17.3.1	田原武一	大九.九.一〇	無		48
18.5.1	南支防 給 一七九〇	[redacted]東京都牛込区早稲田鶴巻町八	同	沖縄 母	龍澤かつ	昭12	一補衛上 14.6.30	龍澤富一	大六.二.一〇	無		327
18.2.4	豊橋陸病 一七二三八	京都府竹野郡上宇川村字平七一一	同	沖縄 父	田中寅藏	昭16	二補衛上 18.9.1	田中田夫	大一〇.二.一〇	無		209

75

留守名簿

昭和二十年一月十日調　南方軍野戦給本部

夕

編入年月日	前所属部隊及年月日	本籍（在留地）	留守担当者住所	続柄	留守担当者氏名	徴集年	任官年	役種兵種官等級発令年月日	氏名	生年月日	新	月日	
18.5.1	南支貨 給 一七.九.一〇	神奈川県愛甲郡玉川村岡津古久八二九	同	母（沖縄）	高橋フブ	昭16		二補衛上 18.9.1	高橋伊重	大一〇.一一.八	無		313
17.5.5	上海第一陸病 一八.七.二五	宮城県柴田郡槻木町大字葉坂字雷一八五	同	父（沖縄）	高城定七	昭15		現衛上 19.9.1	高城一郎	大九.二.九	無		101
18.5.1	南支貨 給 一八.一〇.一三	東京都赤坂区青山北町四丁目九四番地	同	父（沖縄）	田村吉之助	昭15		補衛上 20.3.1	田村泰三	大九.二.二七	無	20.5.12	362
18.5.1	南支貨 給 一八.一〇.一三	東京都目黒区緑ケ丘三二一四	同	父（沖縄）	高瀬萬藏	昭15		補衛上 20.3.1	高瀬金藏	大九.一.二七	無	20.5.12	338
18.12.10		福井県大飯郡高浜町宮崎第四四号六番地	同	父（沖縄）	高田文吉	昭18		現衛上 19.12.1	高田譲	大一二.四.一〇	無		435
18.12.10		滋賀県蒲生郡市辺村大字野口三五一	同	父（沖縄）	瀧口與助	昭18		現衛上 19.12.1	瀧口幸助	大一二.六.二六	無		457
18.12.10		福井県坂井郡細呂木村柿原第四〇号ノ五	同	父（沖縄）	高木彦左右エ門	昭18		現衛一 19.7.15	高木茂	大一二.一〇.二〇	無		447

104

76

タ

留守名簿

昭和二十年一月十日編綴

南大東島派遣給水部

部隊入隊（転属編入）年月日	本籍（在留地）	留守担当者 住所	続柄	留守担当者 氏名	徴集年	役種・兵種・官等	氏名・生年月日	家族有無	
19.8.1 獨立自動車第二二四 八一三五	群馬県群馬郡桃井村大字山子田九一四	同	沖縄	田子七郎	昭16	一補 輜 上 20.3.?/死	田子浩 大一〇.一.一	無	6092 20.5.12 780
19.8.1 獨立自動車第二三四 八一三五	茨城県水戸市馬口労町二二三八	東京都浅草区寿町一ノ二	沖縄	高野裕	昭9	二補 輜 一 17.10.30	高野清 大三.一三.一六	無	6092 783
19.8.30 歩兵第三三九聯隊	長野県小県郡西塩田村大字東前山七三九	同	沖縄	竹内證太郎	昭15	現 歩 上 17.1.13 20.2.1 死 20.2.21 12.31	竹内豈巌 大九.九.四	無	
18.9.27 八方面軍司令部	長野県北佐久郡協和村字協東区二五〇四	長野県北佐久郡本牧村大字[illegible]四月一〇一	沖縄	高塚半之助	昭16	一補 輜 一 18.3.10	高塚菁美 大九.一三.九	無	
19.9.27 第二一七兵站病院	長崎県北松浦郡大島村的山川内八五九	同	沖縄	田中甚之助	昭14	予 衛 上 17.11.29	田中光吉 大七.一三.六	無	
19.9.27 第二一七兵站病院	福岡県戸畑市金原町八丁目七	同	沖縄	竹田新太郎	昭16	補 衛 一 18.6.10	竹田新一 大一〇.二.一五	無	

77

タ

留守名簿

昭和二十年一月十日調

南方軍[illegible]

編入年月日	前所属及其編入年月日	本籍（在留地）	留守担当者 住所	続柄	氏名	階級 任官年月日	従軍兵種官等 俸給 發令年月日	氏名 生年月日	留守宅給与 有無		
19.5.18		兵庫県加古郡加古川町大野三一六	同	妻	沖縄 高田梅太郎		雇員 五六、〇〇 17.9.30	高田一夫 大六.九.二二	有		700
19.5.18		大阪市港区五条町三丁目六七	同（伊藤花吉方）	妻	沖縄 谷川ニサ子		雇員 六六、〇〇 17.9.30	谷川政雄 明三八.九.二八	有	6092	690
19.6.18		東京都大森区新井宿四丁目九九九	神戸市須磨区若宮町四丁目三番屋敷	兄	沖縄 田島義男		雇員 五四、五〇 17.9.30	田島隆 大二.七.一四	有		658
19.6.18		島根県美濃郡益田町大字益田イ五三〇番地之一	岡山県岡山市巌井四六一	妻	沖縄 高野定子		雇員 六〇、〇〇 17.9.30	高野豊 明四一.三.五	有	6092	677
19.5.18		埼玉県北足立郡福田村大字福田三三八六	三重県多気郡萩原村小切畑（現松江市大部町）	妻	沖縄 田口悦子		雇員 五八、〇〇 17.5.18	田口喜之助 明四四.六.一〇	有		
19.5.18		大阪市港区八幡屋中通一丁目一一	同	夫	沖縄 田渕喜助		傭人 四二、七〇 17.9.30	田渕百々子 昭三.一〇.一五	有		620
19.5.18		大阪市大正区中通本通三丁目八	大阪市大正区中津本通三丁目一	父	沖縄 多田己之助		傭人 四三、五〇 17.9.30	多田稔 昭二.三.一二	有	6092	639

78

タ

留守名簿

昭和二十年一月十日調
南方軍獨立勤務隊...?

項目	記入
編入年月日	19.5.10
前所属及其編入年月日	
本籍（在留地）	台湾高雄州潮州郡竹田庄竹田三四五
留守担当者 住所	同
留守担当者 続柄	上沖父
留守担当者 氏名	謝吳氏香妹
徴集年	
任官年	
役種兵種官等級 年月日 傳（職）給額	雇員 五六、〇〇 19.7.30
氏名	[redacted]（謝依香）
生年月日	大一二、七、一
留守宅渡 有無 年月日	有

690

79

ク

留守名簿

昭和二十年一月十日調
南方軍防疫給水部

項目	1	2	3	4	5	6	7
編入年月日	19.5.10	19.5.18	19.6.18	19.6.18	19.5.18	19.6.18	19.5.18
前所属及其編入年月日							
本籍（在留地）	台湾新竹州桃園郡亀山庄南坎頂字茶子窩二二	岐阜県武儀郡美濃町三九七一	大阪市東区服町二四	兵庫県飾磨郡市川町七六八	香川県大川郡白鳥本町大字松原二八九	大阪市城東区新喜多町一七一	静岡県田方郡山香村上平山三三四
留守担当者 住所	同上	大阪市西成区出通一丁目五（矢田方）	大阪市大正区新千歳町一ノ五	同上	神戸市灘区森後町三ノ一ノ三	大阪市西成区新開通三丁目二二	静岡県田方郡函南村東若林一二五七
続柄	父	妻	義兄	妻	父	妻	父
氏名	章金発	鷹見ツルエ	中村政治	立岩ヤス子	多田助次郎	高田十木	竹花元治
勲等功級 任官年							
役種兵種官等 等級号俸 俸給額 発令年月日	雇員 五七.〇〇 17.9.30	雇員 五七.〇〇 17.9.30	雇員 六〇.〇〇 17.9.30	雇員 五七.五〇 19.9.30	雇員 五七.〇〇 19.9.30	雇員 六四.〇〇 17.5.18	雇員 六八.〇〇 17.5.18
氏名	章秋明	鷹見昌彦	樺谷茂三郎	立岩久次	多田保	高田正治	竹花京一
生年月日	大一二.一二.一〇	大三.七.二	明四〇.一〇.三一	大四.一.一〇	大八.六.八	明三〇.三.一五	大三.八.一五
留守宅渡有無	有	有	有	有	有	有	有
留守宅渡俸給額 年月日				6092			6092

沖縄（印）

735 651 705 679 676 680

80

夕

留守名簿

昭和二十年一月十日調
南方軍防疫給水部

編入年月日	前所属ヨリ其編入年月日	本籍（在留地）	留守担当者 住所	続柄	氏名	勲等 年金 賜金	役種兵種官等 俸給 発令年月日	氏名	生年月日	留守宅渡 有無	
17.5.23		静岡県静岡市錢座町二一	同	沖縄	龍澤榮		雇 八一〇 負 19.9.30	龍澤坂枝	大四.七.三	有	129
17.5.5		栃木県芳川郡物部村大字高田九三二	同	沖縄	高山八五郎		雇 八〇〇 負 19.9.30	高山良明	大六.八.一七	有	116
18.2.8		兵庫県神戸市兵庫区北逆瀬川町五五ノ一	大阪市住吉区[illegible]町六ノ一三	沖縄 [redacted]	田中健次		雇 七二〇 負 17.9.30	田中義一	明三七.三.二五	有	238
17.7.16		東京都浅草区馬道一丁目七	埼玉県北埼玉郡忍町行田長寿東	沖縄	田中秋子		雇 六九五〇 負 19.9.30	田中傳文	大二.九.一四	有	158
18.4.17		香川県仲多度郡龍川村大字原田九一三	同	沖縄 [illegible]	田所壽賀次		雇 六六〇 負 17.9.30	田所一明	明四三.三.一	有	295
18.6.26		三重県多気郡五ケ谷村字波多瀬四三八	同	沖縄 義[illegible]	藤井文城		雇 六六〇 負 17.9.30	田邊秋惠	大九.二.六	有	375
19.4.18		大阪市東区龍造町九	布施市長堂一丁目一〇二	沖縄 母	田[illegible]サト		傭人 三九〇〇 17.9.30	田[illegible]信三	昭六.三.三	有	638

6092

81

子

留守名簿

昭和二十年一月十日調　南方軍防疫給水部

編入年月日（前所属又ハ其ノ編入年月日）	本籍（在留地）	住所	続柄	留守担当者氏名	任官年	役種兵種官等級 俸給日給額 発令年月日	氏名 生年月日	妻子ノ有無
18.10.23	福井県坂井郡大味村才七瀬二八、一	福井県吉田郡森田町下森田（庫川安太郎方）	妻	近葉ツミ子		雇員 七六、〇〇 19.9.30	近葉正章 大六.一一.二二	有
19.5.10	台湾台中州員林郡員林街萬年二六八	同	[illegible]	張新西		雇員 五六、五〇 19.9.30	張飛鳴 大一三.八.三	有
19.5.10	台湾新竹州新竹郡関西庄茅子寮一一	台湾台北市御成町二ノ一一三	父	陳俊玖		雇員 六七、〇〇 19.9.30	陳興仁 大九.六.一九	有
19.5.10	台湾新竹州新竹郡湖口庄下北勢一五二	同	父	陳向常		雇員 五七、五〇 19.9.30	陳鑫金 大一一.六.二三	有
19.5.10	台湾新竹州竹南郡頭分街頭分字土牛口七七	台湾新竹州中壢郡中壢街中壢字中壢老一七〇	母	陳葉氏昭妹		雇員 六一、五〇 19.9.30	陳卓河 大九.一.五	有
20.1.15	栃木県那須郡大田原町一九五八	同	母	遅澤キイ		雇員 七五、20.2.9	遅澤棋 大八.三.二七	有

（印：沖繩）

403

82

留守名簿

昭和二十年一月十五日調　南方軍防疫給水部

B 21′ 8.21 解ツ

21.1.17復員

項目	1	2	3	4	5	6	7
編入年月日	18.5.1	17.5.5	18.5.1	17.5.5	17.5.5	18.5.1	18.2.4
前所属部隊及其編入年月日	南方防給 七三三	中支防給 五二三二	南支防給 六〇一三	中支防給 五三三六	廣口才一病 陸 六七五五	南支防給 五五五五	豊橋陸病 七三三八
本籍（在留地）	佐賀県三養基郡田代町大字一八二	山梨県東山梨郡八幡村北神二〇三番地	山梨県東山梨郡八幡村北神九一五	茨城県真壁郡上野村大字寺上野六五六	長野県東筑摩郡山形村四七五	茨城県水戸市砂久保町四九六四	滋賀県犬上郡高宮町三三四八
留守担当者 住所	福岡県小倉市清水町三丁目	同	同	同	同	同	同
續柄	沖縄	沖縄	沖縄	沖縄	沖縄	沖縄	沖縄
氏名	津田勇夫	鶴田國照	辻とらの	堤せい	堤初男	土屋京吉	辻與惣吉
徴集年	昭16	昭14	昭15	昭9	昭13	昭14	昭16
任官年	昭19	昭17					
官等級	衛生少尉	衛生軍曹	補衛兵	補衛長	一補衛兵	一補衛上	一補衛一
受命年月日	19.3.20	~~20.7.31~~	19.4.1	19.3.1	19.4.1	18.2.17	18.3.1
氏名	津田稔	鶴田春重	辻桂	堤亨	堤浪一	土屋次男	辻[illegible]晃
生年月日	大六.四.二五	大八.八.一七	大九.一〇.二	大三.二.二六	大七.一.一	大八.九.九	大三.[illegible].三
留守宅ノ有無	有	無	無	無	無	無	無
除隊年月日		20.6.23		20.5.12			
		18	171	65	47	336	220

83

ツ

留守名簿

昭和二十年一月十日調
関東軍留守業務部

編入（入営）年月日	17.12.1
本籍（在留地）	東京都品川区北品川町三丁目二〇七
留守担当者 住所	東京都板橋区板橋五丁目二五（新井清人方）
留守担当者 続柄	妻
留守担当者 氏名	坪田芳子
兵種 官等	
任官年月日	技手 三19.9.30
氏名 生年月日	坪田靖春 明四二.一二.一〇
留守宅渡	有

沖縄

135

84

ツ

留守名簿

昭和二十年一月十日調

入所年月日	本籍（在留地）	留守担当者住所	続柄	留守担当者氏名	官等級・任官年月日	氏名・生年月日	留守宅渡	
18.4.17	兵庫県三原郡八木村笑原德野組二三四	兵庫県神戸市兵庫区東出町一丁目二四一	沖縄 叔母	水永秋野	傭員 六五〇 19.9.30	筒井円治郎 大五.一二.一六	有	318
18.10.23	滋賀県神崎郡南五ケ荘村字金堂 三七二	大阪市東住吉区北田辺町 天六七二	沖縄 父	塚本茂	傭員 六五〇 17.7.30	塚本梅吉 明四〇.三.一	有	407
19.4.18	大阪府中河内郡巽町大字植松二〇〇	同	沖縄 父	津田作右郎	傭人 四四〇 17.7.30	津田信之 昭二.七.一五	有	547
19.5.18	大阪市城東区森小路町一ノ三〇六一	同	沖縄 父	纐纈為吉	傭人 四四〇 17.7.30	纐纈芳子 大五.四.八	有	614
19.2.13	千葉県香取郡中村字中 一四六五	同	沖縄 母	角田きく	傭員 六五〇 17.7.30	角田国雄 大九.六.二五	有	389

85

留守名簿

昭和二十年一月十日調

南方軍[illegible]

丁

項目	1	2	3	4	5	6	7
入営年月日	19.3.17	17.5.5	17.5.5	17.5.5	18.12.10	18.12.10	19.8.1
所属部隊	南方總司 八一三五	杭州陸病 五三一四	野戦病院 備隊 四一三二三	南支陸病 六七三五			独立自 第二二四 八五[illegible]
本籍（在留地）	福島県郡山市字原田町六六六	大阪府吹田市榎阪二六九	神奈川県三浦郡大楠町佐島五〇四	岐阜県岐阜市堀江町二	滋賀県蒲生郡苗村大字山之上二三九一	滋賀県野洲郡祇王村大字北三五〇	茨城県鹿島郡大同村大字荒井二番地
留守担当者 住所	同	同	同	岐阜県岐阜市梅町二ノ八ノ二九	同	同	東京都四谷区谷一丁目三九
続柄	沖縄	沖縄	沖縄	沖縄	沖縄	沖縄	沖縄
氏名	勅使河原鼎	寺辻興一	照本兼薫	寺本鈴太郎	寺島[illegible]郎	寺田幸太郎	出頭ヨキ
徴集年		昭14 [redacted]	昭9	昭10	昭18	昭18	昭10
任官年	昭18	昭18					
役種 兵科 官等 任官年月日	現 医 中尉 3.1	現 衛 軍 19.12.1	補 衛 兵伍 20.3.1	補 衛 兵伍 20.3.1	現 衛 一 19.6.1	現 衛 一 19.6.1	二国 輪上 20.3.10 [illegible]
氏名 生年月日	勅使河原守 大一一.四.二	寺辻治男 大八.七.二五	照本李雄 大三.二.一八	寺本時次郎 大四.八.一四	寺島久次 大一三.五.一三	寺田栄作 大一三.七.一七	出頭清 大四.二.[illegible]
妻子有無	有	無	無	無	無	無	無
	20.5.12		20.5.12	20.5.12			20.5.12
		32	51	83	462	453	784

86

テ

留守名簿

昭和二十年一月十日調

南方軍防疫給水部

入隊年月日	本籍（在留地）	留守担当者住所	続柄	留守担当者氏名	戦任 集官 年年	役種兵種官等 等級等号 俸月給額 発令年月日	氏名 生年月日	留守宅渡有無	留守宅渡日
19 4 18	兵庫県川辺郡園田村御園一三一	兵庫県西宮市津門住江町四七	沖縄 父	十倉留蔵		傭人 三九.三〇 17.9.30	寺収幸男 昭四.一.一七	有	
19 5 10	台湾高雄州鳳山郡鳥山街鳳山字火房口一六七	同	沖縄 父	鄭添壽		雇員 五六.五〇 17.9.30	鄭進映 大一三.三.六	有	
19 5 18	和歌山県新宮市新宮六一六六	大阪府南河内郡藤井寺町大字岡山九三七	沖縄	寺田勝巳		傭人 四七.一〇 17.9.30	寺田愛子 大一四.九.二	有	

637　580

87

21/4/13 [illegible]

ト

留守名簿

昭和　年　月調

南方軍[illegible]部

編入年月日	部隊	本籍（在留地）	留守担当者住所	続柄	留守担当者氏名	徴集年	任官年	役種 兵種 官等級 任官年月日	氏名 生年月日	留守宅手当	
17.12.20	中支防給 七、一二三〇	埼玉県南埼玉郡慈恩寺村大字相野原二二一	同	（沖縄）	利根川辰五郎	昭14	昭17	豫衛曹 [redacted]	利根川正三郎 大八、一、一	無	20.6.23 423
17.5.5	歩兵第六[illegible]聯隊 四一三一	京都府京都市上京区元誓願寺通西堀川東入橋詰町四四二	同	（沖縄）	徳岡イシ	昭14		現衛伍長 20.3.1	徳岡忠清 大八、八、四	無	20.5.12
18.5.1	南支防給 七〇九六	千葉県千葉郡睦町平戸六八二一	同	（沖縄）	富澤采藏	昭12		一補衛伍長 20.3.1	富澤傳 大六、一、一二	無	6092 20.5.12
20.4.5	南方軍総司令部 一九、一二、一九	東京都芝区白金三光町四五一	東京都杉並区荻窪一ノ二五九	父（沖縄）	遠山正路		昭19	現軍医中尉 19.12.15	遠山路一 大10.12.15	有	
19.1.19		東京都									

留守名簿

昭和二十年一月十[illegible]日調
[illegible]給水部

ト

留守担当者 本籍	住所	続柄	氏名	身分 官等	生年月日 氏名	有	入隊年月日
千葉県銚子市[illegible]屋町一二八	栃木県足利郡毛野村[illegible]	[illegible]	殿岡俊之助	雇員 17.9.30	殿岡厚 大五.一二.二	有	17.12.12
岡山県後月郡[illegible]村大字[illegible]四六九三	大阪市吹田市東旭町一三	[illegible]	島越喜久恵	雇員 17.9.30	島越隼雄 明三九.八.二	有	18.2.8
大阪市東成区猪飼野町一五一	同	[illegible]	得津喜勞	雇員 17.9.30	得津喜義 明四四.五.三	有	18.4.17
宮崎県[illegible]郡[illegible]村大字[illegible]字平野四九七八	大阪市阿倍野区阿倍野筋四丁目八	兄	豊田愛作	雇員 17.9.30	豊田末市 明四四.三.一五	有	18.2.8
岐阜県吉城郡上寶村大字蔵柱二一七五	同	伯父	永梨勇吉	雇員	東井ミズエ 大六.一一.一〇	有	18.6.26
大阪市天王寺区逢坂下之町五一	同	父	富永郁吉	雇員 17.9.30	富永郁美 大一五.九.一七	有	18.10.23
台湾新竹州中壢郡新屋庄新屋字上[illegible]一六四	新竹州新竹郡新埔街新埔二五七	父	富田豊次	雇員 17.9.30	富田傳泰 大一三.五.三	有	19.6.10

6092　20.5.12　1

185　232　243　228　397　419

89

留守名簿

昭和二十年一月十日調
南方軍第六方面軍被給下部(?)

入隊年月日	本籍	留守担当者 住所	続柄	氏名	級	任官年月日	役種兵種官等	氏名	生年月日	有無		
19.5.18	三重県四日市市大字天ヶ須賀一六二三	大阪市東淀川区元町五丁目五	沖縄	渡部茂子		17.5.18	雇員 五八〇〇	渡部實	大四.九.一七	有		762
19.5.18	静岡県周智郡宇刈村一五四八	同	沖縄	戸塚平一		17.7.30	雇員 五八〇〇	戸塚仙英	大七.五.二四	有	6092	723
19.5.18	大阪市天王寺区東桃山町一四八	大阪市東成区大今里町一ノ二十	沖縄	布杵保次		17.7.30	雇員 五七五〇	徳永常男	大八.一二.八	無		679
19.5.18	大阪市東区内新町二丁目二三	大阪市生野区大友町三丁目三	沖縄	豊田典子		17.8.18	雇員 八〇〇	豊田一夫	明四三.二.二三	有		691
19.5.18	京都市下京区中堂寺前田町一二ノ一	京都府久世郡寺田村字寺田中東富田五三	沖縄	臺本ふく		17.5.18	雇員 六〇〇	臺本光藏	明三四.三.二五	有		695
19.5.18	京都市中京区壬生森前町二四	同	沖縄	富田かず		17.9.30	傭人 四六八〇	富田良枝	大四.二.一二	有		640
19.5.18	和歌山県伊都郡学文路村大字西畑五八三	大阪市西成区出城通八丁目九	沖縄	徳田寅松		17.9.30	傭人 四一四〇	徳田英子	昭三.三.三	有		681

90

十

21.10.30 復員

留守名簿

昭和　年　月　日調

南方軍防疫給水部

項目	記入
編入年月日	19.9.22
前所属及其編入年月日	[illegible]部隊 [illegible] 一八・七・一五
本籍（在留地）	和歌山県海草郡下津町上九八六
留守担当者 住所	同
留守担当者 続柄	父
留守担当者 氏名	中西光枝
徴集年・任官年	昭
役種・兵種・官等・任官年月日・給与号俸・発令年月日	衛上 18.9.1
氏名	中西喜一
生年月日	明四六・七・三
留守宅渡 有無	無

91

十

21/4/15

年月日	17.12.20	19.7.1	17.11.10	19.5.18	17.12.1	19.1.17
所属	中支派 給五〇一	南方総司 九一三				
本籍（在・留地）	福岡県浮羽郡吉井町九二七ノ一	秋田県北秋田郡坊沢村字屋敷三六	静岡県浜松市鴨江町一五八八	神奈川県中郡大山町三宮五六四	東京都北多摩郡小金井町小金井一八七七	東京都四谷区新宿三丁目二八
留守担当者 住所	同	秋田県鹿角郡陸中花輪町駅前	同	同	同	東京都世田ヶ谷区玉川町二〇五
続柄	沖縄 妻	沖縄 父	沖縄 妻	沖縄 父	沖縄 妻	沖縄 妻
氏名	中村一枝	佐藤節	中野おとし	内藤章	永野りう	中島晶子
	[redacted]	[redacted]				
任官年	昭14	昭19				
官等級・補任年月日	予医大尉 20.6.20	予医少尉 19.7.1	技師 19.9.30	嘱託 20.3.18	技手 20.3.31	技手 20.3.31
氏名・生年月日	中村元 大元.10.4	成田富士郎 大五.五.二一	中野真一 明四三.七.二七	内藤徳 明三九.一二.一二	永野桂之助 明三一.一.七	中島明 大三.一二.三
留守宅渡	有	有	有	有	有	有
	20.6.23				20.6.23	
			173		130	774

留守名簿

昭和二十年一月十日調
南方軍防疫給水部

·92

ナ

留守名簿

昭和二十年一月十四日調
南方軍防疫給水部

編入年月日	17.12.20	17.5.5	18.5.1	18.5.1	17.12.20	17.12.20	18.5.1
編入前部隊	中支防給五三三六	中支防給六三七	南支防給七九〇	南支防給七九〇	中支防給四六八	中支防給五六五	南支防給五一三七
本籍（在留地）	長野縣下伊那郡山吹村五四〇	埼玉縣大里郡花園村大字黒田一〇四四ノ三	埼玉縣北葛飾郡金杉村大字魚沼四五一	神奈川縣足柄上郡上秦野村柳川一三一六	長野縣南佐久郡平賀村大字平賀五三六二	山梨縣西八代郡九一色村折門五八八	埼玉縣入間郡小手指村大字上新井七七五
留守担当者 住所	同	同	同	同	同	同	同
続柄	沖縄 父	沖縄 父	沖縄 父	沖縄 母	沖縄 父	沖縄 父	沖縄 父
氏名	中澤龍三郎	長島小次郎	滑川太郎吉	長山タケ	中澤實	内藤寅吉	仲治平
徴集年	昭14	昭13	昭11	昭12	昭11	昭12	昭14
任官年	昭18	昭19	昭19	昭19			
役種兵種官等 任官年月日	豫衛軍 三19.12.1	豫衛伍 19.9.1	豫衛伍 19.9.1	豫衛伍 19.4.1	補衛兵 [illegible] 1	補衛上 18.3.1	補衛上 18.1.20
氏名 生年月日	中澤武雄 大八.二.二	長島英一 大七.五.二	滑川政治 大五.九.四	長山熙 大六.一.七	中澤篤 大五.九.二	内藤一 大六.六.五	仲喜三 大八.一一.二八
[illegible]	無	無	無	無	無	無	無
					20.5.12		
	474	44	349	311	489	282	356

93

十

留守名簿

昭和二十年一月十[illegible]日調

[illegible]部隊[illegible]

編入年月日	前所属	本籍（番地）	留守担当者住所	続柄	留守担当者氏名	徴集年	任官年	役種兵種官等級・発令年月日	氏名	生年月日	賞罰	番号
17.5.5	杭州陸病 一六、四、四	愛知県丹羽郡大山村大字五郎丸字四屋敷八二一	同	父（沖縄）	中村徳三郎	昭12		二補衛一 兵長 20.3.1	中村徳雄	大六、七、一三	無	20.5.12 94
17.5.5	杭州陸病 一六、三、三一	兵庫県神戸市兵庫区湊町四丁目二七ノ三	同	父（沖縄）	中西勘一	昭15		現衛上 17.4.30	中西一若	大九、五、一	無	6092 56
18.2.4	豊橋陸病 一七、四、一〇	愛知県西加茂郡三好村大字莇生五三番戸	同	父（沖縄）	中河三代一	昭16		現衛上 19.4.1	中河隆	大一〇、五、一	無	203
18.2.4	豊橋陸病 一七、一二、一八	京都府京都市下京区福本町四一八	同	母（沖縄）	直井サキ	昭16		二補衛一 18.3.1	直井禎	大一〇、五、二	無	219
17.5.5	石門陸病 一六、三、二八	栃木県河内郡絹島村大字芦沼三七五二	同	父（沖縄）	中里忠藏	昭15		現衛上 19.4.1	中里平	大九、九、一九	無	87
18.6.1	南支防給 一七、九、一〇	山梨県中巨摩郡飯野村二六五〇	東京都江戸川区小岩町六ノ五八一	妻（沖縄）	中込公子	昭10		二補衛一 17.12.1	中込忠雄	大四、一〇、一三	無	
18.12.10		福井県三方郡耳村南市第九号三五	同	父（沖縄）	仲嶋島造	昭18		現衛一 19.6.1	仲嶋良作	大一三、三、一	無	451

94

ナ

留守担当者名簿

昭和二十年一月十日調
南方軍防疫給水部

編入年月日	（前所属）	本籍（在留地）	留守担当者 住所	留守担当者 続柄	留守担当者 氏名	徴集年	任官年	役種兵種官等級 任命年月日	氏名	生年月日	妻子ノ有無	備考	
18 12 10		滋賀縣野洲郡守山町大字[illegible]二〇二	同	父	中川清太郎	昭18		現衛一 19 7 15	中川[illegible]	大一二、七、一七	無		461
19 11 21	近野砲三聯隊 一九六五	埼玉縣北足立郡與野町下落合七一〇	同	妻	中野千代子	昭11		二國衛一 19 12 1	中野善八郎	大四、一二、一一	無		793
19 11 21	近野砲三聯隊 一九六五	埼玉縣北足立郡草加町高砂町四三〇	同	父	内藤文三郎	昭10		二國衛一 19 12 1	内藤武雄	大四、三、一二	無		790
19 11 21	近野砲三聯隊 一九六五	埼玉縣熊谷市箱田四六二	同	妻	中島光子	昭11		二國衛一 19 12 1	中島藤吉	大五、七、三	無		792
19 12 21	近野砲三聯隊 一九六五	埼玉縣浦和市常盤町二丁目一二四	同	妻	永瀬喜代子	昭10		二國衛一 19 12 1	永瀬武雄	大四、一、一	無		791
18 8 25	一七兵病	佐賀縣佐賀郡川上村字大願寺三六九一	同	父	中島定一	昭6		二補衛上 20 3 1	中島繁治	明四四、二、一	無	20.5.12	
19 8 30	八方面マラリヤ工作隊	東京都小石川區久堅町七四	同	父	長澤榮吉	昭15		二補衛上 20 3 1	長澤忠男	大九、五、一五	無	20.5.12	

（各留守担当者欄ニ朱印「沖縄」）

95

留守名簿

昭和二十年一月十四日調

南方軍野戦給水部

十

内地帰還 21.5.

編入年月日	前所属及其編入年月日	本籍（在留地）	留守担当者 住所	続柄	氏名	徴集年／任官年	役種兵種官等級 俸給額 発令年月日	氏名 生年月日	留守宅渡有無	留守宅渡年月日	
18.4.17		愛媛県西宇和郡[illegible]村字[illegible]井三番地六〇〇	同	沖縄	中村藤市		雇員 七〇〇 17.7.30	中村俊雄 明四四.二.三	有		221
18.2.8		奈良県北葛城郡志都美村字平野一〇七九	同	沖縄	中井吉太郎		雇員 六五〇 17.7.30	中井国夫 大四.八.一三	有		257
19.4.18		大阪市天王寺区大道三丁目一六〇三	大阪市天王寺区大道四丁目八〇	沖縄	中居亀吉		傭人 三九〇 17.7.30	中居政治郎 明四一.一三	有	21.5.30	550
19.5.18		堺市鳳北町五丁目二八二	同	沖縄 父	中野瀧蔵		傭人 四七〇 17.7.30	中野実子 大二.一.二	有		625
19.5.18		大阪市港区三條通三丁目一三	大阪市港区大関町三、四五（西村条三郎方）	沖縄 父	西村条三郎		雇員 五七〇 17.7.30	中西利宣 大三.一.九	有		751
19.5.18		熊本県八代郡下松求麻村一八六四	熊本県八代郡下松求麻村一三九三	沖縄 父	那須喜三郎		雇員 六三〇 17.7.30	那須範之 大二.三.一二	有	6092	685
19.5.18		大阪市北区天満橋筋一丁目一三	同	沖縄 妻	中西文枝		雇員 六二〇 17.7.30	中西長次郎 明三七.五.一五	有		738

96

十

留守名簿

昭和二十年一月十日調
南方軍防疫給水部

編入年月日	前所属部隊及其編入年月日	本籍（在留地）	留守担当者 住所	続柄	氏名	徵集年	任官年	役種兵種官等級 所属部隊 任命年月日	氏名 生年月日	留守宅渡有無	留守宅渡開始年月日
19 5 18		兵庫県朝来郡山口村新井七二五ノ五	京都府何鹿郡綾部町林庵土	沖縄（印）	中田久吉			雇員 六九〇〇 19 9 30	中田篤希 大五、六、百	有	6092
19 5 18		兵庫県姫路市南日町一番地ノ九	兵庫県姫路市北條町三八	沖縄（印）	中島福松			雇員 五四五〇 19 9 30	中島孝 大九、下、三方	有	6092
19 5 18		兵庫県多紀郡大山村五三二	大阪市東淀川区山口町一三九	沖縄（印）	長澤しげ江			雇員 六〇〇〇 19 5 18	長澤勤平郎 明四三、四、一	有	

712　720　710

97

21/2

二

留守名簿

昭和二十年一月十日調

南大東島 …… 部

編入年月日	編入前所属部隊	本籍（出生地）	留守担当者 住所	続柄	留守担当者 氏名	徴集年	任官年	役種 兵種 官等級 任官年月日	氏名	生年月日	妻子有無	記事	
18.3.17		東京都本郷区駒込千駄木町二一六	東京都荒川区日暮里町四丁目八二	父 [沖縄 stamp]	西山栄丸			技師 六 19.4.27	西山守	明四〇、一一、一	有		
17.12.20	中支方給 四、一〇、一八	群馬県邑楽郡永楽村大字舞木三三三	同	[沖縄 stamp]	仁木清次	昭12	昭16	予衛曹 一 ~~20~~ 3.31	仁木知司	大六、二、一一	無	10810	468
17.5.5	歩第三八聯隊 四、一二、一	奈良県南葛城郡大正村大字櫛羅七一九	同	[沖縄 stamp]	西川嘉藏	昭14	昭18	現衛長 二 20.3.31	西川國吏	大八、三、八	無		20.6.23 25
17.5.5	獨歩第五二大隊 一五、一一、一〇	広島県呉市内神町二三一ノ三	同	父 [沖縄 stamp]	西村右男	昭14		現衛兵 19.9.1	西村武治郎	大八、一、二七	無		24
18.5.1	南支防給 一六、四、一六	埼玉県川口市上青木町四ノ一五四八	同	父 [沖縄 stamp]	西野元治郎	昭15		補衛上 19.4.1	西野善三郎	大九、一、一〇	無		337
17.5.5	漢口第一陸病 一六、七、九	佐賀県小城郡芦刈村大字三王崎一六五六ノ二	同	母 [沖縄 stamp]	西村ケサクリ	昭14		二補衛上 19.4.1	西村藤雄	大八、七、二一	無		82
18.2.4	豊橋陸病 一七、一二、二八	滋賀県甲賀郡貴生川町大字内貴三三〇	香川県木田郡平井町池戸	父 [沖縄 stamp]	西松増治郎	昭16		二補衛一 18.3.1	西松健次	大一〇、一〇、九	無		

98

二

留守名簿

昭和二十年一月十日調

南方軍防疫給水部

二					西端伊三吉	西川友七	
入隊年月日					18 12 10	18 12 10	
本籍（出生地）					福井縣坂井郡大石村井向第二〇号七番地	滋賀縣野洲郡中里村大字北九六七一番地八一	
留守担当者 住所					同	同	
続柄							
氏名					西端伊三吉	西川友七	
入営年 / 官等					昭18	昭18	
役種 兵種 官等 特業 任官年月日					現衛一 19 9 [illegible]	現衛一 19 6 1	
氏名 生年月日					西端正己 大一二 一 一五	西川正三 大一二 四 六	
留守宅渡 有無					無	無	
					6092		

455 445

99

二

留守名簿

昭和二十年一月十日調
南方軍防疫給水部

編入年月日	前所属及其編入年月日	本籍（在留地）	留守担当者 住所	続柄	留守担当者 氏名	徴集年 / 任官年	役種兵種官等級 俸給 発令年月日	氏名	生年月日	留守宅渡 有無	留守宅渡 開始年月日
18.2.8		大阪市東成区南中道町一丁目四四九	兵庫県尼崎市金楽寺町宅地四四〇	妻（沖縄）	新山い志		雇員 七八〇 19.7.30	新山佐美屋	明三四・一・一九	有	
18.10.23		兵庫県尼崎市家口町字西畑七一七	同	妻（沖縄）	西山澄子		雇員 六五〇 19.7.30	西山文藏	明三七・七・二七	有	
19.5.18		大阪市阿倍野区丸山通二丁目三五	大阪府中河内郡[illegible]町四四三	[illegible]（沖縄）	新多市松		雇員 五九〇 19.9.30	新田進	大一・一〇・二一	有	
19.5.18		京都市上京区五辻通七本松西入二丁目西柳町五五九	同	妻（沖縄）	西田ミサヲ		雇員 六三〇 19.5.18	西田貞治郎	明三六・六・二五	有	
19.5.18		京都市中京区西ノ京西月光町七	奈良県磯城郡安倍村大字[illegible]三七〇	妻（沖縄）	西口雪子		雇員 六四〇 19.9.30	西口徳次郎	大三・三・六	有	
19.4.18		兵庫県三原郡湊町登町三一三	同	父（沖縄）	西田久平		傭人 四四七〇 19.9.30	西田進	昭三・三・二一	有	

230 405 648 645 650 545

100

留守名簿

昭和二十年一月十日調
南方軍防疫給水部

本籍	広島縣比婆郡山内東村大字上原七二九八一
編入前所属及編入年月日	野戦豫備病院 17.5.5 五、五、三
留守担当者 住所	同
続柄	
氏名	沼田鹿一
官等級 / 任官年月日	昭 以 昭17 衛[illegible]
従兵種 官等級 / 俸給月額 / 発令年月日	昭二〇 3 31
氏名	沼田二郎
生年月日	大八、三、一三
留守宅渡 有無	無

（印）沖縄

16

101

ネ

留守名簿

昭和二十年一月十日調
南方軍防疫給水部

項目	記載
編入年月日	18.4.17
前所属及兵種編入年月日	
本籍（在留地）	大阪府岸和田市[illegible]町二二四
留守担当者　住所	同
留守担当者　続柄	母
留守担当者　氏名	根来ミト
徴集年	
任官年	
役種兵種官等級　停年給与　発令年月日	雇員　七三〇　19.9.30
氏名　生年月日	根来一夫　明四四.五.五
留守宅渡有無	有
補修年月日	

200

102

留守名簿

昭和　年　月十日調　所属部隊長

編入年月日	前所属及其編入年月日	本籍（在留地）	留守担当者 住所	続柄	留守担当者 氏名	最終官等 任年月日	役種兵種官等級俸給発令年月日	氏名 生年月日	留守担当者ノ有無		
17.10.29	近歩五聯 一七、三、三〇	新潟県北蒲原郡新発田町字泉町丁千七百拾八番地	東京都杉並区檜土木町一二三	沖縄	野田禮治	昭17	現薬中尉 一九.九.三〇	野田常明 大一〇、三、七	有		
17.12.20	中支防給 五、一、三〇	東京都深川区新大橋一ノ九	同	沖縄	野崎友枝	昭12 昭19	予衛伍 19.12.1	野崎良助 大六、六、一〇	無		288
17.12.20	中支防給 五、二、三〇	茨城県新治郡石岡町大字石岡	茨城県新治郡石岡町大字石岡	沖縄	野口くに	昭9	一補衛兵 19.4.1	野口利夫 大三、七、二九	無		485
18.5.1	南支防給 六、一〇、一三	山梨県中巨摩郡[illegible]村下市三六六	同	沖縄	野田マツエ	昭15	一補衛上 19.4.1	野田保 大九、七、一七	無		364
18.12.10		滋賀県蒲生郡金田村大字上田五一番地ノ一	同	沖縄	野田ダケ	昭18	現衛一 19.6.1	野田高市 大一二、三、二一	無	6092	444
18.12.10		滋賀県蒲生郡市原村大字東原野一三二八	同	沖縄	野田繁	昭18	現衛上 19.6.1 20.3.1	野田芳朗 大一二、四、一	無	20.6.23	455
18.12.10		滋賀県野洲郡速野村大字今濱三七五	同	沖縄	野口清次	昭18	現衛上 19.12.1	野口佐一郎 大一二、二、一三	無	6092	458

1

復員 21.5.21

103

帰還

ノ

留守名簿

昭和二十年一月十日調

南方軍防疫給水部

編入年月日	18.1.1	19.6.18
前所屬部隊ヨリ轉屬（轉入）年月日		
本籍（在留地）	東京都麻布区新龍土町一二	岡山県下石井九
留守担當者 住所	横浜市神奈川区旭ケ丘九（臨井方）	同
續柄		妻
氏名	野田孝	野上民五郎
徴集年		
任官年		
役種兵種官等 等級俸給額 俸給命令 發令年月日	庸員 六五.〇〇 17.7.30	庸員 六〇.〇〇 17.9.30
氏名 生年月日	野田安枝子 大二.七.三	野上啓治 大九.二.四
留守宅渡ノ有無	有	有
補修年月日		

734 189

104

留守名簿

昭和二十年一月十日調
南方軍防疫給水部

編入年月日	前所属隊及其編入年月日	本籍（在留地）	留守担当者 住所	続柄	留守担当者 氏名	徴集年	任官年	従軍兵種官等級 俸給 発令年月日	氏名	生年月日	留守宅渡 有無	開始年月日
18.6.3	船舶兵団 一七、七、九	和歌山県西牟婁郡下秋津村一〇二四	和歌山県新宮市新宮若草町七五〇 堀以志の方	妻	羽山道子		大14	現醫大佐 三16.10.15	羽山良雄	明三三、六、二三	有	
18.3.25	東二陸、病 一七、八、一三	東京都淀橋区柏木三丁目三五〇	静岡県沼津市静浦志下 保養館方	妻	早川静子		昭5	現醫中佐 四17.3.3	早川清	明三八、六、四	有	
18.5.1	南支防給 一五、五、一〇	長野県諏訪郡上諏訪町一一九三七番地	同	父	濱文吉	昭10	昭18	[illegible]衛軍[illegible] 二十18.3.1	濱英雄	大四、五、七	無	
17.5.5	杭州陸病 一五、三、三〇	岐阜県加茂郡太田町東町三六二〇番地	同	父	長谷川榮吉	昭13	昭19	[illegible]衛伍 19.12.1	長谷川敏	大七、八、八	無	
17.12.20	中支防給 一三、一二、二六	千葉県香取郡豊和村大寺一〇三九	同	父	林武治	昭12		二補衛上 18.3.1	林玉恵	大六、一一、一二	無	
17.5.5	張家口陸病 一五、九、七	千葉県千葉郡大和田町萱田三九三	同	兄	花島藤一郎	昭11		二補衛上 17.7.1	花島順二	大五、三、六	無	
18.5.1	南支防給 一七、九、二三	千葉県安房郡白浜町白濱九三	同	父	早川五三	昭12		一補衛上 20.3.1	早川市松	大六、四、二〇	無	

20.5.12
353 79 31
6092
105

八

年月日	所属	本籍	留守担当者 住所	続柄	留守担当者 氏名	徴集年	官等	氏名・生年月日			
18.5.1	南支防給 七、三、三	神奈川縣横須賀市汐入町六九	同	沖縄	早川呂子	昭4	一補衛上 19.9.1	早川辯里 明四二、三、一三	無		362
18.5.1	南支防給 五、一〇、八	東京都蒲田區糀谷町二丁目六一八	同	沖縄	濱村シゲ	昭12	一補衛兵 19.9.1	濱村正文 大六、五、二六	無		326
18.5.1	南支防給 五、一二、七	埼玉縣北埼玉郡井泉村大字北袋一六八二	同	沖縄	蓮見玉吉	昭11	補衛長 [illegible] 3.1	蓮見啓三郎 大五、六、二四	無	20.5.12	
18.5.1	南支防給 一六、一〇、一三	山梨縣東山梨郡大藤村千秋原四三六	同	沖縄	羽村古壽	昭15	一補衛上 19.3.1	羽村元慶 大八、一、二八	無	20.5.12	366
18.2.4	豊橋陸病 一七、二、二九	三重縣名賀郡阿保町大字阿保一三九一	同	沖縄	早川里代	昭16	二補衛上 19.9.1	早川義郎 大一〇、一〇、一五	無		213
17.5.5	中支防給 一五、一二、二五	東京都深川區猿江町一ノ二三	同	沖縄	長谷川武雄	昭12	補衛上 18.9.1	長谷川政雄 大五、七、二四	無		68
18.12.10		滋賀縣蒲生郡中野村大字小脇一九七六	同	沖縄	畑勇吉郎	昭18	現衛一 19.7.[illegible]	畑[illegible]平 大一一、[illegible]、二一	無		480

昭和二十年一月十日調
南支軍防疫給本部

106

八

留守名簿

昭和二十年一月十日調

留守部隊 [illegible] 給水部

編入年月日	18.12.10	19.9.20	19.9.20	19.8.20
転入年月日		仙台第一陸病 一九、六、二九	歩第六六聯隊 一九、七、一三	野重砲 四七六
本籍（在留地）	福井県大飯郡本郷村本郷第四九号四番地ノ一	新潟県中頸城郡和田村大字中箱井一一八番地	栃木県下都賀郡赤麻村大字赤麻四二一	広島県高田郡根野村字下根
留守担当者 住所	同	新潟県中頸城郡和田村大字泉六七四	同	同
続柄	沖縄	沖縄	沖縄	沖縄
氏名	濱内庄太郎	橋本鹿蔵	萩原清治郎	橋詰文一
徴集年	昭18	昭10	昭13	昭16
任官年				
役種兵種官等級 任官年月日	現衛上 19.12.1	一補衛伍 19.3.1	予衛兵 19.11.19	二補衛一 18.6.10
氏名 生年月日	濱内豊春 大一二、六、六	橋本信一郎 大四、七、三	萩原清助 大七、九、二〇	橋詰満 大一〇、二、一
妻子有無	無	無	無	無
備考		6092 20.6.12		

804 805 441

107

②

2

1枚

八

19.5.18	19.5.18	19.5.18	19.5.18	19.5.18	19.2.13
鳥取縣東伯郡赤崎町大字赤崎一六二四番地 同	長野縣諏訪郡川岸村壱万参百七拾番地 同	京都市下京区上鳥羽觀進橋町五〇番地 同	兵庫縣宍粟郡神野村五十波一四七番地 同	京都府與謝郡加悦町字加悦奥一、一四八番地 同	千葉縣山武郡千代田村大里一二四九番地 満洲国浜江省哈爾浜市外満洲第七三一部隊川島(一)隊
(沖縄) 上 濱辺照子	(沖縄) 上 花岡仁	(沖縄) 上 狭間啓吉	(沖縄) 上 橋本五一	(沖縄) 上 長谷川金藏	(沖縄) 上 萩生榮二
19.9.30 五五 雇員 濱辺尋雄 大、五、二六、八	19.9.30 六〇 雇員 花岡正康 大、九、三、三〇	19.9.30 五五、五〇 雇員 狭間寛治 大、一〇、五、九	19.9.30 五四 雇員 橋本孝 大、九、七、三〇	19.9.30 五三 雇員 長谷川猛 大、二、九、六八	19.9.30 八一 雇員 萩原忠 明四三、八、一
有	有	有	有	有	有
6092		6092	6092	6092	10810
752	643	694	756	762	380

109

七

留守名簿

昭和二十年一月十日調

日付	部隊	本籍	留守担当者住所	続柄・氏名	徴集年	役種・兵科・官等級	氏名・生年月日	記事	日付・番号
18.5.1	南支 防給 七、九、一〇	神奈川県横須賀市公郷町三九五番地	横濱市戸塚區岡津町二九八	沖縄 妻 日比野かほる	昭10	補衛 伍 19.3.1.	日比野 尉 大四、二、三	無	20.6.12 309
17.12.20	中支 防給 四、二、一	群馬県北甘楽郡福島町大字田篠七五〇番地	同	沖縄 父 肥留川金八	昭13	一補衛 長 19.3.1.	肥留川金造 大七、三、一三	無	20.6.12 506
17.5.5	杭州 陸病 五、二、三	愛知県名古屋市熱田區中瀬町三二四番地	同	沖縄 妻 久野スエ子	昭18	一補衛 伍 19.3.1.	久野親雄 大四、一、二〇	無	20.6.12 55
18.8.25	七九 兵病 八、七、二	富山県富山市西梅澤町一六七	同	沖縄 廣田外次郎	昭17	二補衛 上 19.3.15	廣田善男 大一、九、二七	無	20.6.12

110

七

留守名簿

昭和二十年一月十日調
南[illegible]派遣給水部

元部附宮田伴蔵に照会中 23.6.23 ㊞

日付	所属	本籍（住所）	留守担当者住所		留守担当者氏名	年	階級・生年月日・氏名		番号
17.12.29	中支 防給 一六六二四	山口県光市室積村東二〇七番地	同	沖縄	辞田康助	昭八 昭16	二〇.三.一 現主 曹 大六.一二.一四 辞田重幸	無	20.6.23 8
17.12.20	中支 防給 一五二三六	群馬県山田郡協田村大字上久方六一三番地	同	沖縄	蛭間慶次	昭八	二〇.三.一 二補衛上 〃長 大八.一一.一六 蛭間康	無	6092 20.5.12
17.12.20	中支 防給 一五二三六	長野県東筑摩郡本郷村三八五三番地	同	沖縄	博田彦作	昭八	一八.八.一 一補衛上 大八.九.九 博田義人	無	511
18.5.1	南支 防給 一六一〇、一三	東京都西多摩郡氷川村氷川一八八〇	同	沖縄	廣瀬愛助	昭八	二〇.三.一 一補衛上 大[illegible].一四 廣瀬龍三	無	6092 20.5.12 340
17.12.20	中支 防給 一六三七	東京都下谷区三輪町一三七	同	沖縄	平川佐平	昭八	一九.四.一 二補衛上 大七.一二.一五 平川高次郎	無	286
18		[illegible]	[illegible]	沖縄	西田	昭15	一九.九.一 一補衛兵 大九.一二.一 西田隆夫	無	6092
18.5.1	南支 防給 一四一〇、一三	山梨県東山梨郡塩山町上於曽四七二番地	同	沖縄	廣瀬正義	昭八	一九.四.一 一補衛兵 大八.六.二〇 廣瀬俊行	無	237

111

七

留守名簿

昭和二十年一月七日調

南[illegible]防疫給水部

編入年月日	所属部隊	本籍（所在地）	留守担当者 住所	続柄	氏名	兵役（入営年）	階級	役種兵科官等級 氏名 生年月日	[illegible]		
17.12.29	中支防給 一六、一六四	山口県光市室積村東二〇七番地	同	沖縄	舞田廣助	昭13 / 昭16	現主曹 二〇、三、一	舞田重幸 大六、一二、一四	無	20.6.23	8
17.12.20	中支防給 五三二三六	群馬県山田郡協田村大字上久方六六一三番地	同	沖縄	蛭間[illegible]次	昭14	二補衛〃長 20.3.1	蛭間廣 大八、一、一六	無	6092 20.5.12	
17.12.20	中支防給 五二、二三六	長野県東筑摩郡[illegible]村五八五三番地	同	沖縄	博田彦作	昭14	一補衛上 18.8.1	博田義人 大八、九、九	無		511
18.5.1	南支防給 一六一〇二三	東京都西多摩郡氷川村氷川一八八〇	同	沖縄	廣瀬慶助	昭13	一補衛上 20.3.1	廣瀬龍三 大六、四、一四	無	6092 20.5.12	340
17.12.20	中支防給 一六三二七	東京都下谷区三輪町一二七	同	沖縄	平川佐平	昭14	二補衛上 19.4.1	平川高次郎 大七、一二、一五	無		286
18.5.1	南支防給 一六四五五	東京都荒川区日暮里町八ノ一五四	茨城県稲敷郡龍ケ崎町田町	沖縄	西田隆	昭15	二補衛兵 19.9.1	西田隆夫 大九、一、一	無	6092	
18.5.1	南支防給 四一〇、一二三	山梨県東山梨郡塩山町上[illegible]石四七二番地	同	沖縄	廣瀬正義	昭13	一補衛兵 19.4.1	廣瀬俊行 大八、六、二〇	無		237

111

七

昭21.5.9 内地帰還

復員

年月日	前所属庁	本籍 / 住所	留守担当者	官職・番号・日付	生年月日	氏名	存否
18.4.17		東京都市東小 乙糊町通五條下ル鍋町一一三九ノ七番地 / 大阪市生野区舍利寺町二ノ九四番地	沖縄 妻 廣瀬久米	傭員 六九五〇 19.9.30	明三五、一〇、五	廣瀬安太郎	存
17.5.5		福島県安達郡熱海町一一一番地 / 香川県大川郡津田町北山鶴羽 村田大郎方	沖縄 妻 樋口千代子	傭員 七七 19.9.30	明四一、二、一五	樋口義夫	有
19.5.10		台湾新竹州中壢郡中壢街三座屋字旧社九九 / 台湾新竹州中壢郡楊梅街楊梅九番地	沖縄 父 廣田恒三	傭員 五七 19.9.30	大一三、七、一〇	廣田清	有
19.5.18		名古屋市東区鍋屋町二丁目四八番地 / 岐阜県加納本町二丁目二六番地	沖縄 妻 日比津留子	傭員 六〇 19.5.15	明四三、二、二八	日比重孝	有
19.5.18 21.6.30		滋賀県愛知郡愛知川町大字愛知川五一番地 / 滋賀県神崎郡八日市町字八日市三一二番地	沖縄 父 廣瀬英一	傭員 五五 19.9.30	大八、一〇、三一	廣瀬三千一	有
17.2.13		岡山県岡山市西古松四三一番地 / 同	沖縄 弟 平岩繁雄	傭員 技七 年 大五 19.9.30	大三、二、一	平岩半…	存
17.2.13		茨城県結城郡絹上村古津一九番地 / 同	沖縄 父 平間宇年	傭員 七三 19.9.30	大三、一〇、一〇	平間正光	存

586　21.6.4　654　570　6092 534

112

七

辛一十

前所屬名

19 5 18

大阪市城東区
鴫野町 二五 同
番地ノ一

池田（印）東本三良平

雇員 東本義一 有

五六

19 9 30 大五、二 二

695

113

7

留守名簿

昭和二十年一月十日調

年月日	部隊	本籍（番地）	留守担当者 住所	続柄 氏名	徴集年	任官年	官等級 任官年月日	氏名 生年月日			
17.12.20	中支 防給 五七三	福岡県久留米市京町二三三番地	同	沖縄 藤田リヨ	[redacted]	昭15	衛医大尉 四 20.4.20	藤田武夫 大七.一〇.二〇	無	20.6.23	
19.8.18	歩一三三 独補 一九七二	鹿児島県揖宿郡山川町成川大一三二番地	同	沖縄 福村千代		昭16	現医大尉 三 14.12.1	福村政三 大七.一〇.二〇	有		
17.12.20	中支 防給 五二三六	茨城県多賀郡櫛形村大字友部一九六	同	沖縄 福地幸彦	昭9	昭17	衛生軍曹 [redacted]	福地珍彦 大二.七.三	無	20.6.23	266
17.5.5	野戦豫備病院 四一三二	山梨県東八代郡黒駒村上黒駒一四〇四	同	沖縄 古屋良平 沖縄	昭9	昭18	衛生軍曹 六 20.3.31	古屋俊彦 大三.六.五	無	6092 20.6.23	38
17.12.20	中支 防給 五二三六	栃木県下都賀郡豊田村大字島田四六八	同	沖縄 福田信豊	昭14	昭18	衛生軍曹 三 19.12.1	福田實 大八.三.四	無		368
17.12.20	中支 防給 一六三七	埼玉県入間郡入西村大字竹之内一九二	同	沖縄 藤野政吉	昭15	昭17	衛生伍長 19.12.1	藤野稔夫 大九.八.二	無		486
17.12.20	中支 防給 四一〇二五	栃木県那須郡西郷村大字河原一	同	沖縄 藤田久吉	昭12		補衛曹長 20.3.8.1	藤田光男 大六.一〇.二八	無	20.5.12	272

114

7

留守名簿

昭和二十年一月十日調

20.9.10 卷 同少将ヤプリ上ニ於テ戦死

17.12.20	中支 防給 五.三.三六	埼玉県北足立郡大宮市大字大宮四〇三九	東京都葛飾区本田立石町四ー四	母	福島よし	昭14	一補衛兵長 召8.1	福島幸雄	大八.三.二一	無	20.5.12 512
17.5.5	中支 防給 一六.三.一七	山梨県南巨摩郡増穂村長澤三四七	同	沖縄 父	深澤高造	昭8	一補衛兵長 召8.1	深澤祐一	大三.一.一八	無	20.5.12 103
19.10.1				沖縄			衛軍	福田米太郎			
19.1.17		東京都三宅島伊ヶ谷村	同	沖縄	福西イチ		技手 19.3.31	福西三男	大九.三.七	有	20.6.23 777
17.12.1		京都市左京区北白川別当町四七	同	沖縄 父	藤本利三		技手 19.3.31	藤本克郎	大四.一.三〇	有	20.6.23 167
18.9.1		栃木県下都賀郡藤岡町大字藤岡一八六八	東京都麻布区櫻田町五	沖縄 妻	福地ふみ		技手 19.9.30	福地義男	明四〇.三.一三	有	143

115

フ

19 5 10	奈良県南葛城郡御所町三二九番地	奈良県南葛城郡御所町一七四番地	沖縄 藤田トキ	雇員 六六五〇	19 9 30	明三六、二、三	藤田菊松	有	597
19 5 10	奈良県北葛城郡高田町大字高田五五番地	吹田市浜田町三八六一番地	沖縄 藤井たま	雇員 大〇	19 5 10	明三八、八、二六	藤井久太郎	有 6092	757
19 5 18	徳島県板野郡撫養町南濱字撃前東二一番地ノ二	同	沖縄 冨士田雄一	傭人 四七七〇	19 9 30	大二、三、一六	冨士田英子	無	626
19 5 18	山梨県中巨摩郡藤田村藤田四二七番地	大阪市阿倍野区天王寺町三〇六四番地	沖縄 深澤熊三	傭人 四四〇〇	19 9 30	大一五、四、一	深澤秀子	有	604
19 5 18	岡山県和気郡神根村大字和意谷一五三〇番地	同	沖縄 藤原孝吉夫	傭人 五七九〇	19 9 30	明四四、八、五	藤原壽恵	有	612

辛一十

116

フ

18 2 8	大阪市住吉区平野西野町八三番地	同	古川カツ	雇員 古川喜一 八〇 19 9 30 明二九 三一	有
18 4 17	岐阜県吉城郡阿曽布村大字数河七六九番戸	同	福澤ミイ	雇員 福澤正勝 六六 18 9 30 明三九 二五	有
18 4 17	大阪市城東区野江西之町三丁目一六四番地	同	藤山美智	雇員 藤村静子 五八 19 9 30 大一四 二	有
18 10 23	山口県宇部市大字東須恵一八番地ノ一	山口県厚狭郡厚南村東須恵一八六	藤田弥一	雇員 藤田ナツコ 大五 19 9 30 大五 二五	有
18 4 17	大阪府南河内郡埴生村大字埴野第三番屋敷	大阪市阿倍野区王子町三ノ一	福瀬愛子	雇員 福瀬幸子 五大 19 9 30 大一四 三六	有
19 5 16	滋賀県栗田郡山田村大字木川五三〇番地	奈良県生駒郡伏見村西大寺 山本政五郎	山本政五郎	雇員 古川好夫 五六 19 9 30 大六 四 一六	有
19 5 18	和歌山県日高郡早蘇村大字早藤七八	同	藤本清七	雇員 藤本積 五九 19 9 30 大六 一 一六	有

226 157 903 413 306 744 591

117

八

前所屬

19
5
18

岡山縣児島郡郷内村大字木見三五〇 春世
岡山縣児島郡郷内村大字木見池上
父 紅田吉右エ門

雇員 五六〇 紅田信丈
19
9
30 大一日八、三
有

6092

127　118

本

佐渡

留守名簿

昭和二十年一月十日調

年月日	19.3.20	17.5.5	17.12.20	18.2.4
部隊	芸師司 一八八二	南支 陸病 一八七、三五	中支 防給 五一〇、五	豊橋 陸病 七一二八
本籍	新潟県北蒲原郡木崎村大字笠柳一二六三番地	熊本県鹿本郡米田村大字南島一九三六	東京都向島区寺島町六八ノ九	三重県鈴鹿郡椿村大字山本八九番地
留守担当者住所	新潟県北蒲原郡葛塚村大字道賀新田 竹内喜八郎方	同	東京都足立区千住宮本町	同
続柄	妻	母	父	父
留守担当者氏名	帆刈ミイ	星子キヨ	本多實三	本郷利三郎
徴集年		昭13	昭14	昭16
任官年	昭12	昭16		
官等級	現醫少佐 20.1.31	衛曹 19.12.31	二補衛上 18.9.1	二補衛上 18.9.1
氏名 生年月日	帆刈喜四男 明四二、一〇、一四	星子一定 大八、八、一	本多治郎 大八、二、一五	本郷市郎 大一〇、九、六
記事	有	無	無	無
備考	20.5.12			6097

208 514 9

119

ホ

17 12 20	千葉縣夷隅郡大原町八六大七二	同	本間大夫	雇員 七五〇 19 7 30	本間信夫 大五、一一、一七	有
18 10 23	宮城縣仙台市東六番町八八番地	仙台市国分町一五〇番地	本江仲江	雇員 七六〇 19 4 30	本江重三郎 大三、二、一三	有
17 5 18	愛媛縣宇摩郡豊岡村大字五良野三五四番地内第二	同	星川篤一	雇員 四六五〇 19 9 30	星川光代 大一四、三、一七	有

626 422 527

120

留守名簿

昭和[illegible]年一月十日調

マ

20.3.19 戦病死

年月日	部隊	本籍	留守担当者住所	続柄	留守担当者氏名	年	官等級・任官年月日	氏名・生年月日	有無	備考	
19.3.3	関東 防給 五三九	千葉県山武郡大和村大字高保一一九八番地	福岡県戸畑市西中原櫻町五ノ一	妻	松浦春子	大13	現薬中佐 三.9.30	松浦香雄 明三五.三.二〇	有		
17.12.20	中支 防給 一八、三、一七	埼玉県大里郡本郷村大字山本三〇一一番地	同	父	松本源太郎	昭14 昭19	衛伍 19.9.1	松本一郎 大八.三.一五	無	10810	492
18.5.1	南支 防給 一七、九、一〇	埼玉県大里郡衛土村大字[illegible]七三四	東京都王子区豊島町四ノ一〇	妻	松本きよ	昭11	補衛兵長 昭18.3.8	松本德太郎 大[illegible]	無	20.5.12	354
17.12.20	中支 防給 一八、三、一七	東京都小石川区高田老松町三五	東京都豊島区村田南町一ノ[illegible]	妻	松本とも	昭10	二補衛上 19.4.1	松本末治 大[illegible]四	無		285
18.2.4	豊橋 陸病 一七、一三、三八	福井県三方郡十村田上第十九号二三	同	父	前田金藏	昭16	二補衛上 19.9.1	前田敏夫 大九.三.一	無		218
19.11.21	近野砲 三聯隊 一九、六、五	埼玉県入間郡三芳野村大字紺屋五〇七	東京都本所区向島三ノ一九	妻	松永みよ	昭10	二衛一 19.12.1	松永昇 大三.一.三	無		795
18.8.25	二〇師 防給	鹿児島県大島郡亀津町亀津一一九二六	同	妻	益岡トシ子	昭11	一補衛上 15.4.9	益岡紫一 大五.二.二	無		

沖縄

121

マ

留守宅名簿

昭和二十年一月十五日調
部隊名 …… 鈴木部隊

戦死年月日	本籍（留守宅住所）	住所	留守宅担当者氏名	階級 官等級	官職 氏名 生年月日	有無	
19.9.26 南方 [illegible] 八、三一二	熊本縣玉名郡大原村大字肥猪二六二四	同	（印：沖縄）松本智太郎	昭19	補衛上 20.3.26 松本政次 大四一二一	無	20.5.12
17.12.1	東京都牛込區榎寺町三八	同	（印：沖縄）増田福子		技手 四19.9.20 増田恭四郎 明四三.九.二八	有	10810

122

マ

日付	本籍	住所	氏名	続柄	生年月日	氏名		番号
18.2.8	長崎縣南松浦郡三井樂町浜ノ畔一六七八番地	大阪市天王寺区南日東町二四 花畑方	（沖縄）松本サツ子	雇員 19.7.30	明三九.一二.一五	松本亀藏	有	240
19.4.18	富山縣富山市越前町一三七	大阪市東区南次家寺町一ノ二七 日章商事株式会社	（沖縄）松井マサ	傭人 19.9.30	昭四.三.二	松井健一郎	有	530
19.5.18	大阪市天王寺区東平野町三丁目二七番地	同	（沖縄）松谷松太郎	傭人 19.9.30	昭二.九.二三	松谷朝子	有	622
19.5.18	京都市上京区河原町通荒神口下ル上生洲町三三一番地	大阪市東成区鶴見橋東通一丁目	（沖縄）前田政吉	傭人 19.9.30	昭三.四.四	前田衣紅	有	621
19.5.18	京都市下京区唐橋門脇町六八番地	京都市下京区唐橋門脇町七八番地	（沖縄）丸岡勝作	傭人 19.9.30	昭三.三.三	丸岡芳子	有	603
19.5.18	京都市中京区壬生松原町六番地	同	（沖縄）牧吉太郎	雇員 19.9.30 五大五	大九.三.二五	牧宗次	存	691
19.5.18	兵庫縣神崎郡中寺村中村三九番地ノ一	尼崎市杭瀬堂後一三番地	（沖縄）村主トキエ	雇員 19.9.30 五大五	大三.二.三	丸井甚助	有	664

6092

第一十

123

マ

日付	前住所	住所	本籍	氏名	番号	職	届出日	世帯主等	生年月日		備考
8	大阪市此花区江成町二番地	大阪市此花区玉川町三丁目二一七番地	沖縄	前田恒一	六弐五〇	雇員	19.9.30	前田樽桃松	明四五.七.二	有	6092
1/3	和歌山縣東牟婁郡四村大字平治川一三三	和歌山縣新宮市王子区王子町五〇五	沖縄	松浦兼三郎	六一	雇員	19.9.30	松浦茂	大五.一二.一五	有	
10/23	鹿児島縣大島郡笠利村大字八九番地	大阪市港区八幡屋元町二丁目八五番地	沖縄	松元正	四九六二〇	傭人	19.9.30	松元忠雄	昭二.二.一〇	有	
17	大阪市北区芝田町一三番地	大阪市福島区吉野町三丁目三九番地	沖縄	木村信次郎	八七	雇員	19.9.30	前島善次郎	明三三.八.一	有	21.6.1退具17 23.2.17死亡(師結核) 国立大阪療養所
16	茨城縣新治郡国府村大字真家二六八九番地	東京都牛込区富久町大口番地	沖縄	真原以文子	七九	雇員	19.9.30	真原長之助	大五.一.一〇	有	
2/8	大阪市天王寺区筆ヶ崎八一	大阪市東成区大相町丁目四七	沖縄	増山清子	七三四〇	雇員	19.9.30	増山泰一	明三五.七.二八	有	6092
12	徳島縣那賀郡中野島村大字横見蛭子面三三		沖縄	丸池源大	七三	雇員	19.9.30	丸池岡藏	大五.三.一七	有	

184 233 152 195 293 251

124

召集解除 21年5月20日

19.3.3	関東軍防疫給水部 一五三九	千葉縣山武郡大総村大字福俵二九八番地	同	上	妻 松浦恭子		大13	三 現 18.9.30 薬中(大)佐	松浦春雄 明三五.三.二〇	有
17.12.20	東京	埼玉縣入間郡本郷村大字山口三〇二番地	同	上	父 松本郁太郎	昭14	昭19	豫 衛 19.9.1 伍	松本一郎 大八.三.二五	無
17.12.20	東京	東京都小石川區老松町三三番地	東京都豊島區高田南町一丁目三八番地		妻 松本とも	昭10		二 補 衛 19.4.1 上	松本末治 大四.四.一四	無
18.2.4	福井	福井縣三方郡□村田上管玲九號二三番地	同	上	父 前田金蔵	昭15		補 衛 19.9.1 上	前田敏夫	無
17.9.4	浦和	埼玉縣入間郡御正村大字押切七三四番地	東京都王子區豊島町四丁目一〇番地		妻 松本きみ子	昭11		補 衛 18.9.8 兵 伍	松本徳次郎 大五.九.二〇	無
	浦和	埼玉縣入間郡三芳野村大字紺屋五〇七番地ノ二	東京都本所區高島三丁目一九番地		妻 松永みよ	昭10		二 國 衛 19.6.15 二	松永昇 大三.一二.一三	無

20.4.11

21.6.20.

（警細50）

125

マ

19.5.18	19.5.18	19.5.18 20.8.21 戦病死	19.2.13
三重県南牟婁郡相野谷村大字尾井三七三	奈良県生駒郡筒井村大字本庄一四九番地	大阪市北区堂島中一丁目五番地	和歌山県田辺市神田町
十	同	同	同
沖縄 十三	沖縄 父 松岡申平	沖縄 父 松本豊太郎	沖縄 丸尾ふさ
雇員 松尾祥治 大四 19.5.18 明三六八八	雇員 松岡俊一 19.9.30 五九 大三、一九	雇員 松本良吉 19.9.30 大五、大二九	技手 丸尾辰美 五.20.2.9 大四、二、二七
有無	有	有	有

637 737

126

留守名簿

昭和二十年一月十日調
南方軍防疫給水部

項目	記入
編入年月日	19 9 12
前所属及其編入年月日	東京
本籍（在留地）	東京都西多摩郡大久野村三一三番地
留守担当者 住所	同
留守担当者 続柄	沖縄
留守担当者 氏名	宮田サタ
徴集年	大3
任官年	昭18
役種兵種官等級 俸給月額 発令年月日	豫衛少尉 18 7 30
氏名 生年月日	宮田伴蔵 明二七、一一、二五
留守宅渡 有無	有
留守宅渡 開始年月日	

127

19.10.15.
豊橋陸病
転属

留守名簿

昭和二十一年一月十五日調

ミミ						
18.5.1	17.5.5	17.12.20	17.5.5	19.9.17	19.9.17	17.5.5
南支 防給 一八一〇一三		中支 防給 一五五三	北支 防給 一五八二	近野 一一(?)号 一九七八	近野砲 一九七八	中支 防給 一五二三六
埼玉縣比企郡松山町市ノ川	青森縣西津輕郡大戸瀬村大字馬踏木字鹿ヶ崎古館八	栃木縣下都賀郡穂積村大字間中一五	山梨縣東山梨郡日下部町七日市場一三二	埼玉縣秩父郡尾田蒔村大字蒔田二八一二	埼玉縣大里郡森谷町字荒場二一〇番地	長野縣南安曇郡豊科町四八七四
東京都淀橋区西ヶ原町川二三	同	同	同	同	同	同
父	母	養父	父	父	母	妻
宮本作造	三浦しゅん	宮田徳三郎	水二高明	宮田政三	三ツ間イシ	水谷ヒサ江
昭10	昭15	昭12 [redacted]	昭14	昭10	昭11	昭14
						昭17
19.9.1	18.9.1	20.3.1	19.4.1	19.12.1	19.12.1	[redacted]
一補衛上	現衛上	一補衛長	一補衛上	二國衛一	二國衛一	衛曹
大四.一二.二〇	大九.九.二八	大六.一二.二三	大八.五.一六	大四.一.五	大六.一二.一五	大八.九.二六
宮本重右	三浦七郎	宮田多仲太	水上良一	宮田光晴	三ツ間二郎	水谷芳定
無	無	無	無	無	無	無
6092	6092	20.5.12				
174	86	281		799	798	14

128

ミ

留守名簿

昭和二十年十一月十日調

南方軍防疫給水部

年月日	部隊	本籍（在留地）	留守担当者住所	続柄	留守担当者氏名	徴集年	官等級・任官年月日	生年月日・氏名	新旧
18.5.1	南支防給 一七、九、一〇	神奈川縣愛甲郡小鮎村飯山四二一	同	父（沖縄）	見留海造	昭16	二補衛上 19.9.1	見留東作 大一〇、四、二	無
18.5.1	南支防給 一七、九、一四	東京都本所區東駒形三丁目五番地ノ二	東京都荒川區尾久町テ一八	沖縄	三木政吉	昭15	二補衛上 19.8.1	三木國雄 大九、一〇、二三	無
17.12.1		京都市左京區岡崎西天王町七四	東京都牛込區喜久井町二〇 保山荘内	妻（沖縄）	松田光子		技手 五17.12.1	三浦精 明三八、一一、一五	無
17.12.1		廣島縣[illegible]郡[illegible]町大字[illegible]四九七	大分縣宇佐郡豊川村	沖縄	宮地利彦		屬 四19.9.30	宮地廣 大三、三、一八	無
18.12.20		[illegible]	奈良縣生駒郡[illegible]大字谷田四[illegible]	妻（沖縄）	三好もと		[illegible]	三好[illegible]六郎 [illegible]	有
17.11.20	臨東一陸病 一七、一〇、一一	埼玉縣北埼玉郡種足村大字種足八五一	東京都江戸川區小松川三丁目[illegible]	妻（沖縄）	宮永とし子	昭17	現衛中尉 19.8.1	宮永久治郎 明四四、六、一	有
19.7.1	南方總司 一九、一、三〇	千葉縣安房郡平三村平蔵二一三四	静岡縣駿東郡御殿場町新橋一九七八ノ一	父（沖縄）	宮田元平	昭17 昭19	豫醫少尉 19.7.1	宮田澄 大四、一一、一八	有

20.5.12

372　374　141　170　221

129

留守名簿

昭和二十一、一、十

19.4.18	三重縣南牟婁郡五郷村寺谷七八番地	大阪市旭区赤林小路三丁目七八番地	沖縄 南英二郎	備 三、五〇人 19.9.30	南隆生 昭三、三、三	有
19.5.10	台湾台南州曽文郡麻豆街安業一九七	同	[illegible] 宮原一夫	六五、五〇 員 19.9.30	宮原永裕 大一、一、一	有
19.5.18	廣島縣佐伯郡大柿町大字柿浦一三五三	大阪市福島区福島中三丁目七五番地	沖縄 南順勇	備 四一、四〇人 19.9.30	南登志子 昭三、一、二四	有
19.5.18	島根縣安濃郡大手町大字波根西一三七番地四	大阪府堺市出島町一丁目一二〇番地	沖縄 三谷正明	備 四二、九〇人 19.9.30	三谷美和子 昭二、三、二九	有
19.5.18	福井縣今立郡鯖江町廣小路四五番地	京都市上京区御前通下立売上ル北町五七四	沖縄 三井三一郎	備 四一、四〇人 19.9.30	三井幸子 昭三、一、一八	有
19.1.19	東京都牛込区改代町三一	同	[illegible] 宮田トク	技手 四四、3、31	宮田浩 明四五、五、三	有
20.4.1						

130

三三

送

21.2.22 復

5.5	東京都西多摩郡五日市町小和田一七〇番地	同	沖縄 父	宮崎英助	雇員 七四 17.9.30	宮崎修一郎 大四、一〇、二七	有
18.10.23	神戸市湊東神田町九七番地	同	沖縄 父	宮本澤次郎	雇員 八五 18.10.23	宮本昌明 明四三、九、一〇	有
18.10.23	愛媛縣松山市清水町一丁目一七番地	大阪市西成区新開通四丁目	沖縄 妻	宮本久子	雇員 六五 19.9.30	宮本禎太郎 明四〇、二、六	有
18.10.23	東京都下谷区神吉町三一番地	東京都板橋区上板橋町五ノ五六五六番地	沖縄 母	[illegible]水野トク	雇員 五八 19.9.30	水野華子 大一二、一、一二	有
19.2.13	長野縣諏訪郡金澤村二五〇番地	同	沖縄 父	宮坂今朝太郎	雇員 七四 19.9.30	宮坂三男 大六、三、二	無
19.5.18	岡山縣勝田郡広野村大字河面四〇七番地一三	岡山縣勝田郡植月村東	沖縄 母	光井志げよ	雇員 五四 19.9.30	光井健治 大九、一〇、二〇	有
19.5.18	京都府相楽郡加茂町大字里小字東上田一六番地	同	沖縄 父	南川彌壽藏	雇員 五八 19.9.30	南川壽男 大一〇、五、一三	有

6092

昭和二十年一月十日調

740 754 385 ~~418~~ 416 400

131

ム

21.1.8
移至

留守名簿

昭和二十年一月十日調
[illegible]本部

留守担当者 氏名	住所	本籍	所属・年月日	召集年	官等級 兵科	氏名 生年月日	有無
沖縄 村井シズノ	朝鮮慶尚北道大邱府前町三〇	廣島縣豊田郡下北方村六〇九	北支 防給 五三、三三ノ一 17.5.5	[redacted] 昭14	陸醫大尉 昭三 19.9.15	村井豊一 大七、三、五	有
沖縄 村山榮次郎	同	千葉縣千葉市検見川五丁目二一八	中支 防給 五五、五元 17.12.20	昭8	補衛上 17.11.1	村山倉次郎 大三、二、二五	無
沖縄 向川工	同	福井縣坂井郡磯部村定重第七號一二番地	豊橋 陸 七三一二六 18.2.12	昭16	二補衛兵 19.9.1	向川秀雄 大一〇、一、二九	無
沖縄 村井友司	岩手縣盛岡市高崩一七	岩手縣盛岡市川原小路	19.2.28		技手 五19.9.30	村井芳夫 大三、一一、三〇	有

509

132

ム

18.4.17	奈良県添上郡□道村大●字石川三三九番地	同	沖縄	村井多嘉給	雇員 大八 19.9.30	村井正一 明四二、一〇、七	有
18.10.23	東京都下谷区入谷町四一二番地	東京都足立区千住旭町七四番地	沖縄	村越とよ	雇員 大五 19.9.30	村越昇次 明四五、一〇、一八	有
18.12.25	石川県江沼郡□谷村字吉提ル五四番地	京都市下京区東九条石田町	沖縄	村井傲子	雇員 八八 19.9.30	村井傳一郎 大五、一二、一六	有
19.5.18	大阪市浪花区恵比須町二丁目七九番地	大阪府布施市大平地七五番地	沖縄	村上信正	傭人 三五、四 19.9.30	村上静江 昭五、七、七	有
19.5.18	兵庫県飾磨郡鹿谷村新庄五二番地	兵庫県神崎郡中寺村恒屋	沖縄	坂口定一	傭人 四二、九 19.9.30	村上嘉子 昭二、八、四	有
19.5.18	岐阜市日野町一番ノ二	同	沖縄	村瀬春二	傭人 三八、七 19.9.30	村瀬春雄 昭四、四、七	有
19.5.18	和歌山県田辺市芳養町九四四番地	和歌山県田辺市芳養町一四三七番地	沖縄	村上長八	雇員 五三 19.9.30	村上健 大一二、一一、一一	有

昭和二十年一月十日調
南方軍防疫給水部

6092

753 768 609 610 411 133

モ

留守名簿

昭和二十一年一月十日調

所属部隊	年月日	本籍	留守担当者 住所	続柄	留守担当者 氏名	召集年	官等級	生年月日	氏名	配偶者	備考
留五六師 経理部 昭一六、八、九	18 8 15 (20、6、1 [illegible])	東京都麻布区龍土町一四	久留米市諏訪野町二四四四 一ノ三	妻	諸隈セイ	昭14	現主少佐	大二、一一、二九	諸隈保男	有	[illegible] 沖縄
南支 防給 一六、一二、二	18 5 1	山梨県南巨摩郡五箇村[illegible]三七九	同	父	望月徳藏	昭11	一補衛上 一七、九、一五	大五、九、二七	望月連二	無	沖縄
南支 防給 一七、三、一二	18 6 1 (21 5 24 復員)	山梨県南巨摩郡[illegible]村切石 四三二	同		望月千代志	昭13	一補衛兵 一九、九、一	大六、二、一九	望月幸雄	無	沖縄
兵 衛 一一七	19 8 30	佐賀県神埼郡曽根村上六八六					衛伍 [illegible]		森田耕平	無	沖縄 20.6.23

177

134

モ

留守名簿

18.3.8	横浜市神奈川区六角橋町一八八番地	同	沖縄 森川荘助	雇員 九一、 19.9.30	森川若一 明三七、六、一五、	有	225
17.12.20	福島県信夫郡飯坂町字十綱町	同	沖縄 諸本富治	雇員 七九、 19.9.30	諸本富雄 大二、一一、一三	有	525
18.4.17	神戸市灘区城内通三丁目七六二番地ノ二	大阪市港区四條通二丁目二二番地	沖縄 森山住江	雇員 六〇、 19.9.30	森山弘 大一一、二、二六	有	299
19.4.18	奈良県吉野郡越部一五七〇番地	大阪府中河内郡大美村字[illegible]一五六番地	沖縄 本谷真五郎	傭人 三八、七〇 19.9.30	本谷幸男 昭四、八、一	有	548
19.5.18	大阪市港区八幡屋松ノ町三丁目六一番地	大阪市港区七條通一丁目三山崎芳春方	沖縄 守山益恵	雇員 六四、 19.5.18	守山藤太郎 明三四、三、一八、	有	668
19.5.10	台湾台中州員林街萬年二六八番地	同	沖縄 張新西	雇員 五六、五〇 19.9.30	大一三、八、一三（張飛鳴） [redacted]	有	572
19.5.18	大阪市港区三寺町二丁目一〇番地	同	沖縄 森分萬一	雇員 六二、 19.9.30	森分重信 大五、一〇、八	有	587

昭和二十年一月十日調
南方軍防疫給水部

6092

135

七

留守名簿

昭和二十年一月十日 [illegible]

復員

19 5 18		大阪市北河内郡庭窪村大字大日旧大庭六番二五二	同	沖縄	望月安蔵	雇員 19 9 30 五七五〇	望月保夫 大一〇、三、二三	有	6092
19 5 18		京都府與謝郡[illegible]謝村字金屋二四四番地	同	沖縄	森垣正太	雇員 19 9 30 五六	森垣菊夫 大七、三、一八	有	
19 5 18	㊖ 復員	滋賀県犬上郡豊郷村大字四十九院八四五番地	滋賀県犬上郡豊郷村八目一一番地	沖縄	森野タメ	雇員 19 9 30 六〇	森野清一 大八、一、九	有	6092
19 5 18		大阪市大淀区白之出町三三二番地	大阪府南河内郡北八下村字河合五四六番地ノ一	沖縄	森口秀子	雇員 19 5 五六	森口俊夫 明四四、八、一六	有	
19 5 18		大阪市浪速区物町一三三三番地	大阪市大正区南恩加島町二八番地	沖縄	森伊八	傭人 19 9 30 四四四〇	森栄子 昭六、一一、七	有	

727 747 765 733 680

186

21 ヤ 復員

留守名簿

昭和二十年一月十日調

	1	2	3	4	5	6	7
年月日	19.7.1	17.6.5	17.12.20	17.6.5	17.12.20	17.6.5	18.5.1
	南方總司 一九一、三〇	歩兵第八〇聯隊 一〇一二九	中支防給 一五、二六六	歩兵第六〇聯隊 一五、一二一二六	中支防給 五、三六	中支防給 五二二二	南支防給 一六、一〇、二五
本籍（留守地）	大阪府堺市南休龍町西四丁一〇六五番屋敷	茨城県鹿島郡拝野村大字奥野谷六五一二	長野県北安曇郡中土村七二九一	京都府相楽郡相楽村大字相楽小字朝州二四	東京都神田区山本町一三	東京都八王子市天神町一二	山梨県北巨摩郡大草村下條西割六六二七
留守担当者 住所	大阪府堺市百舌鳥高町字芝一丁目	茨城県鹿島郡夜崎町東仲	同	奈良市西紀寺町二九	東京都向島区吾嬬町西四ノ二	同	同
続柄	沖縄	沖縄	沖縄	沖縄 父	沖縄	沖縄	上 父
氏名	山田由松	山本忠夫	山田信一	山田昇	山本素蔵	山崎安之助	矢崎喜
	昭17	昭14	昭14 [redacted]	昭15 [redacted]	昭14	昭12	昭15
	昭19	昭16	昭16	昭19			
	19.7.1 豫[illegible]少尉	三19.8.31 豫主書	四19.12.7 現衛曹	19.9.1 現衛伍	18.3.1 一補衛上	19.9.1 二補衛兵	19.9.1 一補衛上位
氏名 生年月日	山田早苗 大一〇、一、二八	山本義丈 大四、一一、一五	山田久米司 大八、六、二八	山田勲 大九、七、二七	山本量平 大八、二、二七	山崎桂一郎 大六、三、二七	矢崎三郎 大九、一、一
	有	無	無	無	無	無	無
					10810	6092	
		5	470	37	510	50	192

137

留守名簿

昭和二十年一月十日調

17.5.5	中支 防給 一六三、三七九	東京都荒川區西ヶ原町九七	同	沖縄	矢澤とく	昭12	二補衛上 19.4.1	矢澤大吉郎 大六.五.九	無	88
17.5.5	杭州 陸病 一六三 六〇一	和歌山縣西牟婁郡二秋津村	同	沖縄	山本一市	昭15	現衛上 19.4.1	山本伍市 大九.二.一〇	無	98
18.5.1	南支 陸病 二七九、一〇	神奈川縣津久井郡中野町中野一二五四	東京都杉並區高円寺四ノ八九	沖縄	八木千代	昭15	二補衛一 17.12.1	八木成之 大一〇.三.二七	無	371
19.8.1 19.12.13 於病死 ビルマ モールメン [illegible]	獨自來 三三作戦 八二一一	群馬縣吾妻郡岩島村大字[illegible]	同	沖縄	山野千代乃	昭9	二國衛一 長 19.2.10	山野正次 大三.一.一	無	於ビルマ、モールメン 第百六兵站病院
19.11.22	近野砲 第三野砲 井[illegible] 六三九	埼玉縣兒玉郡共和村今井四一七	埼玉縣兒玉郡本庄町本町一四	沖縄	矢部きみ子	昭12	二國衛一 19.12.1	矢部通造 大六.一.一三	無	794
17.12.20	中支 防給 一六、三三、七	東京都足立區千住柳町三〇	同	沖縄	山崎つね	昭14	二補衛上 19.4.1	山崎正 大八.一一.一〇	無	502
ヤ 19.1.17		三 神奈川縣愛甲郡愛甲村一六	横濱市中區野毛町三丁目七九 伊佐山方	沖縄	山本多嘉		技四 19.3.1	山本實 大二.五.四	有 6092	206.3 776

138

ヤ

留守名簿

昭和二十年一月十日 [illegible]

日付	本籍	留守宅住所	印	関係	留守担当者氏名	身分	本人氏名・生年月日	
18.2.8	大分縣別府市大字別府六一七番地	徳島市出来島本町 林佐吉方	沖縄		山田春江	雇員 六三 19.9.30	山田秀雄 大七.二.一二	有
18.4.17	大阪市此花区四貫島宮居町一一番地	大阪市此花区春日出町下一丁目一一番地	沖縄		山口健太郎	雇員 五七 19.9.30	山口月子 大一三.九.五	有
18.10.23（復員 2/）	滋賀縣神崎郡八日市町大字八日市二八七	大阪府北河内郡木林口町豊本番一丁目一四〇	沖縄		山田文七	雇員 四八.九〇 19.9.30	山田耕治郎 大一五.七.二四	有
18.2.8	大阪市東区瓦町五丁目二九番地	大阪府泉北郡高石町羽衣六二四番地	沖縄	父	山口八十松	雇員 六六 19.9.30	山口正巳 大六.一二.一七	有
18.2.8	長崎縣南松浦郡福江町福江郷三四八	秋田市楢山本新町二丁目六 綿引ミネ方	沖縄		山下コト	雇員 北二 19.9.30	山下仁 明三八.七.八	有
18.2.8	長野縣更級郡川柳村大字石川八三七五番地	大阪市東成区片江町三丁目六	沖縄	妻	柳澤カネヨ	雇員 九〇 19.9.30	柳澤諆 明三三.一〇.一三	有
17.7.16	栃木縣安蘇郡赤見村赤見二七四八番地	同	沖縄	兄	山根利市	雇員 八八 19.9.30	山根三五郎	有

153　222　254　418　302　262

139

〆

17.5.17	千葉県印旛郡旭村和良比〆九五番地	千葉県印旛郡旭村和良〆九五番地	沖縄 父	山口源次	雇員 〆三、五、一 19.9.30	山口武雄 明四三、一、六	有	6092
18.4.17	大阪市西淀川区浦江北三丁目一〇七番地	大阪市都島区中宮町一丁目五五六番地	沖縄 妻	山口ムツヱ	雇員 〆一、19.9.30	山口種三郎 明四一、七、二一	有	6092
20.4.10 第三七軍司令部 元、一、二〇	静岡県磐田郡磐田町中泉一三五〇	月	沖縄 妻	山田清子	船10 予備軍 三、19.3.1	山田恭平 大元、九、一〇	有	

323 180.

140

ヤ

留守名簿

昭和二十年一月十日編

南方軍防疫給水部

解雇 21.5.12

内地帰還 21.5.9

編入年月日	前所属及其編入年月日	本籍（在留地）	留守担当者 住所	続柄	留守担当者 氏名	徴集年／任官年	役種兵種官等級（傭人給与）発令年月日	氏名	生年月日	留守宅渡有無	年月日	
18.4.17		姫路市五軒邸一四三	兵庫県姫路市天神町五ノ一	父（沖縄）	山本観識		雇員 19.二九 9.30	山本章	大三.二.一九	有		276
18.5.26		新潟県三島郡桐島村大字野崎二七五ノ乙	大阪市福島区海老江上三丁目四五	夫（沖縄）	野田勇		雇員 19.六五 6.30	山崎泰五郎	明三三.一二.三一	有		
19.4.18		岡山県邑久郡国府村大字磯上九六九	同	父（沖縄）	安木富太		傭人 19.三八七 9.30	安木敦夫	昭四.三.二一	有	21.5.30	543
19.5.18		東京都本所区緑町四丁目一三ノ一	埼玉県北足立郡鴻巣在村権現堂	妻（沖縄）	山下コト		雇員 19.六〇 5.18	山下仙寿	明四四.七.一八	有	6092	647
19.5.18		大阪市福島区上福島四丁目六九	岡山県鐘蔵井市新町二〇六八（妹尾秀勝方）	妻	八部稍子		雇員 19.六二 9.30	八部徳蔵	明四四.二.七	有		529
19.5.18		鹿児島県姶良郡隼人町東郷八三五	神戸市林田区常盤町一ノ四（末福新之助方）	父（沖縄）	山本（元）保蔵		雇員 19.六〇 9.30	山元格	大八.九.二	有	6092	703
19.5.18		島根（鳥取）県東伯郡市安町大字下伊勢五六〇	同	妻（沖縄）	山口まつ乃		雇員 19.五八 9.30	山田百蔵	大三.三.四	有		656

141

復員22

ヤ

留守名簿

昭和二十年一月十五日調

[illegible]

年月日	本籍	留守担当者住所	続柄	留守担当者氏名	役種・兵科・官等・給料	氏名・生年月日	留守宅渡	備考	
19.5.18	三重県河芸郡豊津村一〇三五ノ二	同	妻	山野春美	雇員 五八〇〇 19.9.30	山野武雄 明四五.二.一〇	有	6092	661
19.5.18	京都府竹野郡網野町字下岡村一一九四	大阪府豊能郡南豊島村字穂積九〇七	妻	山下房子	雇員 六〇〇 19.9.30	山下豊 大六.八.一八	有		726
19.5.18	東京都大島村[redacted]波浮港村三	兵庫県津名郡求野村斗ノ内（番口方）	兄	八島達夫	雇員 五六〇〇 19.9.30	八島藤三 大九.七.二六	有		674
19.5.18	福岡県直方市大字直方四三〇	福岡県若松市浜ノ香町四丁目五（重元アヤ方）	叔母	重元アヤ	雇員 五八五〇 19.9.30	山本久雄 明四五.三.一九	有	6092	681
19.6.18	静岡県加茂郡仁科村安一二二三	同		山本仮助	傭人 四二九〇 19.7.30	山本千代 昭二.九.七	有		632
18.4.17	福井県大野郡庄谷村矢戸口三三号ノ三三	大阪府三島郡春日村字中穂積一四二（岸田勇次郎方）	妻	山口モトエ	雇員 六八〇〇 19.9.30	山口長五郎 大三.三.一五	有		329
18.4.17	和歌山県日高郡南部町大字南道八	兵庫県城崎郡香住町（西口勇一方）	妻	谷田良ぶき	雇員 六八〇〇 19.9.30	谷田良義礼（ヨシノリ） 大元.八.一〇	有		376

142

ヤ

解除 21.5.31

留守名簿

昭和　年　月　日　第　編
南方軍防疫給水部

項目	1	2	3	4	5	6	7
編入年月日	19.5.18	19.5.18	19.4.18	19.4.18	19.2.13	20.1.15	20.1.15
前所属及本編入年月日							
本籍（在留地）	三重県阿山郡西柘植村大字柏野二一七三	和歌山県伊都郡高野町花坂二三三	山口県美祢郡大嶺村字四郎ヶ原	大阪市西淀川区大和田町五五一	福島県郡山市字菜根屋敷之一	新潟県中蒲原郡橋田村大字橋田四五九	新潟県中蒲原郡橋田村大字橋田四五九
留守担当者 住所	同	同	大阪府布施市下小阪六九七	尼崎市竹谷町三丁目九八	同	新潟県東蒲原郡鹿瀬村昭和電工社宅イ五号	同
続柄	父	母	母	父	兄	妻	妻
氏名	山本庄八	山本スミエ	提原良子	山崎大平次	柳沼正治	山崎チイ	山崎トミノ
徴集年							
任官年							
役種兵種官等級 傭人命課 発令年月日	雇員 五四五 19.7.30日	傭人 五四九 19.7.30日	傭人 三二四 19.7.30日	傭人 四三二 19.9.30日	技手 六 20.2.9	雇員 六五 20.1.15	雇員 六〇 20.1.15
氏名	山本隆義	山本カツエ	山本光夫	山崎[illegible]	柳沼定男	山崎正雄	山崎常雄
生年月日	大七.二.一三	大九.七.一七	昭七.一.二	昭三.八.三	大四.四.一九	大二.五.四	明四〇.五.三一
留守宅渡 有無	有	有	有	有	有	有	有
[illegible] 年月日				6092			

（沖縄 印）

532　535　613　665

143

1

保史

留守名簿

昭和二十年一月十日調
南方軍防疫給水部

編入年月日	18.12.16	17.12.20	18.2.4	20.4.10
編入前所属及其編入年月日	独歩四五大 一七.一〇.五	中支防給 五.一二.八	豊病 一七.五.六	才三七軍司令部 一九.一〇.九
本籍（在留地）	東京都日本橋区通三丁目八番地	埼玉県北足立郡尾間木村大字尾一一二九〇	三重県志摩郡磯部村大字恵利原一三一〇	福島県南会津郡荒海村大字中荒井字桑木原一一〇五
留守担当者 住所	東京都渋谷区八幡通一丁目三番地	同	同	同
続柄				
氏名	湯澤捨子	弓削田喜作	結城留蔵	弓田力三
勅任 奏任 年 年	昭17 昭17	昭14	昭16	昭16
役種兵種官等 等級 俸給額 発令年月日	豫醫中尉 三19.9.15	一補衛上 18.3.1	二補衛上 20.3.1	現医大尉 三19.12.1
氏名 生年月日	湯澤健児 明三三.二.六	弓削田義雄 大八.二.三	結城修 大九.一二.二〇	弓田力 大七.七.九
留守宅通報ノ有無	有	無	無	有
留守通報年月日		10801	20.5.12	

207　498

沖縄

144

工

留守名簿

昭和　年　月　日編
南方軍野戦給水部

編入前部隊及編入年月日	本籍（府県）	留守担当者 住所	続柄	氏名	階級	役種兵種官等 発令年月日	氏名 生年月日	留守宅渡 有無
19.5.10	台湾台北州基隆市龍川町四四	同	父	游明恨	雇員	五六.〇〇 17.9.30	游錦漳 大四.六.七	有
19.5.18	大阪府吹田市大字垂水六一二	栃木県足利市巳通二三三七	父	由上三蔵	雇員	五七.〇〇 17.9.30	由上正典 大四.一〇.二	有
19.5.18	兵庫県揖保郡林田村八幡六〇一	同	兄	幸長利一	雇員	五五.〇〇 17.9.30	幸長春二 大四.五.二八	有

228　711

145

ヨ

留守名簿

昭和二十年一月十日調
南方軍防疫給水部

項目	1	2	3	4	5
編入年月日	17.12.20	17.5.5	17.5.5	19.8.1	18.9.1
前所属及其編入年月日	中支防給 両五二	南支病 六七宮	第五鬼[illegible] 輸送本部 六五二	獨自第三四中 八二三	
本籍（在留地）	福岡縣三池郡三池町大字今山四三二ノ一二	愛知縣中島郡今伊勢村大字本神戸二三三	北海道空知郡山部村字山部西一九線五	茨城縣結城郡結城町大字結城三三三一ノ一	新潟縣中頸城郡橋田村大字居上甲三六七
住所	福岡縣田川郡[illegible]村三菱炭坑局見町	同	同	東京都葛飾區本田立石町二〇 協栄荘内	同
續柄	沖縄	沖縄	沖縄	沖縄	沖縄
留守担当者氏名	吉田修一	吉田伊三郎	吉田巳三郎	吉田健吾	吉井静策
徴集年	昭11	昭18	昭18	昭11	—
任官年	昭18	昭19			—
役種兵種官等 傳令給等 發令年月日	現衛 伍 19.8.1	豫衛 伍 19.4.1	二補衛 伍 20.4.3.8 1.1	二國 軍 19.2.10	技手 五 19.9.30
氏名 生年月日	吉田博 大五.六.一	吉田作治 大七.七.二	吉田兆三郎 大六.一.二九	吉田昌進 大五.二.二八	吉井策三郎 大二.七.二二
留守宅渡 有無	無	無	無	無	有
留守宅渡 年月日			20.5.12	6092	

785　5人　61

146

留守名簿

ヨ

	1	2	3	4	5	6	7
入隊年月日	18.4.17	18.4.17	18.3.8	19.5.10	19.5.18	19.5.18	19.5.18
本籍（在留地）	大阪市西淀川区西家本町一丁目五三	京都府与謝郡宮津町字波路二二二九	奈良県生駒郡[illegible]山町大字西岡六六	台湾台北州基隆郡[illegible]庄石[illegible]字石店八三	大阪市西区九条通三丁目六一	大阪市阿倍野区天王寺町三三六五ノ一	兵庫県加古郡神野村神野九一七ノ一
留守担当者 住所	同	大阪府吹田市城前町一三九三	奈良県山辺郡三階臺村荒蒔	同	同	同	同
続柄	[illegible]（印：沖縄）	父（印：沖縄）	叔（印：沖縄）	父（印：沖縄）	母（印：沖縄）	父（印：沖縄）	父（印：沖縄）
氏名	吉田郁子	餘諸和夫	森杉克裕	余[illegible]頭	吉田政枝	吉川市三郎	善本松治郎
兵種 官 年							
役種 兵種 官等級 発令年月日	雇員 七〇〇 17.9.30	雇員 六八〇 17.9.30	雇員 六三〇 17.9.30	雇員 五六.五〇 17.9.30	傭人 三八.四〇 17.9.30	傭人 四六.五〇 17.9.30	傭人 四四.四〇 17.9.30
氏名 生年月日	吉田正一 明三九.一〇.二八	餘諸和子 大八.一.二四	吉田文雄 大六.五.一三	余標容 大一三.七.五	吉田みさ子 明四四.一.一四	吉川末子 大四.七.九	善本七女子 大一五.三.一〇
[illegible]	有	有	有	有	有	有	有
	316	293	258		607	630	617

年 月 日 南方[illegible]總本部

147

ヨ

留守名簿

昭和二十年一月十日調
南方[illegible]

項目	629	606	673	579
編入年月日	19.5.18	19.5.18	19.5.18	19.5.18
前所属及其編入年月日				
本籍（在留地）	鳥取縣米子市祇園町三丁目六二	京都市上京区[illegible]東入[illegible]備前町三三七	兵庫縣多可郡杉原谷村山野部三八三ノ一	大阪府三島郡[illegible]村大字[illegible]一五三四
留守担当者 住所	鳥取縣米子市道笑町四九	同	兵庫縣多可郡[illegible]四七七	同
留守担当者 続柄	父	父	父	父
留守担当者 氏名	荒木清太郎	吉村[redacted]竹之助	遠藤信太郎	吉里新七
歳 任 / 集 官 / 年 年				
役種兵種官等級 俸給額 発令年月日	傭人 四八.七五円 19.9.30	傭人 三八.四〇円 19.9.30	雇員 五八.〇〇円 19.9.30	雇員 五五.〇〇円 19.9.30
氏名 生年月日	吉留松子 大三.一一.一	吉村民子 昭五.三.五	吉井喜雄 大三.八.二九	吉里昇七 大八.一〇.一六
留守宅渡 有無	有	有	有	有
留守宅渡 開始年月				

沖縄 沖縄 沖縄 沖縄

148

ラ

留守名簿

昭和二十一年一月十日調
南方軍防疫給水部

編入年月日	18.5.10
前所属及其編入年月日	
本籍（在留地）	台湾台北州基隆郡貢寮庄田寮洋字老蘭七一
留守担当者 住所	台北州宜蘭郡礁溪庄七結四七
續柄 氏名	藍錦隆
徴集年 任官年	
役種兵種官等級 俸給 発令年月日	雇員 五〇〇 18.9.30
氏名 生年月日	藍慶全 大四.九.四
留守宅渡有無	有
留守宅渡修正年月日	

沖縄

149

留守名簿

昭和二十年一月十日調
南方軍防疫給水部

編入年月日	前所属及其編入年月日	本籍（在留地）	留守担当者 住所	続柄	氏名	役種兵種官等級俸給発令年月日	氏名	生年月日	留守宅渡ノ有無
19.5.10		台湾高雄州旗山郡美濃街美濃四二	同	父	劉丁来	雇員 五九.五〇 19.9.30	劉春上	大一三.三.二一	有
19.5.10		台湾台北州七星郡士林街社子三角埔一一二	同		李根樹	雇員 五六.〇〇 19.9.30	李曾得	大一四.一一.一六	有

150

ロ

留守名簿

昭和二十年一月十日調
南方軍防疫給水部

項目	記入
氏名	呂榮珍
生年月日	大六、一二、二八
留守宅送金有、無	有
留守補修年月日	
役種兵種官等級 俸給 発令年月日	雇員 19.9.20
徴集年・任官年	
留守担当者 住所	台湾新竹州新東郡新東街上坪一〇二
留守担当者 続柄	父
留守担当者 氏名	呂阿朗
本籍（在留地）	台湾新竹州新竹郡関西庄石岡子三七
編入前所属及其編入年月日	
編入年月日	19.5.18

（印）沖繩

ロ

151

7

復員 21 5 19

留守名簿

昭和二十年一月一日調

南方軍防疫給水部

編入年月日	17 12 20	17 12 20	18 5 1	17 12 12	18 8 25	19 9 27	19 9 27
前所属及其編入年月日	中支防給 西一〇三	中支防給 五一、三六	南支防給		二〇師 一野病	二〇師 野砲	三〇師 野病 一八九二
本籍（在留地）	栃木縣那須郡下江川村大字下川井四六二	東京都向島區吾嬬町西四之一三	山梨縣北巨摩郡旭村上條北割	茨城縣久慈郡世矢村大字大橋九六	香川縣高松市三條町二九五	長崎縣壹岐郡勝本町大字可須西戸觸八七	静岡縣沼津市今澤一二四
留守担当者 住所	同	同	同	同		同	同
續柄	沖縄	沖縄	沖縄	沖縄	沖縄	沖縄	沖縄
氏名	和久健一郎	和田亀吉	渡邊新利	和田菊松		勝山倉太郎	渡邊治作
徵集年	昭12	昭11	昭15		[redacted]	昭11	昭17
任官年	昭19	昭19			昭12		
役種 兵種 官等 級 俸給額 發令年月日	豫衛伍 19 4 1	豫衛伍 19 4 1	補衛長	技手 六 19 4 15	現衛曹	豫衛軍一 19 12 31	二補衛一 18 11 25
氏名 生年月日	和久平助 大六、一一、六	和田四郎 大五、六、二〇	渡邊末男 大九、二、二六	和田隆男 大二、六、二〇	勝行雄	勝山勝 大五、七、二八	渡邊昌俊 大一一、八、七
留守宅渡 有無	無	無	無	有	無	無	無
留守宅渡 額 年月日			20.5.12				

191 270 481

0

152

ワ

留守名簿

昭和二十年一月十日調

南方軍野戦貨物廠

編入年月日	前所属ヨリ転属編入年月日	本籍（在留地）	留守担当者 住所	留守担当者 続柄	留守担当者 氏名	官等級 集年	役種・兵種・官等・級・給・俸給・命令年月日	氏名 生年月日	留守宅渡 有無
18.5.25		茨城県真壁郡騰波ノ江村大字下新田八〇三	東京都葛飾区亀有町五ノ一五〇	妻	渡辺文子	—	雇員 八〇〇 17.9.30	渡邊傳 大六.五.三	有
18.7.8		大阪府南河内郡富田林町字新堂一二一〇	同	兄	川本一己	—	雇員 七四〇 17.9.30	和田義一 明三四.三.一〇	有
18.7.8		福岡県京都郡豊津村大字豊津一二七八	大阪府豊能郡庄内町荘江三二〇	妹婿	景山精蔵	—	雇員 七〇〇 17.9.30	和田清夫 明四三.一二.五	有
18.10.23		兵庫県神戸市葺合区生田町四丁目三二ノ一	兵庫県神戸市葺合区生田町四丁目二番屋敷ノ三	妻	和田ニキ子	—	雇員 八五〇 17.9.30	和田俊次 明四四.三.九	有

241 ~~238~~ 236

158

7

留守名簿

入所年月日	本籍・留守担当者住所氏名	職名・入所年月日	氏名・生年月日	
19.5.18	岡山県苫田郡上加茂村大字山下三七七ノ一地 奈良県磯城郡多武峰村字横[illegible]植石方 渡瀬美代子	雇員 七〇〇 17.5.18	渡瀬力男 明四五.三.五	有
19.5.18	栃木県上都賀郡清洲村大字本郷八三四ノ二 滋賀県大津市[illegible]中庄町三ノ八 和賀井ふく	雇員 六八〇 17.5.18	和賀井丑夫 明三八.六.七	有

719　642

154

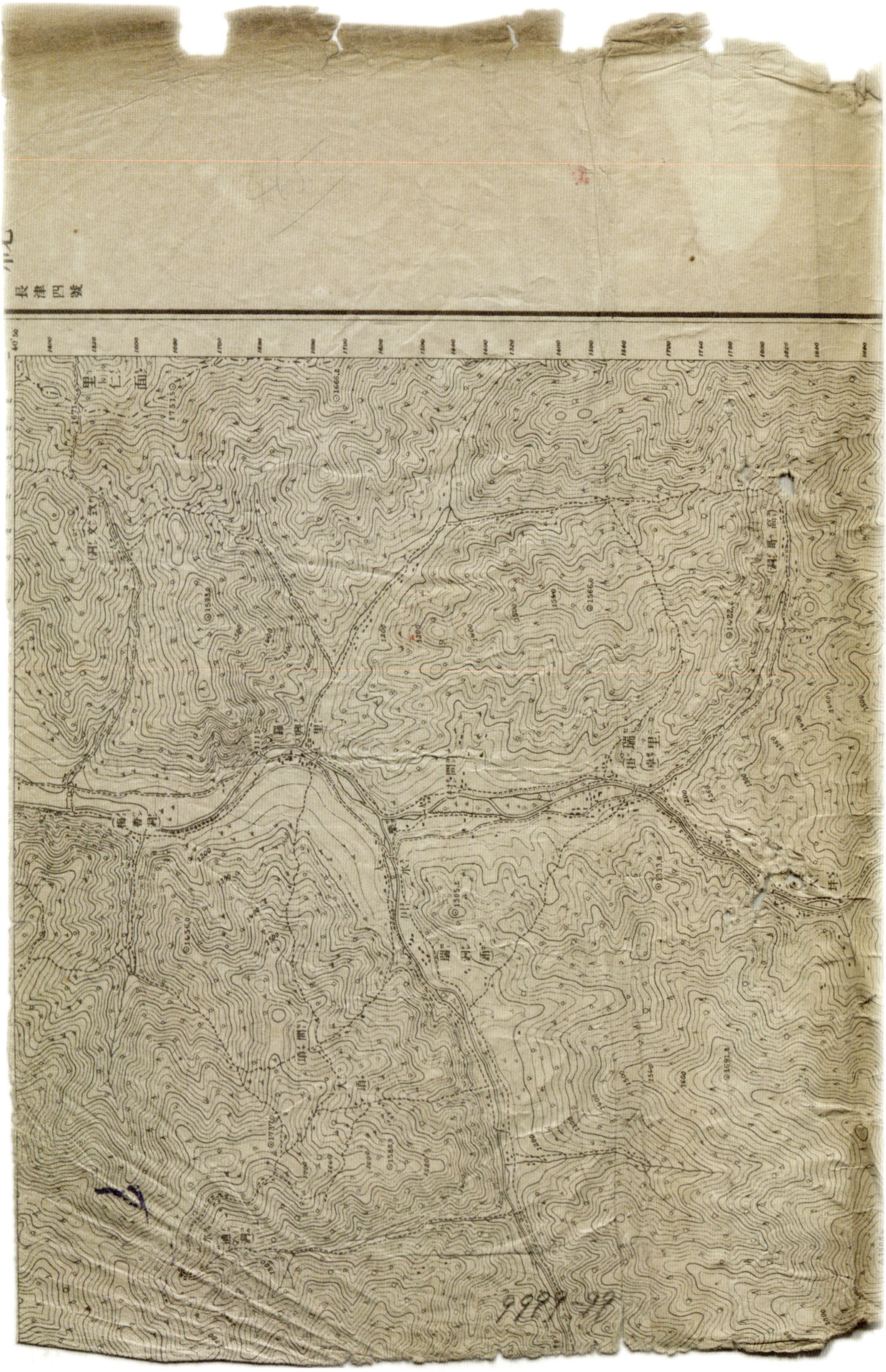
長津四號

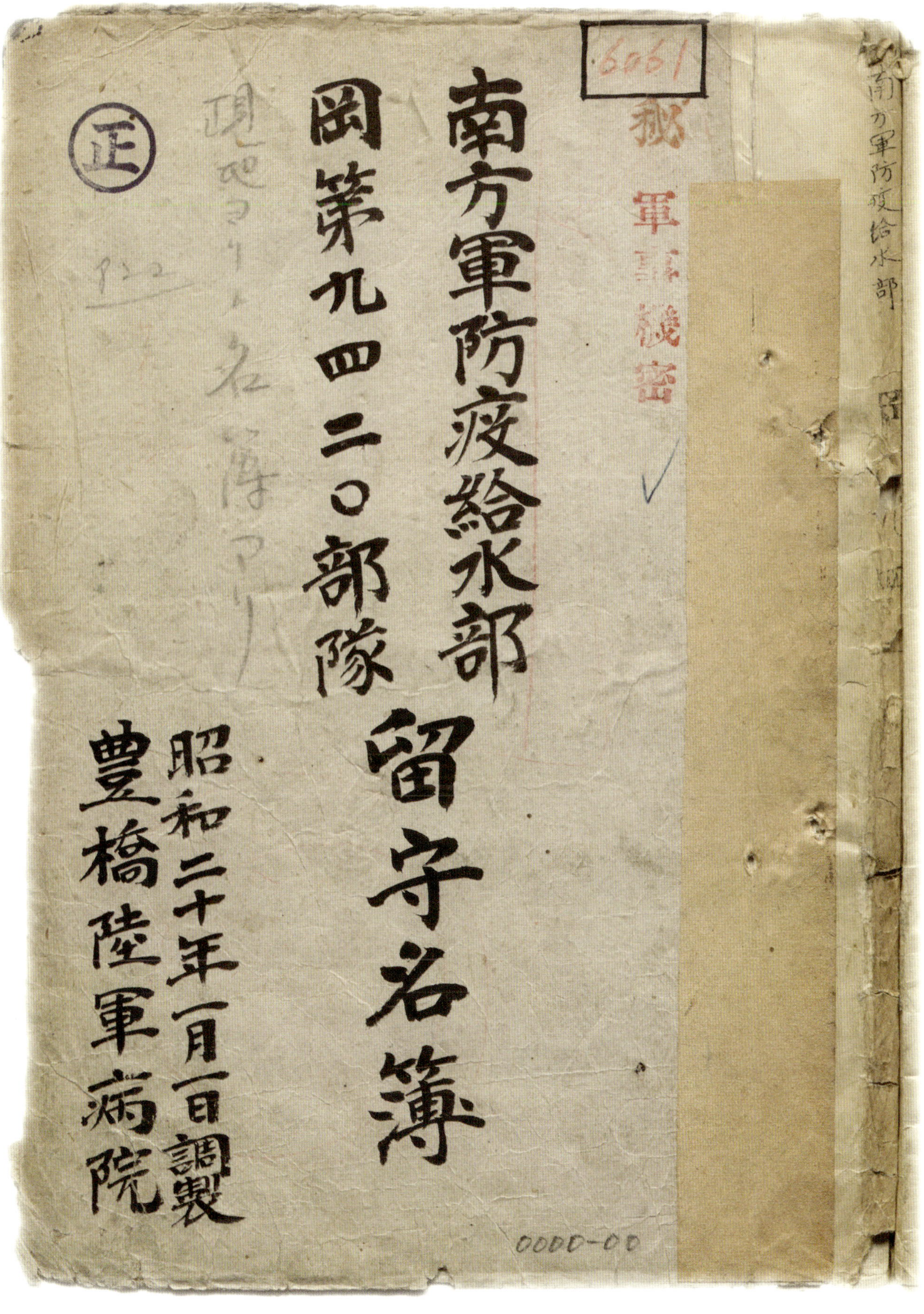
6061

秘

軍事機密

南方軍防疫給水部

岡第九四二〇部隊

留守名簿

昭和二十年一月一日調製

豐橋陸軍病院

正

現地ヨリノ名簿アリ

0000-00

秘

ア

南方軍防疫給水部留守名簿

昭和廿十年一月一日

召集解除 21年5月20日

編入年月日	前所屬及本籍地 其編入年月日	本籍地（在留地）住所	留守擔當者 續柄	留守擔當者 氏名	徵集年	任官年	役種兵種官等級 並給等給 傳令年月日	氏名 生年月日	留守宅ノ有無	補修年月日
17.5.5	和歌山	和歌山縣東牟婁郡勝浦町四六九番地	同上	父	阿部藏之助	昭13		二補衛上 17.12.1	阿部芳雄 大六.一三.九	無	
17.5.5	東京	東京都世田谷區松原町一ノ七八五	東京都淀橋區西大久保一丁目土百四番地	母	安藤とく	昭14		補衛長 18.9.1	安藤鎌吉 大八.三.五	無	
5	獨立混成第十三旅團砲兵隊 一五.一.二四	滋賀縣資飯郡八幡村大字千両九三番戸	同上	父	浅井秀次郎	昭14		現衛上 16.10.1	浅井七郎 大八.二.七	無	21.6.20.
	高松	香川縣三豊郡仁尾町大字仁尾八六四番地	同上	父	浅野房吉	昭15		現衛長 19.9.1	浅野一義	無	
17.12.20	東京	東京都南多摩郡鶴川村大字金井二〇四	同上	父	秋本直次郎	昭14		三豫衛軍 18.3.1	秋本佳里	無	
17.12.20	長野	長野縣小縣郡縣村大字四中	同上	姉	浅川たけ子	昭10		補衛長 19.9.1	浅川良喜 大四.一三.一	無	20.4.11.
17.12.20	横濱	神奈川縣足柄下郡真鶴町六二九	同上	母	青木すゑ	昭12	昭19	豫衛伍 19.9.1	青木眞次 大六.一二.二	無	
18.2.4	静岡	静岡縣濱名郡舞坂町舞坂一九〇六番地ノ一	東京都荒川區南千住町一丁目五三番地	義父	天野藤勝	昭15		補衛上 18.1.11	天野安之	無	

（愛知50）

1

秘

21年5月10日

21.5.17

南方軍防疫給水部留守名簿

昭和二十年一月一日

編入年月日	編入前所屬及共編入年月日	本籍地（在留地）	留守擔當者住所	續柄	留守擔當者氏名	徵集年	任官年	役種兵種官等級並等給俸給月額發令年月日	氏名	生年月日	留守宅渡ノ有無	留守補給年月日
18.3.4	京都	京都府天田郡上豊富村字御榎原	福知山市仲ノ町一七番地ノ二	文	足立亀吉	昭16		補衛一 18.3.1	足立一井		無	60年2
17.12.20	前橋	郡馬縣佐波郡釆女村字五六七	同上	文	明石茂三郎	昭14		補衛上 二 17.9.1	明戸高藏	大七.七.一	無	
5.5	輜重兵第五聯隊 一六.六.三	東京都京橋区湊町三丁目九番地ノ一	青森市長島[illegible]三三番地 工藤ヒデ方	妻	秋吉すみ子	昭13	昭15	現主計准尉 二 18.9.30	秋吉清一	大六.三.九	有	20.6.11 21.6.20
	南支那防疫給水部 一四.二.一	東京都渋谷区千駄ヶ谷五丁目一九八番地	台南新豊郡永康庄[illegible]三五九番地	文	荒川今三郎	昭12	昭14	現衛曹 二 18.12.31	荒川榮二郎	大七.九.八	有	
	浦和	埼玉縣秩父郡尾田蒔村大字蒔田一九四七	同上	文	青木宜豊	昭12		豫衛 二 19.8.1	青木光治	大六.二.五	無	20.6.11
	東京	東京都日本橋区濱町三丁目一三番地	東京都荒川区尾久町三丁目五四	文	荒井修一郎	昭13		補衛長 19.6.1	荒井輝房	大六.八.五	無	
	千葉	千葉縣山武郡緑海村松ヶ谷三一三五番地	同上	文	秋葉惣八	昭12		補衛上 17.1.1	秋葉留雄	大六.六.一八	無	
	福井	福井縣吉田郡東藤島村間山[illegible]七三	同上	文	天谷次郎左エ門	昭8		現衛二	天谷治一		無	

（參知50）

部隊

2

秘

召集解除 21年5月20日

南方軍防疫給水部留守名簿

昭和二十年一月一日

編入年月日	編入前所屬及其編入年月日	本籍地（在留地）	留守擔當者 住所	留守擔當者 續柄氏名	徵集年	任官年	役種兵種官等級並俸給月額發令年月日	氏名 生年月日	留守宅渡ノ有無	補修年月日
	横濱	神奈川縣横濱市港北區新田村新羽四三九	同上	妻 秋本みの	昭10		補衞上 19.9.1	秋本清一	無	
	浦和	埼玉縣比企郡大河村腰越七七	埼玉縣大里郡幡羅村大字國済寺五六四	兄 安野郁吉	昭11		二國衞二 19.6.15	荒井米造 大五.九.二七	無	
7.25	卅	愛知縣西春日井郡楠村大字如意二〇六九	同上	父 安藤善治	昭15		一補衞上 17.9.1	安藤善一 大七.六.一五	無	21.5.22
	軍醫學校	宮城縣宮城郡根白石村小角	宮城縣黒川郡富谷村富谷字町八九	母 相澤けさよ			雇員	相澤富雄	有	
	軍醫學校	福島縣田村郡巌江村白岩	同上	父 青山昇			雇員	青山勇	有	
17.7.1		東京都牛込區弁天町三十一番地	千葉縣船橋市本町一丁目一三三番地	妻 天野りさ			依願免本官（20.8.3） [illegible] 九〇円	天野小文治 明三三.三.一九	有	20.6.26
17.12.20		長野縣長野市大字鶴賀南千歳町八四九	同上	母 青木くら			雇員	青木保	無	
18.4.17		京都府京都市上京區今出川通烏丸東入相國寺門前町六三七ノ二		妻 青山あい			技手 ~~雇員~~ 六級俸 20.2.9	青山章夫	有	20.6.26

（甲第50）

3

戸

21.5.20 召解

召集解除 21年5月20日

南方軍防疫給水部留守名簿

昭和二十年一月一日

項目	1	2	3	4	5	6	7	8
編入年月日	18.4.7	19.5.18	19.5.18	19.5.18	18.4.7	18.12.25	19.5.8	
前所属及共編入年月日								
本籍地（在留地）	鳥取縣西伯郡逢坂村栢河原	鳥取縣東伯郡灘手村大字谷四四番地	兵庫縣尼崎市西字南開七三四番地ノ一	鹿児島縣薩摩郡鶴田村神子五七三七番地	愛媛縣宇和島市本町二六番地	埼玉縣秩父郡倉尾村大字日尾一五一七番地	京都府竹野郡間人町二五四番地ノ一	
留守住所	大阪市都島区都島中通三丁目一二番地	鳥取縣気高郡青谷町大字青谷三九七五	同上	大阪市阿部野区丸山通り三丁目一三〇番地	愛媛縣八幡浜市松柏乙一〇三品	靜岡縣浜松市八幡町五五 田代福次郎方	京都府中郡峰山町杉谷區	岐阜縣吉城郡上宝村藏柱
留守擔當者 續柄	義兄	妻	妻	妻	母	妻	父	叔父
留守擔當者 氏名	勝見文三郎	明星すゑ子	逢野ムメ	有村こノ	有馬リカ	新井千代子	東平助	水利木寅吉
徴集年								
任官年								
役種兵種官等級並俸給	雇員	雇員	雇員	雇員	傭人	技手 雇員 五級俸 20.2.9	雇員	看護婦
氏名 生年月日	足立武雄	明星譽美	逢野利喜男	有村知衛	有馬彦能	新井藏吉	東義三郎	東井こズエ
留守宅ノ有無	有	有	有	有	有	有	有	有
補修年月日				21.6.20		20.6.24		

（愛知50）

4

南方軍防疫給水部留守名簿

昭和二十年一月一日

秘

氏名 / 生年月日	留守宅渡ノ有無	役種兵種官等級 / 俸給	留守擔當者 續柄 氏名	住所	編入前所屬及本籍地（在留地）	編入年月日
東茂之	有	雇員	妻 東ヤイ	富山県西礪波郡子撫村法楽寺一三二一番地		
荒武時平 大元、一一、一七	無	技手 五級俸 19.1.17	兄 荒武綱人	同上	宮崎県南那珂郡細田町大字秋之山領四九七六番地	19.1.7
安達謙吉	有	雇員	父 安達輝彦	台南州斗六郡斗南街		
藍沢弘行	有	雇員	兄 藍錦隆	同上	台北州宜蘭郡礁渓庄四七	
阿部[illegible]雄		衛[illegible]	父 阿部藏之助	和歌山県東牟婁郡和歌山県東牟婁郡長野村	和歌山県東牟婁郡勝浦町	

召集解除 21年5月20日

召集解除 21年5月20日

重複削除

重複削除

21.6.20.

21.6.20.

ア

（要如50）

5

イ(井)

召集解除 21年5月20日

召集解除 21年5月20日

21.5.21 召解

南方軍防疫給水部留守名簿

昭和二十年一月一日

編入年月日	編入前所屬及共編入年月日	本籍地（在留地）	留守擔當者住所	續柄	留守擔當者氏名	徵集年	任官年	役種兵種等級並給與月額任官年月日發令	氏名生年月日	留守宅渡ノ有無	補修年月日
17.5.5	新潟	新潟縣中頸城郡直江津町大字直江津七三四番地	同上	父	五十嵐竜次郎		✓	豫薬中尉 二二 18.7.15	五十嵐正一	有	20.4.11
	富山	富山縣西礪波郡五位村上向田石動一九四七番地	同上	父	井村甚太郎		✓	豫醫中尉 三 19.9.15	井村東司三	無	20.4.11
			大阪市西成区鶴見橋北通一丁目七番地	父	石野松治		✓	豫醫少尉 19.7.1	石野喜與司	有	6092
17.5.5	上海第一陸軍病院 一六.七.二五	群馬縣山田郡大間々町大字桐原七八三番地四	同上	母	石原トヨ	昭15		現衛一 19.9.1	石原米雄 大九.九.二三	無	
17.5.5	上海第一陸軍病院 一六.七.二五	宮城縣石巻市石巻住吉町一ノ二九番地	同上	父	石田榮藏	昭15		現衛上 19.9.1	石田繁 大九.一.七	無	
5.5	上海第一陸軍病院 一六.七.二五	長野縣長野市大字宇木三九六番地	同上	父	飯嶋孫一	昭15		現衛上 18.12.1	飯島利雄 大九.七.一	無	21.6.20
5.5	歩兵第六十七聯隊 一四.一二.一	奈良縣宇智郡阪合部村大字大野四番地	同上	父	井上常三郎	昭14		現衛長 19.9.1	井上勘四郎	無	21.6.20
17.5.5	宇都宮	栃木縣塩谷郡大宮村大字大宮一九七六番地ノ二	同上	父	石川末吉	昭11		豫衛軍 二 19.3.31	石川市	無	

(愛知150)

6

秘

21.5.12 後送　21.5.12 解雇　召集解除 21年5月20日　21.5.12 後送　21.3.20 印度支那司令部

南方軍防疫給水部 留守名簿

昭和二十年一月一日

編入年月日	編入前所屬及本籍地	（在留地）住所	留守擔當者 續柄	留守擔當者 氏名	徵集年	任官年	役種兵種官等級並給與月額發令年月日	氏名 生年月日	留守宅渡ノ有無	補修年月日
17.5.5	東京 東京都京橋區越前堀二丁目四番地ノ一	同上	母	伊藤まん	昭14		補衛上 18.3.1	伊奈藤治郎	無	20.4.11
17.5.5	横濱 横浜市港北区下谷本町一四四番地	同上	父	飯田縫藏	昭14		補衛上 19.4.1	飯田濱次	無	20.4.11
17.5.5	甲府 山梨縣西八代郡久那上村三沢一六七番地	同上	妻	今村幸恵	昭9		補衛伍長 19.9.1	今村市葉	無	20.4.11 21.6.30
	東京 東京都南多摩郡南村高ケ坂一六二七番地	同上	父	市川宗治	昭13		豫衛軍一 19.3.31	市川恒治	無	
17.12.20	長野 長野縣上伊那郡美篶村芦澤三〇八番地	同上	父	伊藤清直	昭12 昭19		豫衛伍 19.9.1	伊藤嵩 大六.五.五	無	
17.2.1	前橋 群馬縣勢多郡宮城村大字柏倉三三三番地	群馬縣勢多郡芳賀村金丸	兄	入澤安治	昭14		補衛上 18.3.1	入澤定雄 大八.三.三	無	
18.2.4	豊橋 一七八五 愛知縣名古屋市中村区則武町一丁目七六番地	同上	父	伊藤孫三郎	昭16		現衛一 18.1.11	伊藤新男 大二.三.一八	無	6092
18.2.4	京都 京都府北桑田郡宇津村大字下宇津小字東御所九番地	同上	父	井川種次郎	昭16		補衛二 19.3.1	井川春一	無	20.4.11

（愛知50） 部隊

7

㊙

南方軍防疫給水部留守名簿

昭和二十年一月一日

編入年月日	前所属及本籍地	共編入年月日	留守擔當者 住所（在留地）	續柄 氏名	徵集年	任官年	役種兵種官等級 並 給 月給額 發令年月日	氏名 生年月日	留守宅渡ノ有無	補修年月日	備考
	名古屋		愛知縣海部郡津島町大字日光上出二二三番地	同上 父 伊藤未治郎	昭13		豫衛伍 19.4.1	伊藤善市	無	6092	21.5.12 召解
	東京		東京都城東區下通三丁目一四番地	同上 父 生駒德藏	昭15		補衛上 18.9.1	生駒隆	無	20.4.11 21.6.20	召集解除 21年5月20日
	横濱		神奈川縣高座郡海老名町上郷四五番地	同上 兄 井上辰造	昭15		補衛兵長 19.9.1	井上勇雄 大九.一〇.一四	無	20.4.11 21.6.21	召集解除 21年5月20日
	横濱		神奈川縣中郡秦野町堀川六二〇番地	同上 父 飯田米三郎	昭15		補衛兵長 17.3.1	飯田忠義 大九.二.二三	無	20.4.11 21.6.20	召集解除 21年5月20日
	大津		滋賀縣蒲生郡八幡町為心町中一四一番地	滋賀縣蒲生郡八幡町池田町三丁目二番地 父 井上吉藏	昭18		現衛二	井上一郎	無	6092	留守擔當 21.5.20
	福井		福井縣足羽郡社村南居才四七甲二六番地	同上 父 市村辰五郎	昭8		現衛二	市村堅士	無		
17.5.5	南方陸軍病院 一六.七.二五		鹿兒島縣川邊郡枕崎町東鹿籠一万八千百四十九番地	同上 父 今門宗次郎	昭13	昭15	現衛曹	今門菊二 大七.二.一〇	無		
	長野		長野縣北佐久郡志賀村三三八六番地	同上 父 伊藤道太	昭7		豫衛軍曹	伊藤茂雄	有	21.6.20	召集解除 21年5月20日

（要知50）　6092部隊

8

秘

南方軍防疫給水部　留守名簿

昭和二十年一月一日

編入年月日	編入前所属及本籍地（共編入年月日）	（在留地）住所	留守擔當者 続柄	留守擔當者 氏名	徵集年	任官年	役種兵種官等級並給與俸給發令年月日	氏名	生年月日	留守宅渡ノ有無	補修年月日
	仙台第一陸軍病院　新潟県北蒲原郡山千谷町一三番地ノ一	京都府南桑田郡稗田野村大谷鉱山	兄	石坂清太郎	昭15		補衛長	石坂孝三郎		無	
	横濱　神奈川県横浜市南区井土ケ谷中町九〇	同上	父	石川勇夫	昭17		補衛二 19.6.15	石川康治	大三.一.一	無	
召集解除 21年5月20日	横濱　神奈川県横浜市西区境谷一番地	横浜市南区大岡町千保一三三八番地	父	猪亦彦藏	昭17		補衛 19.6.15 上井	猪亦信治	大二.二.三	無	21.6.22
	山梨県北巨摩郡清哲村上條尾二八五八番地ノ一	同上	父	今井武平			雇員	今井穂積		有	
17.12.1	軍医学校 一三四二〇　栃木県下都賀郡富山村皆川三六七番地	新潟市寄合町馬場平方	妻	市川房子			技手 四級俸 19.3.31	市川利一	明三九.二四	有	
召集解除 21年5月20日 17.7.7	軍医学校 一四一三二八　大阪市北区都島本通八丁目四七番地	東京都板橋区下赤塚町六二四番地	妻	石田綾子			技手 四五級俸 19.9.30	石田順	明四〇.六.五	有	20.4.11 21.5.20
17.7.16	軍医学校 一三八二〇　東京都京橋区木挽町三丁目七番地	同上	妻	井元季子			技手 四五級俸 19.?.30	井元真一	明四四.一.二	有	20.4.11
召集解除 21年5月20日 .2.5	大阪市住吉区西今川町六丁目一七番地	兵庫県西宮市千歳町三四	母	一條龍子			雇員	一條龍三		有	21.6.20

（壹細50）

9

㊙

南方軍防疫給水部 留守名簿

昭和二十年 一月 一日

編入年月日	前所屬及共編入年月日	本籍地（在留地）	留守擔當者 住所	留守擔當者 續柄	留守擔當者 氏名	徵集年	任官年	役種兵種官等級俸給發令年月日	氏名 生年月日	留守宅渡ノ有無	補修年月日
18.2.5		島根県[illegible]郡八束村大字入江三六七番地	兵庫県尼崎市神田北通六丁目五八一番地	兄	岩田鮮策			雇員	岩田績夫	有	
18.2.5		大阪市東成区東今里町三丁目二四番地	京都府福知山市上新庄六八番地 橋本方	妻	伊藤八千代			技手 雇員 六級俸 20.2.9	伊藤三郎	有	20.4.26
18.4.17		大阪府布施市足代北一ノ九三龜	同上	母	井上こま			雇員	井上善正	有	
18.4.17		奈良県添上郡東山村大字北野一二八番地ノ一	同上	妻	井倉キクノ			雇員	井倉重太郎	有	21.6.20
18.4.19		愛媛県松山市大字新浜乙七四番地ノ二九	大阪府豊能郡箕面村大字半町四六七番地	父	伊藤正信			雇員	伊藤一行	有	
17.10.31		新潟県新潟市西堀町六二三番地	同上	妻	板谷ヤナ			依願免本官 20.1.3 嘱託 [illegible] 八〇円 [illegible] 90円 14	板倉虎三郎 明三五.一〇.二九	有	20.4.24
18.9.1		東京都本所区菊川三丁目一六番地ノ二	東京都深川区森下町三丁目八二番地	父	石井廣吉			技手 四級俸 17.9.30	石井鐘平 大三.六.二六	有	20.4.11 21.6.20
		岐阜県吉城郡国府村字仙栄二八二番地	同上	父	石水與十郎			看護婦	石水清子	有	

召集解除 21年5月10日

召集解除 21年5月20日

（發知50）

10

秘

南方軍防疫給水部 留守名簿

昭和二十年一月一日

編入年月日	前所属及其編入年月日	本籍地（在留地）	留守擔當者 住所	續柄 氏名	徴集年	任官年	役種兵種官等級並等給俸給月額發令年月日	氏名 生年月日	留守宅渡ノ有無	補修年月日	備考
18.10.22		和歌山縣和歌山市雑賀崎町二七六番地	大阪市東成區片江町三三八番地	妻 池谷よしゑ			雇員	池谷茂次郎	有		
18.10.22		大阪市阿倍野區昭和町東一丁目二四番地	同上	父 井田章			傭人	井田幸子	有		
18.10.30		山口縣下関市大字豊浦村三六〇番地	大連市山縣通二〇八番地 金田誠介方	兄 稲葉宇一			技手 雇員 六給俸 20.2.9	稲葉士良	有	20.6.26 21.6.20	召集解除 21年5月10日 8.12
		鳥取縣東伯郡以西村大字竹内三一六番地	大阪市北區播町四五番地 和田圭司方	文 石賀辰藏			雇員	石賀万次郎	有		
		大阪市東區谷町四丁目二一番地	同上	妻 井上ヨシノ			雇員	井上徳三郎	有	6092	
19.5.8		大分縣日田市大字北豆田九九五番地	京都市中京區西京池内町二九番地 木多方	妻 池永みさを			雇員	池永六二	有	21.6.20	召集解除 21年5月20日 9.5
19.5.18		岐阜縣稲葉郡蘇原町大字三三〇四八番地	同上	父 今井秀次郎			雇員	今井常造	有		復員 21.5.18
19.5.18		和歌山縣伊都郡笠田町大字東五四四番地	和歌山市田中町三丁目九番地	妻 岩橋エイ			雇員	岩橋吉之助	有	6092	復員 21.5.18 （平）

（愛甸59）　部隊　11

秘

辞傭 20.7.11

21.5.18

召集解除 21年5月20日

南方軍防疫給水部 留守名簿

昭和二十年 一月 一日

編入年月日	前所属及其編入年月日	本籍地（在留地）	留守擔當者 住所	留守擔當者 續柄	留守擔當者 氏名	徴集年	任官年	役種兵種官等級	氏名 生年月日	留守宅渡ノ有無	補修年月日
19.5.18		神戸市葺合区熊内町三丁目四七番地	神戸市灘区辰中町三丁目三八 笠京権次方	姉	笠京ハル			雇員	井手清治	有	21.6.20
19.5.18		北海道北見市山下通三丁目番外地	大阪市北区小松原町四九番地 天谷謙次方	妻	伊藤房子			雇員	伊藤正夫	有	
19.5.18		大阪府池田市栄町三丁目三〇三二番地	同上	父	井上清太郎			雇員	井上清	有	
19.5.18		岐阜県土岐郡稲津村小里一一六五番地ノ一	名古屋市東区東外堀町三丁目 神里義夫方	父	岩島兼三			雇員	岩島進	有	
19.5.18		鳥取県八頭郡社村大字吉用	同上	兄	池京佐太郎			雇員	池京柳吉	有	6092
19.5.18		富山県高岡市渡り七番地	富山県高岡市向野町日吉社宅 ノ十一号 森田正男方	兄	石田吉太郎			雇員	石田喜作	有	
19.5.18		香川県綾歌郡宇多津町一六〇八番地	香川県綾歌郡飯野村大字東二番地	父	飯田松太郎			傭人	飯田直行	有	
19.5.18		高知県幡多郡中村町大字中村一三一番地	神戸市灘区青谷町四丁目五六一番地	母	筱井弥生			傭人	筱井茂喜	有	20.8.3

(陸知30)　　乙 新除　　12

南方軍防疫給水部 留守名簿

昭和二十年一月一日

編入年月日	編入前所属及本籍地（在留地）	留守擔當者 住所	續柄	留守擔當者 氏名	徴集年	任官年	役種兵種官等級 等給月額 俸給發令年月日	氏名 生年月日	留守宅渡ノ有無	補修年月日
19.5.18	兵庫縣川邊郡園田村森[illegible]一番地	神戸市灘區青谷町四丁目五六一番地	母	幾井[illegible]生			雇員	幾井鎮江	有	12.8.3
19.5.18 召集解除 21年5月20日	長野縣岡谷市[illegible]一八六一番地ノ一	同上	祖父	今井直樹			技手 雇員 五級俸 20.2.9	今井省吾	有	20.4.26 21.6.20
19.5.18	大阪市浪速區河原町三丁目四五六番地	大阪市西區堀江通一丁目一〇番地	叔父	近藤富太郎			雇員	井関健次	無	6092部隊
19.5.18	石川縣金澤市木新保町[illegible]番丁	京都市中京區衣棚御池上ル	妻	石田静江			雇員	石田三郎	有	6092部隊
19.5.18	福井縣坂井郡大関村下関[illegible]二五号七番地	福井市宝永町[illegible]八二番地	妻	伊藤つたゑ			雇員	伊藤七郎右衛門	有	21.6.20.
19.5.18 召集解除 21年9月5.20日	大阪府中河内郡松原町阿保三四九番地	同上	父	岩本[illegible]作			雇員	岩本正信	有	
19.5.18	大阪市西成區[illegible]通八丁目八番地	高知市若松町[illegible]丁目七三番地	妻	井上豊			雇員	井上隆義	有	6092部隊
19.5.18	香川縣大川郡丹生村字松崎北三八番地	大阪市港區千代見町四丁目二四番地	母	松崎カネ			傭人	松崎[illegible]江	有	[illegible]

（要細50）

13

秘

南方軍防疫給水部　留守名簿

昭和二十年一月一日

編入年月日	前所属及本籍地（在留地）其編入年月日	留守擔當者 住所	續柄	留守擔當者 氏名	徵集年	任官年	役種兵種官等級等並給俸額月給年額發令年月日	氏名 生年月日	留守宅補給ノ有無	年月日
19.5.18	京都市東山區北山科御陵東西町五六番地	同上	父	辻次郎吉			傭人	伊庭園子	有	
19.5.18	大阪市大淀區大仁東三丁目一〇番地	同上	父	石井恒次郎			傭人	石井信江	無	
19.1.17	軍醫学校 一六・一・一五 / 東京都世田谷區上馬町三丁目九三七番地	同上	妻	石崎照子			技手 五級俸 19.1.17	石崎政朗 大二・六・一	有	
召集解除 21年5月20日 / 17	山梨縣西八代郡大河内村一二七番戸	同上	父	伊藤長三郎			陸軍屬 五級俸 19.9.30	伊藤榮 大四・一〇・三	有	21.6.21
二室 抹消		京都府福知山市字京二九番地	妻	衣川初惠			雇員	衣川武二	無	
二室 抹消 / 錦[illegible]		兵庫縣尼ヶ崎市神田北通三丁目五八番地	兄	岩田續棠			雇員	岩田績夫		
17.5.5	千葉縣香取郡小見川町小見川九四番地	東京都中野区野方町三丁目一六三三番地	妻	石毛光江			技手 五級俸 17.12.1	石毛三朗 明四四・一・二五	無	
召集解除 21年5月10日 / 重複削除	千葉縣匝瑳郡匝瑳村松山	同上	母	飯島專江	重複削除			飯島一二		21.6.20.

（要細50）

14

ウ

召集解除 21年5月30日

召集解除 21年5月20日

南方軍防疫給水部 留守名簿

昭和二十年一月一日

編入年月日	前所屬及其編入年月日	本籍地(在留地)	留守擔當者 住所	續柄	留守擔當者 氏名	徵集年	任官年	役種兵種官等級 並等給俸給額 發令年月日	氏名 生年月日	留守宅渡ノ有無	補條年月日
19.3.20	臨時東京第一陸軍病院 一八.八.二七	福島縣福島市大字福島字大町七〇番地	福島市大町五二番地	妻	内池キエ		昭10	現薬少佐 三 19.4.30	内池彦一郎 大三.一.二二	有	
	長野	長野縣飯田市大字上飯田一九番地	同上	父	上原喜平	昭11		補衛伍 三 19.12.1	上原良秋	無	21.6.20
	横濱	神奈川縣中郡旭村徳延一九五番地	横浜市神奈川區青木町一五四番地	父	白井小左門	昭12		補衛長伍 19.9.1	白井辰己 大六.一.大	無	20.4.11
	長野	長野縣北安曇郡北城村七三三番地	同上	祖父	内川栄太郎	昭13		補衛上 18.9.1	内川源五 大四.八.三	無	20.4.11
	東京	東京都北多摩郡村山村大字中藤四四〇番地	同上	父	内野重治	昭15		補衛上 17.9.1	内野俊男	無	20.4.11
		横浜市神奈川区七島町一二二番地	東京都蒲田区塚町三三番地	叔父	細谷辰次			雇員	内田繁一郎	有	
		大阪市西成區玉出新町通五丁目七六番地	同上	父	植村安治郎			雇員	植村益雄	有	21.6.21
		香川縣綾歌郡宇多津町二六九番地	岡山縣久米郡弓削町駅前 [illegible]琴子方	父	海野崇七			雇員	海野強	有	

(要卸50)

15

ウ

左側船舶部判別 8.10.23 所複写〔illegible〕 20.11.24

南方軍防疫給水部 留守名簿

昭和二十年一月一日

編入年月日	前所属及其編入年月日	本籍地（在留地）	留守担当者 住所	留守担当者 続柄	留守担当者 氏名	徴集年	任官年	役種兵種官等級並俸給額	氏名 生年月日	留守宅渡ノ有無	補修年月日
18.4.17		愛媛県北宇和郡吉野生村奥野川甲一二五	大阪市阿部野区昭和町西五1ノ〔illegible〕番地	母	上野ミツ			雇員	上甲政雄	有	
19.5.8		大阪市住吉区南賀加屋町四三五番地	同上	妻	白井政枝			雇員	白井昌二	有	
19.5.8		兵庫県尼崎市杭泉町三丁目四〇三番地	尼崎市難波中通三丁目一三七番地	父	魚見市松			雇員	魚見富次	有	
19.5.8		姫路市福沢町五〇番地	姫路市高尾町六一二番地	母	梅中いし			雇員	梅中末次	有	
19.5.8		京都市上京区紫竹西北町七	同上	父	上田一郎			傭人	上田輝也	有	
19.5.8		大阪市東区谷町三丁目一四番地	奈良県南葛城郡御所町鳴口〇七七番地	父	上田喜郎			傭人	上田美子	有	
19.5.8		大阪市都島区友渕町一七六番地	同上	父	浮津管次郎			傭人	浮津秀子	有	
19.5.8		神戸市兵庫区船大工町四七番地	京都市右京区西京極那野田町一七番地	妻	宇野ハエ			雇員	宇野與作	有	

（要細50）

16

工(工)

南方軍防疫給水部 留守名簿

昭和二十年一月一日

編入年月日	前所属及本籍地 其編入年月日（在留地）	留守擔當者 住所	続柄	氏名	徴集年	任官年	役種兵種官等級並等級俸給月額発令年月日	氏名 生年月日	留守宅渡ノ有無	留守補修年月日
15.5.15	大分 大分県宇佐郡長洲町大字長洲六六番地	同上	妻	江本トン工			豫醫大尉 三 19.4.15	江本修治	無	20.6.11
17.5.5	宇都宮 栃木県河内郡吉田村大字装部三五五番地	同上	継母	海老原キン	昭11		補衛伍長 19.4.1	海老原正 大五.七.一〇	無	20.6.11
17.5.5	横濱 神奈川県高座郡新磯村新戸三〇八六番地	同上	父	遠藤國藏	昭13		補衛長 19.9.1	遠藤勇 大七.六.一	無	
17.12.20	浦和 埼玉県比企郡高坂村大字高坂八一四番地	同上	兄	榎本好治	昭13		補衛上 19.4.1	榎本傳造 大六.一二.一	無	
	〃 香川県高松市幸町五二番地	同上	父	板茂川大一			雇員	板茂川昌子	有	

（愛知130）

17

（大③）

召集解除 21年5月20日

召集解除 21年5月20日

□21 5 12 [illegible]

南方軍防疫給水部 留守名簿

昭和二十年 一月 一日

編入年月日	前所属及共編入年月日	本籍地（在留地）	留守擔當者住所	續柄	留守擔當者氏名	徴集年	任官年	役種兵種官等級並給與月日令發年月日	氏名 生年月日	留守宅渡ノ有無	補修年月日
	東京	東京都京橋區築地三丁目二番地	同上	父	小野田靜		昭18	豫 主計中尉 18.9.15	小野田六二 大六.二.二四	有	20.4.5
18.1.28	歩兵第百五十三聯隊	兵庫縣伊丹市伊丹三八三番地	同上	父	荻野米藏			豫 醫少尉 18.12.1	荻野耕一	有	
17.5.5	中支那防疫給水部	新潟縣岩船郡山邊里村大字下相川四五六番地	同上	祖父	大瀧寅吉	昭	昭13	現 衛曹 准 十 19.6.12 30	大瀧參次郎 大五.二.二八	有	20.4.11
17.5.5	中支那防疫給水部	神奈川縣鎌倉市由比ケ濱町八四番地	同上	叔父	大木常吉	昭	昭16	現 衛曹 三 19.9.30	大木延將 大七.一〇.三一	無	20.4.11
6.5	東京	東京都瀧野川區上中里町一四一番地	同上	父	大東直太郎	昭12		豫 衛軍 一 19.3.31	大東竹直	無	21.6.20
6.5	東京	東京都西多摩郡五日市町八四三番地	同上	父	岡崎平次郎	昭13		豫 衛軍 三 19.3.1	岡崎武博	無	21.6.20
	前橋	群馬縣新田郡生品村大字村田五三五番地	同上	父	小川佐京	昭12		豫 衛軍 一 19.9.30	小川陽 十 19.9.30	無	
17.5.5	宇都宮	栃木縣下都賀郡國分寺村大字中子一六二六番地	同上	父	大橋安	昭12	昭19	補 豫 衛伍 19.4.1	大橋恒雄 大六.一〇.二七	無	

（要細50）

18

秘

南方軍防疫給水部 留守名簿

昭和二十年一月一日

欄	1	2	3	4	5	6	7	8
欄外記入	21.5.11 召解		召集解除 21年5月20日	召集解除 21年5月20日	21.5.18 召解	21.5.18 召解		19.12 戦死 ビルマ
編入年月日	17.5.5	17.12.20			17.5.5	17.5.5	18.2.4	
前所属及本籍地 共編入年月日	水戸	東京	東京	鹿児島	千葉	歩兵第三十三聯隊 一五、一二、一	豊橋陸軍病院 一七、七、一〇	廣島
留守擔當者 （在留地）住所	茨城縣東茨城郡鯉渕村大字鯉渕六七五番地 同上	埼玉縣北足立郡大久保村領家五三三番地 同上	埼玉縣北足立郡草加町高砂町三三三番地 同上	鹿児島縣伊佐郡大口町里二九三番戸 同上	千葉縣千葉郡幕張町長作一二七〇番地 同上	三重縣多賀郡河原町大字岡田一四八番地 同上	愛知縣南設楽郡鳳来寺村大字門谷字藤洞五番地 同上	廣島縣比婆郡比和町大字森和河内一九五三番地 同上
續柄	妻	父	妻	父	父	母	母	父
氏名	小澤せ[illegible]	大熊牧藏	大川ふみ	岡元仁衛門	大木彌七	岡本とらゑ	小笠原シゲ	岡田[illegible]穂
徴集年	昭9	昭14	昭12	昭12	昭15	昭15	昭16	昭7
任官年								
役種兵種官等級俸給月額發令年月日	補 衛長 19.4.1	豫 衛伍 19.9.1	補 衛上 17.7.1	補 衛長 19.9.1	一補 衛上	現 衛上 18.9.1	現 衛長 19.9.1	補 衛上
氏名 生年月日	小澤俊雄? 大三、一〇、二四	大熊乃三? 大八、三、二〇	大川正信	岡元明	大木清太郎 大九、七、三	岡本朝丸 大九、四、三〇	小笠原功 大一〇、一、二七	岡田嘉穂
留守宅渡ノ有無	無	無	無	無	無	無	無	無
補修年月日			20.4.11 21.6.20	21.6.20				21.2.8?

（甕甲50）

19

南方軍防疫給水部留守名簿

昭和二十年一月一日

編入年月日	前所屬及本籍地 其編入年月日	（在留地）住	留守擔當者 住所	留守擔當者 續柄 氏名	徵集年 任官年	役種兵種官等級並給等俸給月額發令年月日	氏名 生年月日	留守宅渡ノ有無 補修年月日
	東京	東京都京橋區八丁堀三丁目四五番地	同上	父 大森重三郎	昭15	補衛上 17.7.1	大森健吉	無
	千葉	千葉縣印旛郡成田町寺台四三〇番地	同上	父 小倉音松	昭12	補衛上	小倉廣祐	無
	東京	東京都西多摩郡石畑村一九〇四番地	東京都西多摩郡瑞穗町	父 尾根澤政吉	昭15	補衛一 17.3.1	尾根澤隆藏 大九.八.五	無
	福井	福井縣三方郡西田村田井第三〇号ノ七	同上	父 大下彌吉	昭18	現衛二	大下善永	無
	大津	滋賀縣蒲生郡日野町大字松尾一五三四番地	同上	母 尾林ふじ	昭18	現衛二	尾林一正	無
	福井	福井縣遠敷郡小濱鹿島五五番地	同上	母 億岐トミ	昭18	現衛二	億岐睦夫	無
	大津	滋賀縣蒲生郡朝日野村三三三番地	同上	父 奥村多助	昭18	現衛二	奥村豪雄	無
		愛知縣西加茂郡小原町村大上藏連八八	同上	叔父 岡田五七十	昭16	二補衛上 17.7.3	岡田信一 大六.六.五	無
19.9.27								

20.6.11

（警知50）

20

秘

南方軍防疫給水部 留守名簿

昭和二十年 一月 一日

編入年月日	編入前所屬及本籍地 共編入年月日（在留地）	留守擔當者 住所	續柄 氏名	徴集年	任官年	役種兵種等級 官等並給額 俸給月額 發令年月日	氏名 生年月日	留守宅渡ノ有無	補修年月日	備考
	東京都芝區本芝三丁目八三番地	同上	母 岡野キミ			技手 五級俸 20.2.9	岡野健之助	有	20.4.24	召集解除 21年5月10日
	愛知縣幡豆郡一色町大字一色字乾地五〇五番地	南京市太平路二十四路	妻 岡本美津子			傭人	岡本正一	無	21.6.20.	
	兵庫縣神崎郡瀬加村下瀬加一六四二番地	同上	父 岡本太吉郎			技手 五級俸 20.2.9	岡本次郎吉	有	20.4.24	
17.7.16	静岡縣榛原郡吉田村吉田	同上	父 大鐘明輔			技手 四級俸 19.9.[illegible]	大鐘清次 大九.三.一八	有	20.4.11	
	福井縣丹生郡三方村三留第四二号一五番地	同上	父 尾崎與之郎			雇員	尾崎武朗	有		
17.7.1	横浜市中區白妙町三丁目二四番地	東京都牛込區富久町五六番地 渡邊千代方	妻 小澤登美子			技手 三級俸 19.3.31	小澤定雄	有	21.6.21	召集解除 21年5月20日
17.5.23	長野縣埴科郡埴生村字川島三一五二番地	同上	父 大西義房			雇員	大西幸則	有		
17.5.23	熊本縣八代市前川町五六番地	同上	父 岡崎利七郎			雇員	岡崎利雄	有		大(ヨ)

（愛知50）

21

大7　処決ナシ

秘

南方軍防疫給水部留守名簿

昭和二十年一月一日

編入年月日	前所属及本籍地（在留地）共編入年月日	留守擔當者住所	續柄	留守擔當者氏名	徴集年 任官年	役種兵種官等級 並等給 俸給月額 命年月日	氏名 生年月日	留守宅渡ノ有無	補飾年月日
	大分縣大分郡野津原村大字野津三〇三番地	同上	父	小野等		雇員	小野正美	有	
18.2.5（召集解除 21年5月10日）	大阪市南區江戸堀上通一丁目三七番地	大阪市東淀川區三國本町三三〇番地	母	大峰チヨ		雇員	大峰良夫	有	21.6.20
18.2.8	高知縣高松市越前町一九〇番地	尼崎市長洲南畑町一〇八番地	妻	尾崎壽子		雇員	尾崎貞利	有	
（召集解除 21年5月20日）	高知縣香美郡在所村永野四〇番地	大阪市住吉區濱口町四三三番地ノ六	長男	小野川澄		囑託	小野川眞澄	有	21.6.20
17.12.5	靜岡縣沼津市大手通横町九九番地ノ二	神奈川縣藤澤市辻堂六四六一番地	父	大林巖		囑託	大林靜男	有	
18.4.7	兵庫縣川邊郡川西町小戸脇田九番地	同上	母	岡本ミワ		雇員	岡本清重	有	
18.4.7	兵庫縣佐用郡久崎町柳田一二一番地	大阪市東成區猪飼野東三丁目一ノ三	妻	長田まつ乃		雇員	長田唯雄	有	
18.4.7	大阪市東成區鶴橋北之町二丁目一三六番地	同上	父	岡本辰藏		傭人	岡本多工	有	

(變紅50)

22

秘

南方軍防疫給水部 留守名簿

昭和二十年一月一日

召集解除 21年5月20日

查

編入年月日	前所属及共編入年月日	本籍地（在留地）	留守擔當者 住所	留守擔當者 續柄	留守擔當者 氏名	徵集年	任官年	役種兵種官等級並給與月給額發令年月日	氏名 生年月日	留守宅補給ノ有無 年月日
17.9.1		東京都板橋区練馬南町一丁目三六九七番地	東京都板橋区石神井谷原町二丁目三五〇〇番地	妻	小澤きよ			技手 四五級傭 17.9.30	小澤重藏 明四三.一二.五	有 20.4.11
18.5.26		新潟県中頸城郡明治村大字増田新田五番地	静岡県沼津市下一丁目八八〇番地ノ二	義兄	寛錬郎			雇員	岡田勇治	有 21.6.20
18.5.26		福岡県糸島郡榮川村大字八幡八七八番地	福岡県糸島郡川會村志登坂島	妹	隠塚富衛			傭人	隠塚シヅエ	有
18.5.26		京都市上京区天宮通上立賣上る桶ノ町五三三	京都市左京区北白川西町五五	父	太田黒乙熊			雇員	太田黒駿策	有
18.12.25		和歌山県新宮市新宮八三二番地	同上	妻	大石光榮			雇員	大石貞基	有
18.10.23		大阪市生野区中川町六丁目一	同上	妻	岡部幸子			雇員	岡部惣吉	有
18.10.23		鹿児島県鹿児島郡西南方村久志九五七番地	大阪市城東区野江西ノ町一丁目三八番地	父	押立十助			傭人	押立和男	有
18.12.25		岐阜県吉城郡船津町大字東町四四三番地	同上	祖父	岡田作次			傭人	岡田歌子	有

（雲甲59）

28

南方軍防疫給水部留守名簿

昭和二十年一月一日

召集解除 21年5月20日

21年5月10日

21.5.12 召解

21.5.12 召解

編入年月日	前所屬及本籍地 其編入年月日（在留地）	留守擔當者 住所	續柄	氏名	徵集年	任官年	役種兵種官等級並俸給月額 給令年月日	氏名 生年月日	留守宅渡ノ有無	補修年月日
	大阪市北区新川崎町一番地	大阪市城東区古市南通一丁目、二四	妻	岡はな			雇員	岡靜明	有	21.6.20.
	山梨県東山梨郡諏訪町三七四番地	大阪市南区上本町三丁目、一八	父	小澤義元			雇員	小澤義也	有	
	京都市下京区高辻通油小路東入永養寺町三九	同上	父	岡田定市			雇員	岡田保	有	
	大阪市東区森之宮本立町四五五番地	尼崎市神田北通七ノ九六番地	母	廣瀬はる			雇員	廣瀬重雄 奥野	無	
	京都市下京区中堂寺壬生川町三ノ一	京都市中京区西ノ京播磨町ノ七	妻	奥村久子			雇員	奥村松司	有	
	大阪市南区内屋町一五番地	同上	父	奥村信太郎			傭人	奥村純一	有	21.6.21
	徳島市下助任西町字西分三三三合併地	大阪市住吉区北賀屋町五七ノ六	兄	大栗幸男			傭人	大栗和利	有	
	大阪市西区新町北通一丁目二三番地	同上	父	大島進			傭人	大島正三郎	有	

（壹卸50）

24

秘

南方軍防疫給水部 留守名簿

昭和二十年 一月 一日

編入年月日	編入前所屬及其編入年月日	本籍地（在留地）	留守擔當者 住所	留守擔當者 續柄	留守擔當者 氏名	徵集年	任官年	役種兵種官等級並給等給額發令年月日	氏名 生年月日	留守宅渡ノ有無	留守補修年月日
19.5.18		廣島縣福山市西霞町二六九番屋敷	神戸市葺合区坂口通四丁目六番地屋敷二	父	大村久雄			傭人	大村佐和子	有	
19.5.18		大阪府中河内郡久宝寺村字久宝寺二〇〇番地ノ一	同上	父	奥田卯之松			傭人	奥村きゑ	有	
		兵庫縣飾磨郡鹿谷村新庄五〇二番地ノ一	神戸市湊東区古湊町一丁目八ノ五	父	大上善放			傭人	大上榮子	無	
19.4.18		山口縣熊毛郡大野村字大野北第五六四番地	神戸市兵庫区湊町三丁目五ノ一	父	奥原百合藏			傭人	奥原百合子	有	
19.4.18		鹿児島縣大島郡古仁屋町手安一四二番地	神戸市林田区大橋町九丁目一〇五番地	父	沖貫四郎			傭人	沖和夫	有	
19.5.10		台灣新竹州大湖郡卓蘭庄卓蘭四三四番地	同上	父	岡本清			雇員	岡本正弘	有	
19.5.10		台灣台南州斗六郡斗南街石龜溪字舊社九九	同上	父	黄輝			雇員	黄紹華	無	
19.5.10		台灣新竹州新竹市南門町三一三六五	同上	母	林清子			雇員	温清炎	無	

（要甲50）

25

秘

南方軍防疫給水部 留守名簿

昭和二十年一月一日

編入年月日	前所属及其編入年月日	本籍地（在留地）	留守擔當者 住所	續柄	留守擔當者 氏名	徴集年	任官年	役種兵種官等級並月給俸給額發令年月日	氏名 生年月日	留守宅渡ノ有無	補修年月日
19.5.8		鹿児島縣大島郡知名村大字上城五五六番地	神戸市灘區原田通六丁目一〇八番地	兄	大當重信			雇員	大當島勝	有	
			台湾台北州海山郡中和庄下溪川四七	父	汗文生			雇員	大倉謙	有	
		岡山縣浅口郡富田村大字道口二七八番地	同上	父	大森仁平			雇員	大森毅	無	
		大阪市西區立賣堀南通三丁目五番地	兵庫縣多氣郡福住村福住上二二三番地	妻	小島アイ子			雇員	小島十二郎	有	
		静岡縣浜名郡北庄内村堀江二二二五番地	大阪市港區磯路町三丁目三三番地	妻	大貫きさ子			雇員	大貫恒雄	有	
		和歌山縣那賀郡東貴志村大字北六六七番地	大阪府北河内郡守口町金下町一丁目八〇番地	妹	田畑かめ子			雇員	岡野瀧雄	有	
		大阪市生野區猪飼野西三丁目一〇二番地	同上	父	小野源吉			雇員	小野繁敏	有	
		神戸市林田區駒ヶ林町五丁目三八番地	神戸市須磨區東垂水町山田四五七番地	父	小川重一			雇員	小川勝壽	有	21.6.20

（愛知50）

26

秘

戰病死 19 9 5

大(?)

南方軍防疫給水部 留守名簿

昭和二十年一月一日

編入年月日	前所屬及共編入年月日	本籍地（在留地）	留守擔當者 住所	留守擔當者 續柄	留守擔當者 氏名	徴集年	任官年	役種兵種官等級並等給俸給令年月日發	氏名 生年月日	留守宅渡ノ有無	補修年月日
		神戸市神戸區山本通三丁目一五	尼崎市七本稲荷五五	母	太田きし			雇員	太田嵩治	無	
		福井縣南條郡南日野村清水才十九号八番地	福井縣南條郡武生町緑一三番地	父	奥谷重太			雇員	奥谷孝	有	
召集解除 21年5月20日		郡馬縣勢多郡本瀬村字笂井六六二番地	大阪市北區傳法町南三丁目四八平野ゴム内	父	大手宮吉			雇員	大手菊司	有	21.6.22
召集解除 21年5月20日		大阪市港區八幡屋錦町一七九番地ノ三	大阪市浪速區反物町一三三三	妻	大西トモ			雇員	大西太三郎	有	21.6.20
			台湾新竹州中壢郡中壢街興南字中壢花九四	母	陳葉氏昭枝			雇員	大山卓河	有	
		台北州七星郡士林街社字三角埔	同上	兄	李根樹			雇員	大木茂	有	
			大阪市城東區島野町一四四番地	父	辻又一			雇員	大西國利	有	
		愛知縣寶飯郡大塚村大字大草西御三六番地	同上	父	大須賀文作			雇員	大須賀寛		

（愛知50）

27

秘

南方軍防疫給水部 留守名簿

昭和二十年 一月 一日

編入年月日	前所属及其編入年月日	本籍地（在留地）	留守担当者 住所	留守担当者 続柄	留守担当者 氏名	徴集年	任官年	役種兵種官等級 並等給 俸給月額 令年月日	氏名 生年月日	留守宅渡ノ有無	補修年月日
19.10.13 戦病死 於アピー陸軍病院 公報ス 第一一整理復（三八八九号）（昭21.8.23）		石川県石川郡林村字道法寺ト一壱番地	石川県金沢市除町七十番地	父	太田長作			現醫中尉	太田長		大東上申
19.10.? 戦病死（朱書）	誤記抹消（朱書）	埼玉県入間郡高麗村大字栗坪 六四三	東京都大森区南千束町九六	父	岡野高三郎	昭11		技術部見習士官	岡野高雄 大五、三、一三		（朱書）
召集解除 21年5月10日		長野県東筑摩郡本城村東條	同上		大川さくの			雇員	大川修英		21.6.20
召集解除 21年5月10日		京都市東山区正面通本町東八茶屋町	同上	父	尾林友四郎			療工	尾林友四郎		21.6.20
召集解除 21年5月20日		大阪市東城区東小橋南之町一ノ七	同上 二ノ六五	妻	岡本富子			衛生兵長	岡本健三郎		21.6.20
召集解除 21年5月20日		徳島県板野郡御所村高尾	同上		小賀野キヱ子			衛生兵	小賀野才二郎		21.6.20
召集解除 21年5月20日		和歌山市南松原町一ノ二六	和歌山市新田町五	父	岡田直積				岡田広三		21.6.20

（要仰50）

28

秘

南方軍防疫給水部 留守名簿

昭和二一年一月一日

カ

編入年月日	編入前所属及其編入年月日	本籍地（在留地）	留守担当者 住所	留守担当者 續柄	留守担当者 氏名	徴集年	任官年	役種兵種官等級並等給 任命年月日	氏名 生年月日	留守宅渡ノ有無	補修年月日
	南方軍遊撃隊司令部 一九、一、二七	京都市上京区出雲路松ノ下町一六番地ノ一号	東京都杉並区阿佐ヶ谷町一丁目八三四[illegible]方	妻	河内とよ		昭5	現 軍医少佐 二 17.3.31	河内太郎 明三六、一、三〇	有	
召集解除 21年5月20日		名古屋市熱田区熱田東町高蔵五番地	同上	父	河野咲太郎			豫 醫大尉 一 19.4.30	河野泰園	無	21.6.20
17.5.5	歩兵第一四九聯隊 一五、一二、九	東京都城東区北砂町四丁目三七五番地	同上	父	川島倉藏	昭15	昭19	豫 衛 伍 17.4.1	川島通德 大九、三、五	無	
5 5 召集解除 21年5月20日	大分	大分県東国東郡富来町大字東富来塩屋三	大分県東国東郡富来町浦手	叔父	勝代玉男	昭11		豫 衛 軍伍 三 19.8.1	河野辰美	無	21.6.20
5 5 召集解除 21年5月20日	歩兵第二一聯隊補充隊 一四、一二、一	愛知県名古屋市中村区日比津町字野合一〇八番地ノ一	同上	父	加納久米太郎	昭14	昭19	現 衛 伍 19.4.1	加納健一 大八、六、一八	無	20.4.11 21.6.21
17.12.20	水戸	茨城県新治郡佐賀村大字坂七〇〇番地	同上	父	貝塚善之助	昭9		豫 衛 伍軍 三 19.6.1	貝塚寅之助	無	廿4.11
17.12.20	前橋	群馬県碓氷郡九十九村大字高梨子一一三番地	同上	兄	金井武	昭14	昭19	豫 衛 伍軍 三 19.12.1	金井重雄 大八、二、一	無	20.4.5
17.12.20	東京	東京都京橋区月島西仲通三丁目七番地	同上	父	金子亀男	昭13		豫 衛 伍	金子喜一	無	

（舊甲50）

29

カ

南方軍防疫給水部 留守名簿

昭和二十年一月一日

編入年月日	編入前所属及其編入年月日	本籍地（在留地）	留守担当者 住所	続柄	留守担当者 氏名	徴集年	任官年	役種兵種官等級並俸給発令年月日	氏名 生年月日	留守宅渡ノ有無	補修年月日
17.12.20	甲府	山梨県南都留郡船津村船津八七二番地	同上	父	梶原取二郎	昭14	昭19	豫衛伍 19.4.1	梶原久雄 大八.八.五	無	21.1.20
17.12.20	千葉	千葉県船橋市湊町三丁目九一六番地	同上	父	金子[illegible]松	昭15		補衛軍長 19.4.1	金子福松 大八.一〇.一三	無	21.6.20
17.5.5	東京	東京都多摩郡調布町河邊九六六番地	同上	父	河邊幸三郎	昭15		一補衛上 19.4.1	河邊邦夫 大九.三.一七	無	
17.5.5	横濱	横浜市鶴見区生麦町五四番地	同上	姉	河内鶴千代	昭15		補衛兵[illegible] 19.4.1	河内八郎 大九.八.二	無	21.6.20
17.12.20	宇都宮	栃木県河内郡瑞穂村大字上桑島七七八番地	同上	父	金田大次郎	昭12		補衛上	金田武次	無	
17.12.20	東京	東京都小石川区宮下町二五番地	同上	母	香山ウラ	昭11		一補衛長 19.9.1	香山大理 大五.六.一五	無	
17.12.20	東京	東京都下谷区谷中初音町三丁目五番地	同上	父	金子鉄次郎	昭8		一補衛上 18.9.1	金子正治郎 大三.九.一	無	21.6.20
15.1.10	甲府	山梨県東山梨郡上萬力村一三四三番地	同上	父	川合親栄	昭10		補衛上 18.3.1	川合栄 大四.二.一八	無	

召集解除 21年5月20日

召集解除 21年5月20日

召集解除 21年5月20日

秘

(整知50)

30

秘

南方軍防疫給水部 留守名簿

昭和二十年一月一日

召集解除 21年5月19日　召集解除 21年5月20日　復員 21.6.26　召集解除 21年5月20日

編入年月日	前所屬及本籍地 其編入年月日（在留地）	留守擔當者 住所	留守擔當者 續柄	留守擔當者 氏名	徵集年	任官年	役種兵種官等級並給俸等級發令年月日	氏名 生年月日	留守宅渡ノ有無	補修年月日
18.2.4	福井　福井縣丹生郡宮崎村江波第四号三六	福井縣南條郡武生町幸区五九	兄	川上正樹	昭16		二補衛 19.9.1 兵長	川上秀雄	無	20.6.11
17.9.4	千葉　千葉縣安房郡東村福沢二〇番地	同上	父	川崎榮一	昭12		一補衛 19.9.1 兵長	川崎正己 大六.九.一〇	無	20.6.11
4.1	新潟縣中頸城郡直江津町直江津三三一番地	東京都板橋区大谷口五七一番地	妻	笠原ヨン			技手 四五給俸 19年9.4.30	笠原清藏 明四一.一二.五	有	20.6.11 21.6.21
17.7.16	栃木縣芳賀郡須藤村坂井	同上	父	河又一郎			雇員	河又光義	有	
17.12.20	大分縣下毛郡大幡村上施水七〇七番地	同上	父	金丸後藏			雇員	金丸次信	有	
18.4.17	茨城縣久慈郡金砂村字芦間一三八〇番地	大阪市東淀川区淡路新町一四〇番地	父	茅根富哉			技手 ~~雇員~~ 六級俸 20.2.9	茅根公平	有	20.4.26
2.8	千葉縣君津郡青堀町青木七五三番戸	大阪市旭区江野町七丁目三二番地	妻	鹿島イノ			雇員	鹿島七五郎	有	21.6.20
1.23	宮城縣宮城郡岩切村洞ノ口一〇三番地	同上	父	加藤甚之丞			雇員	加藤養五郎	有	21.6.20

（愛知50）

31

カ

21/5/12
召解

秘

南方軍防疫給水部 留守名簿

昭和二十年一月一日

編入年月日	編入前所属及其編入年月日	本籍地（在留地）	留守擔當者 住所	續柄	留守擔當者 氏名	徴集年	任官年	役種兵種官等級並等級月給額俸給令年月日	氏名 生年月日	留守宅渡ノ有無	補修年月日
19.5.18		大阪市東淀川区十三南之町二丁目一九番地	兵庫縣伊丹市伊丹四三五番地	文	金澤育二郎			雇員	金澤道治	有	
19.5.18		大阪府三島郡茨木町大字茨木八六三番地ノ三	同上	文	加納安治郎			雇員	加納信彦	有	
19.5.18		大阪市大正区三軒家東二丁目三七番地	大阪市旭区大宮西之町七丁目一三番地	文	河端林三郎			傭人	河端富美子	有	
19.5.18		大阪市東住吉区桑津町三四五番地	同上	文	川本七次郎			傭人	川本文子	有	
19.5.18		朝鮮釜山府草梁町七九番地	尼崎市西建家町八五番地	兄	金岡在三			傭人	金岡玩一	有	
19.5.18		新潟縣新潟市東港町一丁目三五八七番地	大阪市生野区鶴橋南町三丁目二六二	妻	片桐清子			雇員	片桐護郎	有	
		朝鮮慶尚南道蔚山郡農所面松亭里三九八	大阪市大正区鶴見町四丁目一九二番地	文	金澤良治			雇員	金澤大介	無	
19.5.18		茨城縣水戸市奈良屋町二〇七番地	東京都淀橋区柏木町三丁目三五三番地	妻	川上ゆくり			雇員	川上建	有	

（要知50）

32

南方軍防疫給水部 留守名簿

昭和二十年 二月 一日

編入年月日	前所屬及本籍地（在留地）	留守擔當者 住所	續柄	留守擔當者 氏名	徵集年	任官年	役種兵種官等級並等給俸給令月日	氏名 生年月日	留守補給宅渡ノ有無年月日	
召集解除 21年5月20日 / 19.5.18	~~神奈川縣足柄~~ 神奈川縣足柄下郡岩村五三二番地	同上	父	亀村米次郎			雇員	亀川芳次	有	21.6.21
19.5.10	台湾基隆郡双渓庄双渓字双渓三五	同上	父	簡石發			雇員	簡錦文	有	
召集解除 21年5月20日 / 5.18		香川縣木田郡前田村大字西前田	父	香西正一			雇員	香西正義	有	21.6.20
19.5.18	京都市下京區栗屋町通四條下ル船鉾町八八、大	京都市中京区河原町通六角下ル崎町三五六番地	養女	大坪美津枝			雇員	亀村警藏	有	
		台北州台北市大平町六ノ五	妻	林清子			雇員	河内燗一郎	有	
18.5.26	北海道上磯郡木古内町字本町四二番地	同上	兄	川村武			雇員	川村毅	有	
18.10.23	大阪市住吉区万代町東三丁目八番地	大阪市阿部野区相生通三丁目三七番地	母	川津ハルエ			傭人	川津輝夫	有	
召集解除 21年5月20日 / 18.10.23	大阪市福島区上福島南三丁目七六番地	同上	父	川本音松			傭人	川本響	有	21.6.21

（愛知30）

33

ケ

召集解除 21年5月20日

戦病死 19.9.9

南方軍防疫給水部 留守名簿

昭和二十年一月一日

編入年月日	前所属及本籍地	留守担当者住所	続柄氏名	徴集年	任官年	役種兵種官等級並給与等級俸給令年月日	氏名 生年月日	留守宅渡ノ有無 補修年月日
17.5.5	青森県上北郡天間林村大字榎林字貝塚家ノ前二一番地ノ二		兄 貝塚孫之丞			技手 五級俸 17.12.1	貝塚留吉 大四、四、五	有
公報補完済	岡山県川上郡吹屋町大字坂本一三五三番地	大阪市東区内平野町一丁目二〇番地	兄 片山卓爾			(雇員) 技手 19.9.9	片山盛三 大5.2.25	
	東京都王子区上十条五丁目九〇二	同上	父 加藤彦太郎	昭19		技術部見習工	加藤正夫 大四、二、二四	
	大阪府三島郡阿武野村字氷室四〇〇一	同上	妻 賀納ヤスエ			衛兵	賀納留吉	

21.6.21.

(要細59)

34

カ

南方軍防疫給水部 留守名簿

昭和二十年 一月 一日

召集解除 21年5月20日

編入年月日	前所属及其編入年月日	本籍地（在留地）	住所	留守擔當者 續柄	氏名	徴集年	任官年	役種兵種官等級並俸給額發令年月日	氏名	生年月日	留守宅渡ノ有無年月日
17.5.5		青森縣上北郡天間林村大字榎林字貝塚家ノ前三二番地ノ二		兄	貝塚源之丞			技手 五級俸 17.5.1	貝塚留吉	大、四、四、五	有
陽サフス	南方軍防疫給水部	…吹屋町大字坂本一三五三番地	大阪市東区内平野町一丁目二〇番地	兄	中片卓爾			技手（雇員） 19.9.9	中山盛三	大5.2.25	
		東京都王子区上十條五丁目九ノ二	同上	父	加藤彦太郎	昭19		技術部見習員	加藤正夫	大一四、二、二四	
		大阪三島郡阿武野村字永室四〇〇一	同上	妻	賀納ヤスヱ			衛兵	賀納留吉		

戦病死 19.9.9

21.6.21.

(叢知50)

34

キ

秘

21年5月20日 集合解除 27日

南方軍防疫給水部 留守名簿

昭和二十年一月一日

編入年月日	前所属及其編入年月日	本籍地（在留地）	留守担当者住所	続柄	留守担当者氏名	徴集年	任官年	役種兵種官等級・俸給額・発令年月日	氏名・生年月日	留守宅渡ノ有無	補修年月日
17.5.5	杭州陸軍病院 一五、三、四	大阪市西淀川区姫島町三六一番地	大阪市西淀川区姫島町千五百六拾五番地	父	北村孝文	昭14		現衛長 19.4.1	北村哲也 大八.二.七	有無	
17.5.5	水戸	茨城県那珂郡山方部村大字野上四〇七番地	同上	義父	木村誠	昭9		予衛 三.19.12.1 伍軍	木村武雄	無	20.4.11 21.6.20
17.12.20	宇都宮	栃木県芳賀郡逆川村大字天子	同上	父	北野只一郎	昭[illegible]		補衛 19.9.1 兵長	北野省三	無	20.4.11
17.12.20	長野	長野県下水内郡永田村大字永田江三〇九番地	同上	母	北澤タイ	昭14		補衛 19.12.1 上等兵 伍	北澤寿 大八.三.三	無	20.4.11
17.12.20	水戸	茨城県猿島郡七重村大字結宿二四五番地	同上	父	木村善吉	昭9		補衛 19.12.1 上等兵 伍	木村一男 大三.八.八	無	20.4.11
	東京	東京都荒川区台町七二番地	同上	妻	木佐貫政美	昭12		補衛上 15.11.26	木佐貫徳蔵 大六.一.一九	無	
	東京	東京都大森区雪ヶ谷町五一二番地	静岡県浜名郡吉野村東大山七七番地	父	北村義康	昭14		補衛上 18.9.1	北村久司 大八.一三.一	無	20.4.11
	福井	福井県吉田郡松岡町本町十七号六番地	大阪市旭区南島町一四	父	木本玉次	昭18		現衛一	木本義雄	無	

（愛知50）

35

秘

南方軍防疫給水部 留守名簿

昭和二十年一月一日

編入年月日	前所属及本籍地（其編入年月日）（在留地）	留守担当者 住所	続柄	留守担当者 氏名	徴集年	任官年	役種兵種官等級並俸給額発令年月日	氏名 生年月日	留守宅渡ノ有無	補修年月日
	大津 滋賀県野洲郡河西村幡磨田八一六番地	同上	母	北村きみ	昭18		現衛一	北村淙	無	
	大阪府河内郡盾津村字新庄五七三番地	同上	父	木村大三郎			~~雇員~~ 技手 五級俸 20.2.9	木村秀三	無	20.4.26
召集解除 21年5月20日 18.2.5	京都府福知山市字京一九	同上	妻	衣川初恵			雇員	衣川武二	有	21.6.20
18.4.17	神戸市林田区大橋町六丁目一三	大阪市此花区春日出町中二丁目三番地	妻	水村朝子			陸軍属 上級傭 19.4.15	木村治己 明三八.三.五	有	
召集解除 21年5月20日 18.4.17	兵庫県三原郡倭文村長田八九二	兵庫県洲本市内通町甲五六一四	妻	北山つる恵			雇員	北山秀雄	有	21.6.20
18.4.17	大阪市東淀川区本庄川崎町四丁目	同上	母	岸田トミ			雇員	岸田道治	有	
18.12.25	神戸市林田区大橋町六丁目三番地	大阪市此花区春日出町中三丁目三番地	母	矢部時栄			雇員	木村朝子	有	
キ 21.5.10 召解 19.5.18	大阪市都島区都島中通一丁目	大阪市北区常安町五 中島寮内	兄	北井友繁			雇員	北村棟秋	有	

（愛知50）

36

秘

南方軍防疫給水部留守名簿

昭和二十年一月一日

編入年月日	編入前所属及其編入年月日	本籍地（在留地）	留守擔當者 住所	續柄	留守擔當者 氏名	徴集年	任官年	役種兵種官等級並俸給月額發令年月日	氏名 生年月日	留守宅渡ノ有無	補修年月日
19.5.18		京都市下京区八條寺内町四	大阪府北河内郡枚方町四三〇番地	妻	岸谷芳子			雇員	岸谷平太郎	有	
19.5.18		京都府南桑田郡篠村大字篠字西裏七一	神戸市湊東区橋通四丁目八二ノ三	妻	木村光枝			雇員	木村敏雄	有	
19.5.18		神戸市灘区原下通三丁目九	同上	兄	岸本義高			雇員	岸本義一	有	
19.4.18		徳島県那賀郡大野村大字下大野字畑田四三ノ二	大阪府豊能郡南豊島村字穂積一七二	父	木下春一			傭人	木下聰	有	
19.5.18		大阪市西成区長橋通六丁目一三番地	同上	父	岸本作藏			傭人	岸本清子	有	
19.5.10		台北州海山郡中和庄下後洲四七	同上	父	許大生			雇員	許謙誠	無	
18.4.20		富山県上新川郡堀川町西中野一三五番地	富山市東中野町一三五番地	妻	北森智恵子			技師 十給俸 19.3.31	北森良範 明四五、七、一	有	
			三重県多気郡津田村大字枝	妻	樹下琴子			雇員	樹下正一	有	

召集解除 20年5月10日

21.6.20

キ

（婆細50）

37

7

南方軍防疫給水部 留守名簿

昭和二十年一月一日

編入年月日	前所属及其編入年月日	本籍地	留守擔當者 住所（在留地）	續柄	氏名	徴集年	任官年	役種兵種等級官等並俸給月額發令年月日	氏名 生年月日	留守宅渡ノ有無	補修年月日
18.3.31	歩兵第三八聯隊 一四、九、七	岐阜県不破郡宇留生村大字荒尾四六八番地	京都市上京区千本下長者町西入ル	妻	久保田文子		昭12	現 醫少佐	久保田満夫 明四五、五、一六	有	20.6.26
	札幌	東京都北多摩郡多摩村東友二一九一番地	同上	妻	栗山ユキ			18.11.20 豫醫少尉	栗山三郎	有	
17.5.5	前橋	群馬県多野郡藤岡町大字藤岡四三番地	東京都浅草区光月町一番地	兄	栗田静山	昭13		17.8.1 補衛上	栗田双三郎	無	
17.12.20	長野	長野県南佐久郡小海村一〇九三番地	同上	妻	黒澤あさ	昭10		三 19.12.1 豫衛伍軍	黒澤和市	無	20.6.11
17.12.20	浦和	埼玉県北足立郡志木町一八二四番地	同上	父	栗原米吉	昭14	昭19	19.4.1 豫衛伍	栗原勝治 大八、一一、一七	無	
17.12.20	長野	長野県上伊那郡中箕輪村三八〇六番地	同上	兄	栗原昇	昭11		19.9.1 補衛兵長 伍	栗原寿人	無	20.6.11
	横濱	横浜市神奈川区三ツ澤下町九四番地	川崎市浅田町四丁目三一番地	妻	倉持初子	昭12		18.9.1 補衛兵長	倉持昌弘 大六、五、三	無	
	千葉	千葉県千葉郡生浜町濱野一八五番地	同上	父	草田太郎吉	昭12		18.8.7 補衛上	草田巳一 大六、三、二七	無	

（要20150）

38

㊙

南方軍防疫給水部 留守名簿

昭和二十年一月一日

編入年月日	前所属及本籍地（在留地）共編入年月日	留守擔當者 住所	續柄	氏名	徵集年 任官年	役種兵種等級官等並給額 作命年月日發令	氏名 生年月日	留守宅渡ノ有無	補修年月日
召集解除 21年5月10日	杭州陸軍病院 二〇.三.二二 愛知縣名古屋市熱田区中田町三〇二番地	同上	父	久野義衛	昭10	補衛 長 19.9.1	久野親雄 大四.一〇.二〇	無	20.6.11
召集解除 21年5月10日 4.17	出 山口縣徳山市七三三番地	滿洲國哈爾濱市外満州オ七三一部隊陸軍官舎	妻	國廣メ子		雇員	國廣速雄	有	21.6.20
19.9.17	大阪市旭区野江東之町三丁目九八番地	奈良縣生駒郡龍田町字中野 山田幸義方	妻	久世萬亀子		雇員	久世正治	有	21.6.20
19.9.18	大阪市城東区北中浜町三丁目一〇〇番地	同上	父	栗山源十郎		雇員	栗山國治	有	
19.9.18	大阪市北区芝田町一〇二番地	同上	父	桒山盛治		雇員	桒山理	有	
19.9.18	大阪市大淀区長柄中通四丁目二九番地	同上	父	久保梅藏		雇員	久保庭一	有	
19.9.18	香川縣香川郡川東村大字川東上一〇四八番地	同上	兄	黒川松太郎		雇員	黒川一雄	有	
召集解除 21年5月20日 19.9.18	京都府福知山市字鍛冶三七番地	大阪市東淀川区十三東之町一丁目三番地	義父	村上儀太郎		雇員	黒田圭三	無 ~~有~~	21.6.20

(醫制50)

39

7

秘

南方軍防疫給水部 留守名簿

昭和二十年一月一日

編入年月日	前所屬及本籍地（在留地）（共編入年月日）	留守擔當者 住所	留守擔當者 續柄	留守擔當者 氏名	徵集年	任官年	役種兵種官等級並俸給額發令年月日	氏名（生年月日）	留守宅渡ノ有無	補修年月日
19.9.18.	大阪市東區和泉町二丁目二二番地.	大阪市東住吉区山坂町一丁目一八番地.	義父	柴田駒造			傭人	黒澤曉	有	
19.9.18.	滋賀縣神崎郡八日市町大字金屋五八九番地.	同上	父	野屋和助			雇員	楠亀喜三郎	有	
		京都府加佐郡河守町字河守七五四番地ノ二	妻	黒田淑榮			雇員	黒田至三	有	

（愛知50）

40

秘

南方軍防疫給水部 留守名簿

昭和二十年一月一日

コ

21.5 日 解18　21.5 日 解8

召集解除 21年5月7.20 5日　召集解除 21年5月7.20 5日

編入年月日	前所屬及共編入年月日	本籍地（在留地）	留守擔當者住所	續柄	留守擔當者氏名	徵集年	任官年	役種兵種官等給並俸給月額發令年月日	氏名生年月日	留守宅渡ノ有無	補修年月日
18.5.1	南方軍防疫給水部 一六.一二.二〇	東京都麹町区九段一丁目三番地ノ二	東京都目黒区中目黒二丁目六五四番地	弟	權田隆寛		昭16	現 軍醫中尉 一八.一.三一	權田隆茂 大四.一.三	有	
5	名古屋	愛知縣西春日井郡清洲町大字回向八番地	同上	父	後藤鎌三郎	昭13		補衛 上等兵 一七.九.一	後藤薫光 大七.七.一〇	無	
5	福山	廣島縣沼隈郡走島村一五八番地	同上	母	小林サン	昭8		豫衛 軍曹 二.一九.三.三一	小林敏教?	無	
17.5.5	甲府	山梨縣西八代郡共和村宮本二〇六一番地	同上	父	小林慶治	昭11		豫衛 伍 三.一九.八.一	小林敬	無	
	前橋	群馬縣前橋市榮町三二九番地	同上	母	小見とみ	昭16		補衛 上 一八.三.一	小見政雄	無	
17.5.5	石門陸軍病院 一七.三.二八	愛知縣岡崎市福壽町九番地	同上	父	小坂喜代治	昭15		現衛 上 一七.一二.一	小坂利一 大九.一.一二	無	
17.12.20	長野	長野縣諏訪郡本郷村大字江澤区四五ノ一	同上	父	小池貞人	昭14	昭19	豫衛 伍 一九.九.一	小池今朝春 大八.四.二	無	
17.12.20	長野	長野縣諏訪郡富士見村栗生	同上	父	小松留吉	昭11		補衛 上 一八.三.一	小松千秉? 大五.八.二	無	

21.6.20 21.6.20

（愛知50）

41

秘

コ

召集解除 21年5月20日

南方軍防疫給水部 留守名簿

昭和二十年 一月 一日

編入年月日	編入前所屬及本籍地 其編入年月日（在留地）	留守擔當者 住所	續柄	氏名	徵集年	任官年	役種兵種官等級並等給俸給月額發令年月日	氏名 生年月日	留守宅渡ノ有無	補修年月日
17.12.20	東京 東京都世田谷区北澤四丁目五七三番地	同上	父	小林春吉	昭11		一補衛上 18.3.1	小林一郎 大六.三.三一	無	
18.2.4	滋賀 滋賀県甲賀郡龍池村大字野尻八八三番地	同上	父	小林仙太郎	昭15		現衛上 17.4.10	小林義男 大八.一三.一	無	
	東京 東京都江戸川区一之江町一丁目一九番地	同上	父	小林定五郎	昭13		豫衛長 19.4.1	小池輝雄 大六.一一.二二	無	
	甲府 山梨県中巨摩郡睦澤村亀澤三九六二番地	同上	兄	小島勇三	昭14		補衛兵 17.3.1	小島秀夫 大八.一〇.五	無	
	浦和 埼玉県川越市小仙波町三八番地	同上	父	小島裕五郎	昭11		二國衛二 19.6.15	小島勝治 大五.一一.一三	無	21.6.20
17.7.16	軍醫學校 茨城県猿島郡幸島村新和田一三五番地	東京都足立区梅田町一六四 村上長八方	妻	見矢野よね			技手 五級俸 19.3.31	見矢野禮次郎 明四〇.一一.三	有	
	軍醫學校 東京都葛飾区堀切町八三七番地	同上	父	小高鉄藏			~~雇員~~ 技手 五級俸 20.2.9	小高敏雄	有	20.4.24
	軍醫學校 千葉県市川市八幡町山本六三四	東京都荒川区町屋三丁目三五二	妻	小泉歌子			~~雇員~~ 技手 五級俸 20.6.7	小泉新吉	有	20.4.24

（登知50）

42

秘

南方軍防疫給水部　留守名簿

昭和二十年一月一日

二重 抹消

召集解除 21年5月20日

21.5.12 召集

コ

編入年月日	前所屬及本籍地 其編入年月日（在留地）	留守擔當者 住所	續柄	氏名	徴集年	任官年	役種兵種官等級 並 等級俸給月額 發令年月日	氏名 生年月日	留守宅渡ノ有無	補修年月日
	香川縣木田郡前田村字西前田字大口道	同上	父	香西正一			雇員	香西正義	無	
17.12.5	東京都麻布区仲ノ町一九番地	同上	妻	小林あや			嘱託（奏任官待遇）	小林榮三	有	
4.17	大阪市東淀川区國次町三二九番地	同上	母	小寺ハル			雇員	小寺幸次	有	
19.9.18	長野縣小縣郡浦里村大字仁古田六一三番地	兵庫縣武庫郡本庄村西青木一三四番地	父	近藤富士太			雇員	近藤好	有	21.6.20
19.9.18	兵庫縣武庫郡本庄村青木三一三番屋敷	兵庫縣伊丹市伊丹北小路二二三番地	父	米谷芳松			雇員	米谷國晴	無	
19.9.18	三重縣一志郡香良町一五八番地	大阪市西成区三日路町三二	父	近藤薫一			傭人	近藤マサ子	有	
19.9.18	和歌山市小雑賀五七番地	大阪府中河内郡久宝寺村大字久宝寺三三九番地	父	琴野三省			傭人	琴野清香	有	
19.9.18	長野縣諏訪郡川岸村四九七番地	東京都南多摩郡日野町日野一八五二番地	父	小松達雄			技手 雇員 五級俸 20.2.9	小松善孝	有	20.6.26

（嬰細50）

48

秘

南方軍防疫給水部 留守名簿

昭和二十年一月一日

コ

召集解除 21年5月10日

編入年月日	前所属及本籍地(在留地)	留守擔當者 住所	續柄	氏名	徴集年	任官年	役種兵種官等級並ニ等給俸額 月給 発令年月日	氏名 生年月日	留守宅渡ノ有無 補給年月日
19.5.10	新竹州桃園郡桃園街桃園字中南六九	同上	父	呉周元			雇員	呉文川	無
19.5.10	台中州大甲郡龍井庄龍井三〇七	同上	父	呉萬			雇員	呉春慶	無
(19.9.27 戦死)	新竹州中壢郡楊梅街楊梅七七	同上	父	古娘生			雇員	古張燦	無
(21.5.12 召解)		三重縣志摩郡片田村三九〇四番地	父	小山安松			雇員	小山伊助	有
		東京都浅草区壽町一丁目,四番地	父	小堂千松			傭人	小堂靜代	有
18.10.23 (21.5.18 召解)	姫路市岩端町一二八番地	✓	義母	小西てる子			雇員	小西茂	有
	大阪市南区笠屋町一五	同上	妻	近藤マツ			衛任	近藤秀雄	

21.6.20

(愛知50)

44

秘

廿

南方軍防疫給水部 留守名簿

昭和二十年一月一日

召集解除 21年5月20日

召集解除 21年5月20日

編入年月日	前所屬及本籍地共編入年月日	本籍地（在留地）	留守擔當者 住所	續柄	留守擔當者 氏名	徵集年	任官年	役種兵種官等級並給與年月日	氏名 生年月日	留守宅渡ノ有無	補修年月日
18.5.1	南支那防疫給水部 一八、二、二〇	沖縄県中頭郡勝連村大字内間五三五番地	同上	父	座間味山戸		昭16	現 醫中尉 18.9.5	座間味清吾 大六、五、一五	有	
5.5	張家口陸軍病院 一五、八、二九	千葉県千葉郡幕張町幕張八二番地	同上	父	櫻井増右衛門	昭11	918	三 豫 衛伍 19.12.1	櫻井英雄 大五、一〇、一二	無	21.6.20
5.5	上海第一陸軍病院 一六、七、二五	群馬県群馬郡箕輪村大字富權平中四〇八	同上	父	齋藤安吉	昭15		現 衛伍 兵長 19.9.1	齋藤廣 大八、七、一三	無	20.4.11 21.6.20
17.5.5	東京	東京都麹町区平河町一丁目二ノ八	同上	母	長谷部今朝代	昭14		一 補 衛上 18.3.1	酒井義久 大八、二、二〇	無	
17.5.5	前橋	群馬県群馬郡相馬村大字柏木澤一二〇番地	同上	義父	坂井仙五郎	昭14		補 衛上 17.9.1	坂井清瀬	無	
17.5.5	歩兵第六聯隊補充隊 一四、一二、一	愛知県名古屋市中川区八熊町字柳原一三七七番地	同上	父	坂野長七	昭14		現 衛長 19.4.1	坂野朝三 大八、一一、一五	無	
17.5.5	独立混成第一旅団司令部 一六、五、一〇	島根県美濃郡匹見村大字金山？七九地内ノ一	島根県美濃郡東仙道村三谷	父	佐々木光照	昭15	昭19	現 衛伍 19.9.1	佐々木大成 大九、三、二四	無	20.4.11
17.12.20	宇都宮	栃木県足利郡三和村大字松田三六六番地	同上	母	齋藤ハナ	昭14		二 豫 衛軍 19.3.31	齋藤俊次郎	無	

（營知50）

45

㊙

南方軍防疫給水部 留守名簿

昭和二十年 一月 一日

召集解除 21年5月20日

召集解除 21年5月10日

召集解除 21年5月10日

寿 21.9.20 謄 鋐

氏名	佐藤忠良	齋藤義	齋藤實	眞田重雄	坂本强	酒井高保	齋藤美則	佐藤一
生年月日			大六、三、一〇	大三、三、二一		大四、一、一一		明四三、一、二六
編入年月日	17.12.20	17.12.20	17.12.20	17.12.20	18.2.4	16.3.30		17.12.12
編入前所屬及其編入年月日	長野	浦和	東京	横濱	歩兵第一八聯隊	東京		
本籍地（在留地）	長野縣北佐久郡北大井村柏木一〇六五番地	埼玉縣入間郡大家村四日市場	東京都板橋区板橋町六丁目三九三番地	横浜市神奈川区子安通一丁目一六番地	福井縣丹生郡天津村眞栗第三号四十一番地	東京都荏原区下神明町	長野縣東筑摩郡朝日村乙一〇三番地	千葉縣香取郡滑河町国賓沼 多古町米井一七三
留守擔當者 住所	同上	同上	同上	千葉縣夷隅郡御宿町六軒町加藤長蔵方	同上	同上	同上	千葉縣滑川町 第二部隊官舎 [illegible]
續柄	父	父	父	妻	父	父	兄	妻
留守擔當者 氏名	佐藤徳重	齋藤藤五郎	齋藤藤五郎	眞田登利	坂本傳平	酒井鐵治郎	齋藤忠勝	佐藤トメ
徴集年	昭12	昭12	昭12	昭9	昭16	昭10		
任官年								
役種兵種官等級並等給俸額發令年月日	衛伍 三、19、8、1	衛兵長 19、9、1	衛上 18、3、1	衛上 19、9、1	衛上 19、9、1	衛上 18、3、1	雇員	技手 五級俸 19、9、30
留守宅渡ノ有無	無	無	無	無	無	無	無	有
補修年月日	21.6.20	20.4.11			20.4.11		21.6.20	21.6.20

(要細50)

46

廿

秘

南方軍防疫給水部留守名簿

昭和二十年一月一日

編入年月日	前所屬及本籍地（其編入年月日）（在留地）	留守擔當者 住所	續柄	氏名	徵集年	任官年	役種兵種官等級並等給 俸給月額 令達年月日	氏名 生年月日	留守補償 宅渡ノ有無 年月日
17.12.12	千葉縣山武郡千代田村大里加字一二三五番地	同上	妻	佐久間スエ			雇員	佐久間浩	有
18.2.5	奈良縣山邊郡二階堂村九條五五六番地	大阪市東成区北生野町一丁目五八、西村時男方	妻	佐藤ヤエ			雇員	佐藤常雄	有
5	鹿児島市恵美須町四一戸	神戸市湊東区楠町七丁目一二二番屋敷	母	相良カツ			雇員	相良正之	無
18.4.17	奈良縣吉野郡高見村平野八六九番地	大阪市生野区南生野五丁目一番地	母	坂 キクエ			傭人	坂 静子	有
18.12.25	小樽市錦町四六番地	東京都日本橋区本町二丁目四番地	妻	佐藤[illegible]子			雇員	佐藤 久	有
	廣島縣山縣郡新庄村大字新庄一〇六六番地	同上	母	佐伯マサヨ			雇員	佐伯正治	有
	大分縣中津市大字湯屋三一三番地	大阪市西淀川区亜花川町二丁目	父	三郎丸半治			雇員	三郎丸哲夫	有
	兵庫縣揖保郡林田村八幡六〇二番地		兄	辛長利一			雇員	辛長春工	無

召集解除 21年5月20日（相良正之欄）

召集解除 21年5月20日（三郎丸哲夫欄）

21.6.20.（相良正之欄）

21.6.20.（三郎丸哲夫欄）

（貸甲50）

47

確認 19.1.14
廿

召集解除 21年5月20日

南方軍防疫給水部 留守名簿

秘

昭和二十年 一月 一日

編入年月日	前所屬及其編入年月日	本籍地（在留地）	留守擔當者 住所	留守擔當者 續柄	留守擔當者 氏名	徵集年	任官年	役種兵種官等級 等級並俸給 俸給月額 發令年月日	氏名 生年月日	留守宅渡ノ有無	補修年月日
19.4.18		三重縣飯南郡井田村大字井荒三二六番地	大阪市西成區野田天下茶屋町三〇三六番地	母	櫻井ワナ			傭人	櫻井秀彦	有	20.7.30
19.5.18		京都市上京區小川通寺ノ内上ル本法寺前町六六八	大阪市城東區蒲生町一〇八九	父	澤田茂			傭人	澤田久子	有	
17		岩手縣西磐井郡平泉村一三一番地	岩手縣西磐井郡中里村西方三二三	妻	佐々木愛子			技手 五級俸 17.1.17	佐々木政志 明四三.三.二九	有	21.6.20
18.10.23		大阪市阿倍野區阪南町西三ノ七番地	京都市伏見區深草	妻	櫻井君江			雇員	櫻井福太郎	有	
18.12.25		三重縣阿山郡□□村大字川東二二七番地	大阪市東住吉區田邊西町□□番地	父	澤村寸藏			傭人	澤村典子	有	
			大阪府豊中市新免區一〇一番地	兄	笹部直信			雇員	笹部富夫	無	
	關東軍防疫給水部 一五.七.八	栃木縣安蘇郡葛生町大字葛生二二八番地	同	妻	齋藤春子			技手 五級俸 19.4.30	齋藤喜一 明四四.一一.七	無	
		宮城縣伊具郡館矢間村館山岩前一八番地	同	上 兄	齋藤喜次			雇員	齋藤□七		

48

隊留守名簿

昭和　年　月　日調製
　　隊

編入年月日		
前所屬及其編入年月日		
本籍（在留地）	埼玉縣児玉郡松久村広木一五三	岩手縣東磐井郡[illegible]村[illegible]六二一
留守擔當者 住所	仝上	仝上
留守擔當者 續柄	父	母
留守擔當者 氏名	笹岡[illegible]三郎	佐々木[illegible]
徵集年		
任官年		
役種兵種官等並等級俸給月額徵令年月日		雇員
氏名 生年月日	笹岡林二	佐々木氏藏
留守宅渡ノ有無		
補修年月日	21.6.20	21.6.20

召集解除 21年5月20日

召集解除 21年5月20日

昭和二十一年一月一日

シ

49

シ

21年5月20日 召集解除（×3）

編入年月日	其編入前所属及本籍地（在留地）年月日	本籍地（在留地）	留守擔當者 住所	續柄	留守擔當者 氏名	徴集年	任官年	役種兵種官等級並俸給月額發令年月日	氏名	生年月日	留守宅渡ノ有無	補修年月日
18.5.1	関東軍防疫給水部 一三、一〇、二〇	三重県南牟婁郡神志山村大字金山一七八番地	和歌山県新宮市榮町二五ノ八番地	妻	島田あい		昭12	現 衛大尉 二 18.9.30	島田楠造	明四〇、六、一	無	
[illegible].5.5	杭州陸軍病院 一六、三、二一	和歌山県西牟婁郡長野村大字上[illegible]一九七九番地	同上	父	下垣喜三郎		昭15	現 衛伍長 18.12.1	下垣勝	大九、三、三〇	無	21.6.20
19.5.5	独立歩兵第五聯隊 一五、一二、一	山形県西村山郡宮宿町大字宮宿二九番地	同上	妻	柴田雪香		昭15	現 衛上 17.12.1	柴田一雄	大八、八、三	無	
[illegible].5.5	久留米	佐賀県三養基郡旭村大字下野三三八番地	同上	父	執行文吉	昭12	昭19	豫 衛軍曹 19.4.1	執行實	大六、一、六	無	21.6.20
17.5.5	東京	東京都瀧野川区上中里町一七一番地	同上	父	神保輝平	昭14		補 衛上 18.9.1	神保義雄	大八、三、二六	無	
[illegible].5.5	東京	東京都板橋区板橋町九ノ一八六九番地	同上	父	塩野福治	昭14		補 衛上 18.9.1	塩野政治		無	21.6.20
17.12.20	第十六軍臨時防疫給水部 一七、四、一二	石川県珠洲郡宝立町春野六六ノ三六	同上	妻	清水みのり	昭8	昭13	現 衛准尉 19.8.1	清水用平	大三、七、一〇	無	20.4.11
17.12.20	東京	東京都浅草区鳥越二ノ一二五、四	東京都大森区大森三丁目二一番地	母	柴田多美	昭10		補 衛上 18.3.1	柴田正市	大四、六、八	無	

（要細50）

50

秘

南方軍防疫給水部留守名簿

昭和二十年一月一日

シ　特記　召集解除 21.5.20

編入年月日	編入前所属及共編入年月日	本籍地（在留地）	留守擔當者住所	續柄	留守擔當者氏名	徵集年・任官年	役種兵種官等級並俸給月額・發令年月日	氏名・生年月日	留守宅渡ノ有無	補給年月日
17.12.20	東京	東京都豊島区駒込六丁目三三三番地	同上	父	白尾俊郎	昭13	補衛上 18.3.1	白尾信一 大7.6.5	無	
17.12.20	浦和（東京）	埼玉県入間郡霞ヶ関村大字的場一八四五	東京都深川区新大橋一丁目六番地	兄	大野進	昭11	補衛上 18.9.1	嶋村芳男 大5.7.8	無	
18.2.4	歩兵第二八聯隊	三重県河芸郡栄村大字郡山乙一三番地	同上	父	下津在蔵	昭16	補衛一 18.3.1	下津晋	無	
18.2.4	京都	京都市上京区香具上野町九番地	同上	父	下村三吉	昭15	補衛上 17.9.1	下村吉次郎	無	20.4.11
	浦和	埼玉県熊谷市大字代六五八ノ一	同上	父	清水栄次郎	昭12	予衛長 17.12.1	清水藤三郎 大6.6.5	無	20.4.11 21.6.20
	福井	福井県足羽郡麻生津村浅水第三号二八	同上	母	漆崎梅野	昭18	現衛二	漆崎伊一	無	
	福井	福井県足羽郡麻生津村三尾野第三十四号四九番地	同上	父	嶋崎政治郎	昭18	現衛二	嶋崎栄一	無	
	福井	福井県坂井郡三國町汐見七三番地ノ一二	同上	父	嶋崎政治郎	昭18	現衛二	嶋崎栄一	無	

（資知50）

51

21 8/12 召解 シ

21 5 召 解18

秘

南方軍防疫給水部 留守名簿

昭和二十年 一月 一日

編入年月日	編入前所屬及其編入年月日	本籍地（在留地）	留守擔當者 住所	續柄	留守擔當者 氏名	徴集年	任官年	役種兵種官等級給俸月額 發令年月日	氏名 生年月日	留守宅渡ノ有無	補修年月日
	福井	福井縣足羽郡麻生津村三尾野才二十四号四九番地	同上	父	直正慶太郎	昭18		現衛二	直正一郎	無	
	軍醫学校	東京都本郷区真砂町三七	東京都中野区若松町三八 木下升[illegible]方	妻	柴田澄			技手（傭人は抹消） 五級俸 20.2.9	柴田清美	有	20.4.24
		京都府南桑田郡亀岡町大字余部小字下條三八	大阪府三島郡茨木町大字茨木一五三ノ二	妻	塩具こぎく			雇員	塩具敬一	有	
		福岡縣門司市大字門司三〇九〇	高雄市南町四丁目ノ九	父	下村正治			技手（傭人は抹消） 七〇円 20.2.7	下村聖子	有	20.4.24
		鳥取縣東伯郡日下村大字清谷五九七	同上	妻	鹿田貞子			雇員	鹿田壽藏	有	
		和歌山縣那賀郡下神野村大字南畑三二二	同上	義兄	泉谷清一			雇員	新谷忠男	有	
		香川縣小豆郡豊島村字甲生一〇三	同上	父	下川駒太郎			傭人	下川カツ	有	
18.11.5		岐阜縣大垣市宮町一〇二五	滋賀縣大津市堅田町二二ノ一三	父	白井一作			技師 八級俸 18.11.5	白井正臣 大.二.一.二	有	

（登知50）

52

秘

召集解除 21年5月10日

召集解除 21 5 10 17.5.1

21 5 12 了解

南方軍防疫給水部留守名簿

昭和二十年一月一日

編入年月日	前所屬及本籍地	留守擔當者 住所（在留地）	續柄	留守擔當者 氏名	徵集年	任官年	役種兵種官等級 並等給 俸給月額 發令年月日	氏名 生年月日	留守宅渡ノ有無	補修年月日
	東京都四谷區番象町一三七番地	宇部市東區幸町六丁目井上清市方	妻	柴田ハツヨ			雇員	柴田繁雄	有	
	奈良縣添上郡辰市村杏三五七番地	同上	妻	東雲ヨシ			雇員	東雲辰五郎	有	
	福岡市高砂町八五ノ一	大阪市東淀川區中津南通四丁目五五番地	妻	陣内時子			雇員	陣内雅次	無	
	岐阜縣郡上郡口明方村初納六番地	大阪府北河内郡守口町梅園町三八番地	妻	篠田敬子			雇員	篠田匡太郎	有	21.6.20.
	大阪府南河内郡喜志村九三〇番地	大阪市旭區大宮西ノ町三ノ三一〇	妻	塩谷政子			雇員	塩谷歳一	有	
	富山縣西礪波郡高波村南高木一三三四番地	同上	父	庄田精一			傭人	庄田ちよ上	有	
	宮城縣名取郡館腰村飯野坂字町拾番地	東京都小石川區坂下町四拾番地	妻	庄司レツ子			技手 四五級俸 17.9.以30.	庄司正巳 大、元、八、二九	有	20.4.11 21.6.20
	島根縣通摩郡五十猛村二三三七甲拾	大阪市東區京橋三丁目二二番地	養母	野村ハエ			雇員	清水光郎	有	

（要通50）

53

シ

秘

南方軍防疫給水部留守名簿

昭和二十年一月一日

編入年月日	前所属及本籍地 其編入年月日（在留地）	留守擔當者 住所	留守擔當者 續柄	留守擔當者 氏名	徵集年	任官年	役種兵種官等級並俸給等給月額 發令年月日	氏名 生年月日	留守宅渡ノ有無 補修年月日
		高雄州旗山郡美濃街美濃四一二	父	劉丁洪			雇員	重光春治	有
		台北州大甲郡清水街社口字社口二二〇	父	呉萬			雇員	清水義男	有

（要細50）

54

南方軍防疫給水部留守名簿

昭和二十年一月一日

召集解除 21年5月20日（印）
召集解除 21年5月20日（印）
召集解除 21年5月20日（印）

秘

編入年月日	前所属及本籍地（其編入年月日）（在留地）		留守擔當者 住所	續柄	氏名	徴集年	任官年	役種兵種官等級・等級並ニ停年月日・給月額發令年月日	氏名	生年月日	留守宅渡ノ有無	補修年月日
17.6.5	熊本	熊本縣宇土郡松合町大字松合一三〇六	同上	父	鈴木元次郎	昭10		補衛上	鈴木清吏	明四三、三、四	無	21.6.20
	横浜	横浜市磯子區杉田町田町五〇八	同上	兄	鈴木伊之助	昭10		19.6.1 補衛 兵卅	鈴木辰吉		無	21.6.20
20	浦和	埼玉縣北足立郡上尾町大字上尾宿六〇一	朝鮮京城府黄金町三丁目一三三	父	巣瀬市吉	昭14		19.5.1 補衛 兵長伍	巣瀬武雄	大八、五、六	無	20.4.11
17.12.20	千葉	千葉縣館山市長須賀三二四	千葉縣館山市北條町新塩場一五八二番地	父	鈴木竹次郎	昭15		17.9.1 補衛上	鈴木光一	大七、一二、一五	無	
17.12.20	浦和	埼玉縣入間郡古谷村字古谷本郷一三四一	埼玉縣川越市二番町三一一四番地	父	鈴木仙三郎	昭13		18.4.1 補衛上	鈴木晴市	大七、一、一〇	無	
	水戸	茨城縣新治郡石岡町大字岩間五五五番地	同上	父	鈴木藤太郎	昭12		三 19.12.1 豫衛 [illegible]	鈴木巳起男	大六、一〇、一	無	20.4.11
	浦和	埼玉縣大里郡鉢形村大字鉢形八七〇番地	同上	妻	杉田久米子	昭11		三 19.8.1 豫衛 [illegible]	杉田辰郎	大五、三、五	無	20.4.11
	横浜	神奈川縣高座郡相模原町座間三一六番地	同上	父	鈴木喜作	昭15		18.9.1 補衛長	鈴木房次	大九、一、一三	無	

（愛知50）

55

21
5
召解18

入

秘

南方軍防疫給水部留守名簿

昭和二十年一月一日

編入年月日	前所屬及本籍地（其編入年月日）	（在留地）住所	留守擔當者 住所	留守擔當者 續柄	留守擔當者 氏名	徵集年	任官年	役種兵種官等級並俸給月額發令年月日	氏名 生年月日	留守宅渡ノ有無	補修年月日
	東京	東京都八王子市八幡町一〇番地	東京都足立区千住仲居町四六	妻	杉崎多つゑ	昭10		補衛上 19.4.1	杉崎好次	無	
	浦和	埼玉県川越市大字松郷七四三	同	父	筋野助太郎	昭10		補衛上 19.9.1	筋野諮三 大六.一.一	無	20.6.11
	浦和	埼玉県南埼玉郡増林村大字増林七六三番地	同	父	鈴木伊之助	昭10		補衛上 19.4.1	鈴木富藏 大四.五.四	無	
17.5.15		朝鮮忠清南道瑞山郡瑞山市	同	兄	杉山永祐			傭人	杉山弘三	無	
17.5.18		三重県一志郡中原村大字津屋城八一四	同	兄	鈴木惣一			雇員	鈴木藤夫	有	
17.5.18		愛知県碧海郡刈谷町大字重原字喜七五	愛知県碧海郡刈谷町大字刈谷字角兵衛山一八	妻	鈴木とよ			雇員	鈴木兼松	有	
18.1.27		福井県今立郡鯖江町東小路三六	大連市聖徳街新二丁目四七三	妻	鈴木清子			技師 六級俸 17.3.31	鈴木浚一 明三八.六.元	有	

（要知50）

56

秘

七

召集解除 21年5月20日

21.5.12 召解

召集解除 21年5月20日

南方軍防疫給水部留守名簿

昭和二十年一月一日

編入年月日	前所属及其編入年月日	本籍地（在留地）	留守擔當者 住所	留守擔當者 續柄	留守擔當者 氏名	徴集年	任官年	役種兵種官等級並給與月額發令年月日	氏名 生年月日	留守宅渡ノ有無	補修年月日
19.5.5	水戸	茨城縣新治郡上大津村手野六八一番地	同上	養父	瀬古澤藤七	昭7	昭19	豫 衛伍 17.4.1	瀬古澤泰 大三.三.一八	無	21.6.20
17.12.20	浦和	埼玉縣南埼玉郡増林村大字増林一七八七番地	同上	父	関島太吉	昭14		補 衛長伍 19.9.1	関島三男 大八.三.五	無	
	廣島	廣島縣蘆品郡網引村大字宮内五〇一番地	同上	叔父	妹尾伴助	昭14		二. 豫 衛軍 19.3.31	妹尾敬三	無	
	千葉	千葉縣市原郡戸田村柄橋究七番地	同上	父	関根平藏	昭12		補 衛上 18.3.4	関根芳太郎 大七.五.二二	無	
	横浜	神奈川縣高座郡澁谷村福田一二三六番地	同上	父	関水雅吉	昭15		補 衛一 17.3.1	関水芳正 大九.三.二	無	
17.7.17	軍医学校	岩手縣胆沢郡衣川村大字衣川並木	同上	父	千田惣次郎			雇員	千田民藏	有	
19.5.18		宮崎縣西諸縣郡飯野町大字大河平二四六一	同上	父	瀬尾浅助			雇員	瀬尾時義	有	
19.5.18		東京都日本橋區小傳馬町一丁目二番地	大阪府中河内郡恵我村大堀二六〇	母	千田キヌ江			雇員	千田肇	有	21.6.20

（要知50）

57

秘

セ

南方軍防疫給水部留守名簿

昭和二十年一月一日

編入年月日	編入前所屬及本籍地 其編入年月日（在留地）	留守擔當者 住所	留守擔當者 續柄 氏名	徵集年	任官年	役種兵種官等級並等給額俸發令年月日	氏名 生年月日	留守補佐宅渡ノ有無 年月日
	兵庫縣加古郡神野村神野九一七一	同	上 父 善本松次郎			傭人	善本ヒサ子	無

（要知50）

58

ソ

秘

南方軍防疫給水部留守名簿

昭和二十年一月一日

編入前所屬及本籍地 年月日 共編入年月日	留守擔當者 住所（在留地）	續柄	氏名	徵集年	任官年	役種兵種官等級並俸給額發令年月日	氏名 生年月日	留守宅渡ノ有無	補給年月日
愛知縣喜多郡大州町大字大州四六一番地ノ二	三重縣北牟婁郡尾鷲町南浦三四四六	妻	曽根ナヨ亥			雇員	曽根米吉	無	
島根縣簸川郡上津村大字上島二九五番地	同	上 母	曽田シナ			雇員	曽田恒雄	有	

（愛知50）

59

秘

タ

20.11.23 右記者高森部隊在職[illegible]

南方軍防疫給水部留守名簿

昭和二十年一月一日

編入年月日	前所屬及其編入年月日	本籍地（在留地）	留守擔當者 住所	留守擔當者 續柄	留守擔當者 氏名	徵集年	任官年	役種兵種官等級並給與月額俸給令年月日	氏名 生年月日	留守宅渡ノ有無	補修年月日
17.5.5	臺洲陸軍病院 一六、一三、二〇	千葉縣香取郡新島村扇島八百貳拾五番地	同上	父	高安宗悦		昭16	現 醫中尉 二、18.1.2	高安宗顯 大五、一〇、一八	有	20.4.11
17.5.5	中支那防疫給水部 一六、一一、一七	奈良縣吉野郡川上村大字東川	同上	妻	高見今子		昭13	豫 衛大尉 19.4.15	高見安次郎 明三五、三、二一	有	20.6.28 20.4.11
18.5.1	関東軍第二陸軍病院 一六、一二、二〇	奈良縣高市郡八木町大字八木百貳拾番地	同上	兄	谷孫兵衛		昭16	現 醫中尉 一、18.1.31	谷信正 大四、一〇、一三	有	
16.9.25	福岡	福岡縣直方市大字直方五百九拾四番地ノ壱	福岡縣直方市殿町五百九拾四番地ノ壱	妻	武内尚子			豫 醫少尉	武内雄輔	有	
19.3.20	第二十八師團司令部 一八、八、二	山口縣大島郡日良居村大字日前弐千八百四拾番地	同上	妻	竹川珠江		昭12	現 醫少佐	竹川信也 明四三、六、二	有	
19.7.20	歩兵第六十六聯隊 一九、七、八	福井縣遠敷郡小濱町湊第四号二六	京都市中京區三條通烏丸通梅忠町	父	高石清吾		昭18	現 醫少尉	高石清行 大九、一一、一三	有	
17.5.5	第十七師團司令部 一三、七、一〇	岡山縣都窪郡常盤村大字中庄八七九	同上	父	高森悦治		昭13	現 主計 十、19.12.11	高森寛一 大六、五、四	有	20.4.11
17.12.20	水戸	茨城縣那珂郡上野村大字宗野五八〇番地	同上	妻	高瀬千代	昭9		豫 衛軍 二、19.3.31	高瀬淵	無	

（愛知50）

60

7

召集解除 21年5月20日

秘

南方軍防疫給水部留守名簿

昭和二十年一月一日

編入年月日	編入前所屬及其編入年月日（在留地）	本籍地	留守擔當者 住所	續柄	氏名	徵集年	任官年	役種兵種官等級並給與等級 作命年月日發令	氏名 生年月日	留守宅渡ノ有無	留守補修年月日
17.12.20	東京	東京都豊島區高田南町一丁目四〇六番地	同上	父	田島佐吉	昭11		豫衛伍 19.6.1	田島孝雄	無	21.6.20
17.12.20	長野	長野縣南佐久郡臼田町大字臼田一六四三	同上	兄	田島覺	昭11		豫衛伍 19.6.1	田島泰	無	
	浦和	埼玉縣秩父郡小鹿野町大字下鹿野一〇九番地	同上	妻	高橋満さ子	昭10		豫衛伍	高橋政一	無	
	浦和	埼玉縣入間郡神瀬村大字本郷七九四番地	同上	父	田中良三	昭10		豫衛伍	田中守三	無	
17.12.20	長野	長野縣埴科郡倉科村大字田端八七六番地	同上	父	竹鼻則昭	昭11		補衛長 19.6.1	竹鼻馨	無	
17.5.5	獨立歩兵第五十一大隊（一六、三、一〇）	島根縣美濃郡東仙道村大字小原七〇二番地	同上	父	田原實市	昭15		現衛上 17.3.1	田原武一 大九、九、一〇	無	
17.12.20	宇都宮	栃木縣足利郡吾妻村大字高橋六九五番地ノ一	同上	父	田口晴	昭14		補衛長 19.9.1	田口光二 大八、五、六	無	
17.12.20	長野	長野縣上水内郡浅川村大字西條押田區一七七番地	同上	母	竹村なみ	昭12		補衛上	竹村誠	無	

（要知50）

61

㊙

ク

南方軍防疫給水部留守名簿

昭和二十年一月一日

編入年月日	前所屬及本籍地 其編入年月日（在留地）	本籍地	留守擔當者 住所	續柄	氏名	徵集年	任官年	役種兵種官等級並俸給額 合年月日	氏名	生年月日	留守宅渡ノ有無	補修年月日
17.12.20	長野	長野縣南佐久郡田口村大字田口二五二三番地	同上	母	高橋てつじ	昭10		補衛長 19.9.1	高橋勝	大四、一、八	無	
17.12.20	長野	長野縣更級郡塩崎村四百九拾九番地	同上	父	田中雄	昭14		補衛上 17.9.1	田中文吉	大八、三、八	無	
17.12.20	水戸	栃木縣芳賀郡真岡町大字西郷五百八番地	同上	父	館野喜三郎	昭12		補衛上 17.8.1	館野勝郎		無	
17.12.20	長野	長野縣埴科郡坂城町六五四九番地	同上	父	田中春雄	昭10		補衛上 17.7.1	田中岩雄	大四、三、三〇	無	
17.12.20	宇都宮	栃木縣河内郡絹島村大字小倉三三八六番地	同上	父	~~田中寅藏~~ 高橋松五郎	昭~~8~~10		補衛上 18.3.1	~~田中由夫~~ 高橋榮	大六、四、五	無	
18.2.4	京都	京都府竹野郡上宇川村字平七百拾壱番地	同上	父	田中寅藏	昭16		補衛上 18.9.1	田中由夫		無	
17.9.4	東京	東京都牛込區早稲田鶴巻町八番地	同上	母	瀧澤かつ	昭12		補衛上 14.6.30	瀧澤富一	大七、二、二〇	無	
17.6.1	横浜	神奈川縣愛甲郡玉川村岡津古久八二九番地	同上	母	高橋ノブ	昭16		補衛上 18.9.1	高橋伊重		無	

（曼留50）

62

秘

南方軍防疫給水部留守名簿

昭和二十年一月一日

召集解除 21年5月20日

召集解除 21年5月10日

召集解除 21年5月10日

編入年月日	前所属及其編入年月日	本籍地（在留地）	留守擔當者住所	続柄	留守擔當者氏名	徴集年	任官年	役種兵種官等級並等給俸給額 月日令発	氏名	生年月日	留守宅渡ノ有無	補修年月日
20.5.5	上海第一陸軍病院 一六.七.二五	宮城県柴田郡槻木町大字葉坂字首八五番地	同	父	高城正七	昭15		現 衛 兵長 19.9.1	高城一郎	大九.二.九	無	21.6.20.
	東京	東京都赤坂区青山北町四丁目九番地	同	父	田村吉之助	昭15		補 衛 兵長 17.3.1	田村恭三	大九.二.二七	無	20.4.11 21.6.20
	東京	東京都目黒区緑ヶ丘三千二百十四番地	同	父	高瀬萬蔵	昭15		補 衛 一 17.3.1	高瀬金蔵	大九.一.二七	無	20.4.11
	大津	滋賀県蒲生郡市辺村大字野口三五一番地	同	父	瀧口與助	昭18		現 衛 二	瀧口幸助		無	
	福井	福井県大飯郡高濱町宮崎四十四号六番地	同	父	高田文吉	昭18		現 衛 二	高田譲		無	
	福井	福井県坂井郡網村木村柿原四〇号五番地	同	父	高木彦左エ門	昭18		現 衛 二	高木茂		無	
	歩兵第六十一聯隊補充隊 一八.九.二八	和歌山県西牟婁郡白濱町千百八拾九番地	同	父	高田源太郎		昭19	豫 醫 少尉 19.7.1	高田茂	大八.三.一九	無	
		栃木県芳賀郡物部村大字高田九三二番地	同	父	高山八五郎			雇員	高山良明		有	21.6.20.

21.5.17 復員

（愛知50）

63

秘

9

召集解除 21年5月20日

南方軍防疫給水部 留守名簿

昭和二十年一月一日

編入年月日	前所屬及本籍地（在留地）（其編入年月日）	留守擔當者住所	續柄	留守擔當者氏名	徴集年	任官年	役種兵種官等級並修等給修給月額命年月日發	氏名 生年月日	留守宅渡ノ有無	補修年月日
17.7.16	軍醫學校 一三、八、二〇 東京都足立區千住末廣町九九番地	同上	父	高橋喜三郎			技手 五級俸 19.3.31	高橋喜平次 明四五.六.五	有	
17.12.1	愛知縣知多郡半田市前山宅一三	東京都麹町區九段二丁目	妻	竹本ふく子			陸軍技手 5級俸 19.9.30	竹本進一郎 大二.一〇.三〇	有	20.4.11
	東京都淺草區馬道町一丁目七八番地	埼玉縣北埼玉郡忍町行田榮橋際渡邊十九方	妻	田中秋子			雇員	田中博文	有	6092部隊
17.12.1	京都府南桑田郡篠田野村大字鹿谷小字下條三三	同上	兄	高田茂			技手 五級俸 19.3.31	高田亘啓 大八.一.二四	有	
17.12.1	埼玉縣入間郡元狹山村大字二本木六四四番地	東京都立川市錦町一丁目一三 東京風久助方	妻	田邊タケヨ			技手 四級俸 19.3.31	田邊東一 明四一.七.五	有	
	靜岡市錢屋町二丁目二一番地	同上	父	瀧澤榮			雇員	瀧澤坂技	有	21.6.20
	神戸市兵庫區北逆瀬川町五五番地ノ一	大阪市城東區片江町六丁目一二番地	兄	田中健次			雇員	田中義一	有	
	香川縣仲多度郡瀧川村大字原田九一三番地	同上	兄	田所壽加次			雇員	田所明	有	

（要知50）

64

秘

南方軍防疫給水部 留守名簿

昭和二十年一月一日

21年5月10日 召集解除

21年5月20日 召集解除

21.5.18 召解　21.5.18 召解　21.5.18 召解

編入年月日	前所屬及本籍地（在留地）	留守擔當者住所	續柄	留守擔當者氏名	徵集年	任官年	役種兵種官等級並俸給額 任命年月日	氏名 生年月日	留守宅渡ノ有無	補修年月日
	三重縣多氣郡五ケ谷村字波多瀬四百二十八番地	同上	義兄	藤井文城			雇員	田邊秋慧	有	
	大阪市旭區新喜多町一七二番地	大阪市西成區新開通三丁目二二	妻	高田十ホ			雇員	高田正治	有	21.6.20.
	東京都大森區新井宿四丁目九百九拾八番地	神戸市須磨區若宮町四丁目三拾一番地	兄	田島義男			雇員	田島隆	有	21.6.20.
	埼玉縣比企郡福田村大字福田三三八六番地	大阪市港區音羽町一五錦城園内	父	田口要七			雇員	田口喜之助	有	
	福井縣吉田郡東藤島村藤島才四二号四番地	同上	父	武澤新松			雇員	武澤信高	無	
	兵庫縣飾磨郡網江七六八番地	同上	妻	立岩とゑ子			雇員	立岩久次	有	
	島根縣美濃郡益田町益田イ五三九ノ二	岡山市岩井四六一番地	妻	高野定子			雇員	高野豊	有	
	大阪市港區吾妻町三丁目一ノ七	同上	妻	谷川マサ子			雇員	谷川政雄	有	

（甲知50）

65

21/5/18 召解

夕

21/5/18 召解

23/1/13 開生

秘

南方軍防疫給水部留守名簿

昭和二十年一月一日

編入年月日	前所属及本籍地	留守担当者住所（在留地）	続柄	留守担当者氏名	徴集年	任官年	役種兵種官等級	氏名	留守宅渡ノ有無
	兵庫縣加古郡加古川町大野三一六番地	同上	父	高田梅太郎			雇員	高田一夫	有
	靜岡縣磐田郡山香村平山三三四番地	名古屋市熱田區島町七 澤村一郎方	父	竹花萬吉			雇員	竹花京一	有
	大阪市南區東賑町二四番地	大阪市大正區千島町一〇八 ~~中村政治方~~	兄義	中村政治			雇員	樽谷英治郎	有
	兵庫縣加古川天満村中村一八一〇番地	兵庫縣加古郡野口村阪元中岡麻雄方	父	大路長松			傭人	大路正夫	有
	大阪市東區龍造寺町九番地	布施市長堂一丁目一〇一番地	母	田橋サト			雇員	田橋信三	有
	大阪市大淀區中津本町通り二丁目八番地	同上	父	多田己之助			雇員	多田稔	有
	岐阜縣武儀郡美濃町二九七二ノ一	大阪市西成區旭北通一丁目五番地 浜田富亞方	妻	鷹見ハルエ			雇員	鷹見昌彦	有
	香川縣大川郡白鳥本町字松原二八九番地	大阪市生野區大友町一丁目三 奥野作林方	父	多田助次郎			傭人	多田保	有

（叢編50）

66

夕

二重抹消

戦死 19.7.22

秘

南方軍防疫給水部留守名簿

昭和二十年一月一日

編入前所属及本籍地（其編入年月日）	（在留地）住所	留守擔當者 續柄	留守擔當者 氏名	徵集年 任官年	役種兵種 等級 官等級 俸給月額 発令年月日	氏名 生年月日	留守宅渡ノ有無	補修年月日
鹿児島県大島郡知名村大字上城五五六番地	神戸市灘区原田通七丁目一〇八 林仲蔵方	父	大當本川		雇員	大當島勝	無	
大阪市港区八幡屋中通一丁目一一番地	同	上 父	田渕喜助		傭人	田渕百々子	有	
新竹州桃園郡亀山庄南嶺字蓄子窩二二	同	上 父	卓金発		雇員	卓秋明	無	
（19.7.3）静岡県駿東郡高根村[illegible]一七七番地	静岡県駿東郡高根村六日市場一五	父	田代亀二郎		技手 三級俸 17.4.30	田代要 明三八.八.一五	有	
	兵庫県城崎郡香住町西口博造方	妻	谷田貝ふさ		傭人	谷田貝義禮	有	
	栃木県足利市大門通	父	田上三藏		雇員	田上正典	有	
	台北州基隆郡双渓庄双渓三五	父	簡石発		雇員	簡文男	有	
	高雄州潮州郡竹田庄竹田三四五	母	謝呉氏妹		雇員	田村秀雄	有	

（營甸59）

67

秘

7

南方軍防疫給水部 留守名簿

昭和二十年一月一日

備考	編入前所属及本籍地（在留地）	留守擔當者 住所	續柄	留守擔當者 氏名	徵集年	任官年	役種兵種官等級 任官年月日	氏名 生年月日
19.2.27 戰病死	北海道札幌市南十八條西十丁目一二五九番地	同上	父	田中幾介			（雇員）技手 19.2.27	田中言平
19.2.29 戰死確認	大阪府北河内郡大和田村字打越三四二番地	大阪府北河内郡守口町櫻町二九五番地ノ一	妻	田中東子			技手 19.2.29	田中市造
19.3.17 戰病死	東京都下谷區竹町三丁目一〇番地	埼玉縣北足立郡常光村大字常光天助作方	妻	高澤ハル子			技手 19.3.17	高澤久吉
19.11.21 戰死	岡山縣上道郡可知村大字中川四九三	同上	父	立川潔	昭16	昭19	予 野中尉	立川一郎 大一〇、八、二
19.11.10 戰病死	岩手縣下閉伊郡小川村大字穴澤字田山五四	同上	父	立花清五郎	昭19		現 歩 一	立花喜三郎 大一三、一〇、二三

（賀知50）

68

秘

南方軍防疫給水部留守名簿

昭和二十年一月一日

編入年月日	前所属及共編入年月日	本籍地（在留地）	留守擔當者 住所	留守擔當者 續柄	留守擔當者 氏名	徵集年 任官年	役種並兵種等級 官等給 俸給月額	氏名	留守宅渡ノ有無	補修年月日
19.5.10		台中州員林郡員林街萬年二六八番地	同	上 父	張新西		雇員	張飛鵬	無	
18.10.23		福井縣坂井郡大関村大味弐七号二八ノ一	福井縣吉田郡森田町下森田南川安太郎方	妻	近葉ツミ子		雇員	近葉正章	有	
19.5.10		台灣新竹州新竹郡湖口庄下勢字下北勢一五二	同	上 父	陳阿常		雇員	陳鑫全	無	
19.5.10		新竹州竹南郡頭分街頭分土手四七七	新竹州中壢郡中壢街興南字中壢老五九	母	陳葉氏昭妹		雇員	陳卓河	無	
19.5.10		台灣新竹州新竹郡關西街第子埔一一	台北市東門町二一七	父	陳俊玖		雇員	陳興仁	無	

（要甸50）

69

ツ

秘

南方軍防疫給水部留守名簿

昭和二十年一月一日

項目	1	2	3	4	5	6	7	8
編入年月日	16.9.25	召集解除 21年5月20日	召集解除 21年5月20日	召集解除 21年5月20日	召集解除 21年5月20日		18.2.4	
前所属及共編入年月日	佐賀	甲府	水戸	甲府	長野	水戸	大津	
本籍地（在留地）	佐賀縣三養基郡田代町大字一八二番地	山梨縣東山梨郡八幡村北二〇三番地	茨城縣真壁郡上野村大字寺上野六五六番地	山梨縣東山梨郡八幡村北九百拾五番地	長野縣東筑摩郡山形村四七五番地	茨城縣水戸市砂久保町四九六四番地	滋賀縣大上郡高宮町三四八番地	兵庫縣三原郡八木村笑原德野組三三四番地
留守擔當者 住所	福岡縣小倉市清水町三丁目	同上	同上	同上	同上	同上	同上	神戸市兵庫区東出町三丁目二四一
續柄	父	父	母	母	兄	父	父	叔母
氏名	津田勇	鶴田國照	提せい	辻とらの	提静男	土屋末吉	辻興惣吉	水野秋野
徵集年		昭	昭9	昭15	昭13	昭14	昭16	
任官年		昭17						
役種兵種官等級並等給額	豫醫少尉 19.3.20	豫衛軍一 19.3.31	補衛 18.3.1 伍長	補衛 19.4.1 伍長	補衛 19.4.1 伍長	補衛上 18.6.17	補衛一 18.3.1	雇員
氏名 生年月日	津田稔 大六、四、二五	鶴田春重	提享 大三、二、一六	辻桂 大九、一〇、二	提良江	土屋次男	辻晃	筒井圓治 大五、二、一六
留守宅渡ノ有無	有	無	無	無	無	無	無	有
補修年月日		21.6.20	20.4.11 21.6.21	20.4.11 21.6.21	20.4.11 21.6.20			

（愛知60）

70

秘

ツ

召集解除 21年5月20日

南方軍防疫給水部留守名簿

昭和二十年一月一日

項目	1	2	3	4					
編入年月日		17.12.1							
前所屬及本籍地（在留地）	滋賀縣神崎郡南五ヶ莊村字金三七三番地	東京都品川區北品川三丁目二〇六番地	大阪府中河内郡龍華町大字植松一〇〇五	大阪市城東區放出町三〇六ノ一					
留守擔當者 住所	大阪市東住吉區北田邊町二八六番地ノ一	東京都板橋區板橋町五丁目一〇〇五 新井清人方	同上	同上					
留守擔當者 續柄	弟	妻	父	父					
留守擔當者 氏名	塚本茂吉	坪田芳子	津田作次郎	續橋留吉					
徴集年									
任官年									
役種兵種官等並等級給俸月額發令年月日	雇員	技手 三級俸 19.7.30	傭人	傭人					
氏名 生年月日	塚本梅吉	坪田清春 明四三.一一.一〇	津田信之	續橋芳子					
留守宅渡ノ有無	有	有	有	有					
補修年月日		20.6.11	21.6.20						

（要細50）

71

秘

テ

南方軍防疫給水部留守名簿

昭和二十年一月一日

編入年月日	前所属及共編入年月日	本籍地（在留地）	留守擔當者住所	續柄	留守擔當者氏名	徴集年	任官年	役種兵種官等並等級（作命年月日・給領發令年月日）	氏名	生年月日	留守宅渡ノ有無	補修年月日
19.3.17	南方軍総司令部 一八・一三・五	福島県郡山市字原田町六六番地	同上	父	勅使河原鼎		昭18	現 医 少尉	勅使河原守	大二、四、二	有	
17.5.5	杭州陸軍病院 一五、三、四	大阪府豊能郡豊津村大字榎坂二六九番地	同上	兄	寺辻與一	昭14	昭18	現 衛 三、19.12.1 軍曹	寺辻治男	大八、七、五	無	20.4.11
19.5.5 召集解除 21年5月20日	岐阜	岐阜県岐阜市榎江町二番地	岐阜市八ツ梅町一丁目	父	寺本鈴太郎	昭10		補 衛 19.9.1 伍長	寺本時次郎		無	20.4.11 21.6.20
召集解除 21年5月20日	横浜	神奈川県三浦郡大楠町佐島五〇四番地	同上	兄	照本乗薫	昭9		補 衛 19.9.1 兵長	照本秀雄		無	20.4.11 21.6.20
	大津	滋賀県蒲生郡苗村大字山三上二三九一番地	同上	父	寺島竹治郎	昭18		現 衛 二	寺島久次		無	
	大津	滋賀県野洲郡祇王村大字北三五〇番地	同上	父	寺田幸太郎	昭18		現 衛 二	寺田栄作		無	
19.4.18 召集解除 21年5月20日		兵庫県川辺郡園田村御園一三一番地	西宮市津門住江町四七	父	寺内留蔵			給仕	寺内幸男		有	21.6.20
19.5.18		和歌山県新宮市新宮六六一六六番地	大阪府南河内郡藤井寺町大字小山三九	兄	寺田勝己			傭人	寺田愛子		有	

（愛知50）

72

千

秘

南方軍防疫給水部留守名簿

昭和二十年一月一日

編入年月日 其編入年月日	前所属及本籍地（在留地）住所	留守擔當者 続柄 氏名	徴集年	任官年	役種兵種官等級並等給 傳令年月日	氏名 生年月日	留守宅渡ノ有無 補給年月日
19.5.10	台湾高雄州鳳山郡鳳山街鳳山字大房口二〇七 同上	父 鄧添壽			雇員	鄧進興	無
	茨城縣鹿島郡大同村大字荒井二		昭10		二國衛二 17.12.20	出頭清 大四.二.三	無

（愛知50）

73

ト

秘

召集解除 21年5月26日

21.5.18 解召

21.5.18 解召

南方軍防疫給水部留守名簿

昭和二十年一月一日

編入年月日	編入前所屬及其編入年月日	本籍地（在留地）	留守擔當者 住所	續柄	留守擔當者 氏名	徴集年	任官年	役種兵種官等級等給並俸給額發令年月日	氏名	生年月日	留守宅渡ノ有無	補修年月日
17.5.5	歩兵第六十聯隊 一四、一二、一	京都市上京區元誓願寺通西堀川東入橋詰町四四三番地	同上	母	徳岡イシ	昭14		現 衛長 19.4.1	徳岡忠清	大八.八.二四	無	
	千葉	千葉縣千葉郡睦村平戸六八三番地ノ一	同上	父	富澤榮藏	昭2		補 衛上 18.3.6	富澤傳	大二.一.二〇	無	
18.2.5		千葉縣銚子市陣屋町一三八番地	栃木縣足利市外江川一六番地	父	殿岡俊勗			雇員	殿岡厚		有	
18.2.5		岡山縣後月郡縣主村大字門田一六九〇番地	大阪府吹田市東旭町一三二五番地	妻	鳥越喜久恵			雇員	鳥越篤雄		有	
		宮崎縣南那珂郡油津町四九〇七ノ一	大阪市西淀川區浦江北一丁目五	兄	豊田安彦			雇員	豊田末吉		有	
18.4.17		大阪市東成區猪飼野町一五一〇番地	同上	妻	得津信興			雇員	得津喜義		有	21.6.21
18.5.26		岐阜縣吉城郡上宝村大字藏柱三七五番地	同上	伯父	水梨寅吉			雇員	東井シズエ		無	
18.10.23		大阪市天王寺區逢坂下之町五一番地	同上	父	富永丹吉			傭人	富永郁哉		有	

ト

(營細50)

74

秘

ト

召集解除 21年5月10日

21.5.12 召解

南方軍防疫給水部留守名簿

昭和二十年一月一日

編入年月日	編入前所属及本籍地（在留地）共編入年月日	留守擔當者住所	續柄	留守擔當者氏名	徴集年	任官年	役種兵種官等級 等級並給與 俸給月額 發令年月日	氏名 生年月日	留守宅渡ノ有無 補修年月日
	大阪市天王寺區宰相山町一四八番地	大阪市東成區大今里町一一七 白井保次方	祖父	德永常松			雇員	德永常男	無
	大阪市東區南新町一丁目二三番地	大阪市生野區大友町二丁目一三六	妻	豊田典子			雇員	豊田一夫	有
	静岡縣周知郡早川村字刈一〇四八番地	同上	父	户塚平一			雇員	户塚仙英	有
	京都市下京區中堂寺前田町一二ノ一	京都府久世郡寺田村字寺田中東	妻	堂本婦く			雇員	堂本光藏	有
	京都市中京區壬生森前町二四番地	同上	母	富田かず			傭人	富田良枝	有
	和歌山縣伊都郡學文路村大字西畑五八三番地	大阪市西成區出城通八丁目九番地	父	德田寅松			傭人	德田英子	有
	台湾新竹州中壢郡新屋庄槺榔子一六四	同上	父	富田豊次			雇員	富田博泰	有
		新竹州新竹郡湖口庄北勢字下北勢一五二	父	陳阿常			雇員	德星金重	有

21.6.20

（臺知50）

75

秘

南方軍防疫給水部留守名簿

昭和二十年一月一日

編入年月日	編入前所屬及本籍地 其編入年月日	本籍地（在留地）	留守擔當者 住所	續柄	氏名	徵集年	任官年	役種兵種官等級並ニ任官補給發令年月日	氏名 生年月日	留守宅渡ノ有無	留守補給年月日
13.1.15	福岡	福岡縣浮羽郡吉井町九二七ノ二	同上	妻	中村一枝			豫 醫 中尉	中村元	無	
		愛知縣寶飯郡蒲郡町大字蒲郡字後畑三六番地	同上	父	永井舜次		昭14	現 醫 大尉	永井茂 大三、一、二七	有	
19.1.29	步兵第百十七聯隊	秋田縣北秋田郡防澤村字屋敷三二番地	秋田縣鹿角郡陸中花輪驛前	姉	佐藤節		昭19	豫 醫 中少尉 19.7.1	成田冨士郎	有	21.6.22
17.12.20	長野	長野縣下伊那郡山吹村下町五四〇番地	同上	父	中澤瀧三郎	昭14	昭18	三、豫 衛 伍軍 19.12.1	中澤武雄 大八、一一、一一	無	20.4.11
	橫濱	神奈川縣足柄上郡上秦野村柳川一三一六番地	同上	母	長山タケ	昭12		豫 衛 伍軍 19.4.1	長山熙 大六、一、一七	無	21.6.22
17.12.20	長野	長野縣南佐久郡平賀村大字平賀五二六二番地	同上	父	中澤實	昭11		補 衛 長 19.4.1	中澤篤	無	
	東京	埼玉縣北葛飾郡金杉村大字魚沼四五一番地	同上	父	滑川太郎吉	昭14		補 衛 伍長 17.9.1	滑川政治 大五、九、二四	無	20.4.11
	杭州陸軍病院 一六、四、三	愛知縣丹羽郡犬山町大字五郎丸字五屋敷八番地	同上	父	中村德太郎	昭12		補 衛 上 17.12.1	中村德雄 大六、七、一三	無	21.6.20

召集解除 21年5月20日（成田冨士郎）

召集解除 21年5月20日（長山熙）

召集解除 21年5月20日（中村德雄）

（要細50）

76

秘

十

南方軍防疫給水部 留守名簿

昭和二十年一月一日

編入年月日	前所属及本籍地 其編入年月日（在留地）	留守擔當者 住所	續柄	留守擔當者 氏名	徴集年	任官年	役種兵種等級並給料月額 發令年月日	氏名 生年月日	留守宅渡ノ有無	補修年月日
	福井 福井縣三方郡耳村南市第九号	同上	父	仲嶋島造	昭18		現衛二	仲嶋良作	無	
	浦和 埼玉縣北足立郡與野町下落合七〇番地	同上	妻	中野千代子	昭11		二國衛二 19.6.15	中野善八郎 大四、一、三、二	無	
	浦和 埼玉縣北足立郡草加町高砂町四三〇番地	同上	父	内藤文三郎	昭10		二國衛二 19.6.15	内藤武雄 大四、三、三	無	
	浦和 埼玉縣浦和市常盤町二丁目一二四番地	同上	妻	永瀬きよ子	昭10		二國衛二 19.6.15	永瀬武雄 大四、一、一	無	
	浦和 埼玉縣熊谷市箱田町四六三番地	同上	父	松葉伊七	昭10		二國衛二 19.6.15	中島藤吉	無	
19.9.1	中支那防疫給水部 一六.三.一〇 埼玉縣大里郡花園村大字黒田一〇四四ノ三	同上	父	長島小次郎	昭13	昭19	豫衛伍 19.9.1	長島英一 大七、五、二	無	
17.12.1	東京府北多摩郡小金井町六七〇番地	同上	妻	永野ハウ			技手三級俸 17.12.1	永野桂之助 明三二、一、七	~~無~~ 有	
18.2.5	奈良縣北葛城郡志都美村大字平野一〇七九番地	同上	父	中井吉太郎			雇員	中井國夫	有	

（要知50）

77

十

南方軍防疫給水部留守名簿

昭和二十年一月一日

編入年月日	前所屬及其編入年月日	本籍地（在留地）	留守擔當者 住所	續柄	氏名	徵集年	任官年	役種兵種官等級 並俸給額 發令年月日	氏名 生年月日	留守宅渡ノ有無	補修年月日	（記入）
18.4.17		愛媛縣西宇和郡眞穴村大字穴井三ノ六〇	同	父	中村藤市			雇員	中村俊雄	有		
19.5.18		熊本縣八代郡下松求麻村一八六四番地	大阪市西淀川區西成本町二丁目城東住宅中ノ八 北田宗吉方	弟	那須孝之			雇員	那須範之	有		21.5.12 解留
19.5.18		兵庫縣多紀郡大山村大山下五三一	大阪市東淀川區山口町一三九番地	妻	長澤靜子			雇員	長澤勘次郎	有		21.5.12 解留
19.5.18		兵庫縣朝來郡山口村新井七一五番地ノ五	京都府何鹿郡綾部町綾部村奄ノ上五五	父	中田久吉			雇員	中田篤希	有		21.5.12 解留
19.5.18		大阪市北區天滿橋筋一丁目一三	同上	父	中西長二郎			雇員	中西長治郎	有		
19.5.18		姫路市朝日町一丁目九番地	姫路市北條三八二	父	中島福松			雇員	中島孝	有		21.5.12 解留
19.5.18		大阪市天王寺區大道三丁目一六三番地	同上	父	中居龜吉			傭人	中居政治郎	有		
19.5.18		大阪府堺市鳳町字大鳥八一三番地	大阪市生野區田島町三丁目一ノ一東谷タツノ方	兄	中野忠重			傭人	中野笑子	有		

(要個50)

78

十

召集解除 21年5月20日

21.5.18 解召

秘

南方軍防疫給水部留守名簿

昭和二十年一月一日

編入年月日	前所属及共編入年月日	本籍地（在留地）	留守担当者住所	続柄	留守担当者氏名	徴集年	任官年	役種兵種官等級並等級俸給月額発令年月日	氏名	生年月日	留守宅渡ノ有無	補修年月日
17.5.5	杭州陸軍病院 一六、六、三一	兵庫県神戸市兵庫区湊町四丁目二七番地ノ三	同上	父	中西勘一	昭15		現 衛 上 17.4.30	中西一治	大九、五、一	無	
17.5.5	石門陸軍病院 一六、一二、二八	栃木県河内郡絹島村大字芦沼二七五二番地	同上	父	中里忠藏	昭15		現 衛 上 19.4.1	中里平	大九、九、一九	無	21.6.20
17.12.20	甲府	山梨県西八代郡下九一色村新門五五八番地	同上	父	内藤寅吉	昭12		一補 衛 上 18.3.1	内藤一	大六、六、五	無	
	浦和	埼玉県入間郡小手指村大字上新井七七五番地	同上	父	仲治平	昭14		補 衛 上 18.1.20	仲喜三	大八、二、二八	無	20.4.11
18.2.4	豊橋陸軍病院 一七、七、一〇	愛知県西加茂郡三好村大字莇生五三番戸	同上	父	中川三代一	昭16		現 衛 上 19.4.1	中河隆	大一〇、五、一	無	
18.2.4	京都	京都市下京区福本町四八番地	同上	母	直井サキ	昭16		二補 衛 一 18.3.1	直井禎		無	
	甲府	山梨県中巨摩郡飯野村二六五〇番地	東京都江戸川区小岩町六丁目五八一番地	妻	中込公子	昭10		補 衛 一	中込忠雄		無	
	大津	滋賀県野洲郡守山町大字焔魔堂三〇二	同上	父	中川清次郎	昭18		現 衛 一	中川明		無	

（警知50）

79

南方軍防疫給水部留守名簿

昭和二一年一月一日

十

編入年月日	前所属及本籍地（共編入年月日）	留守担當者住所（在留地）	續柄	留守擔當者氏名	役種兵種官等級並俸給額（任命年月日）	氏名（生年月日）	留守宅渡ノ有無	備考
19.5.18	神奈川縣 神奈川縣中郡二宮町山西五六四番地	同上	父	内藤章	雇員	内藤德	有	召集解除 21年5月20日；21.6.21
19.5.18	大阪市港区三條通三丁目一一三	大阪市浪速区大國町三丁目四五	父義	西村善三郎	雇員	中西利宜	有	
19.4.10	静岡縣浜松市鴨江町五八	同上	母	中野みどり	技師 十級俸 18.9.30	中野眞一（明四〇.七.二六）	有	21.6.20
19.1.7	軍医学校 二六、五、一八；東京都四谷区新宿三丁目二八	東京都世田谷区玉川町三五一	妻	中嶋昌子	技手 五級俸 19.1.7	中嶋明（大三.一.一三）	有	召集解除 21年5月10日
	山梨縣北都留郡大目村大野三六八番地	同上	父	中村喜蔵	補衛上 19.9.3	中村喜昌		19.9.3 戰病死（マラリア熱（脳熱））
	大阪府南河内郡…	大阪市北区天満…	妻	中井政子	技手 19.5.13	中井政太郎		19.5.13 戰病死
	東京都芝区三田町三丁目三七番地	同上	兄	中村幸次郎	補衛上 19.8.29	中村幸四郎		19.8.30 戰病死

（斐細50）

80

南方軍防疫給水部留守名簿

昭和二十年一月一日

秘

二

編入年月日	前所属及本籍地（在留地）	留守擔當者 住所	續柄	氏名	徵集年 任官年	役種兵種官等級 俸給額 發令年月日	氏名	生年月日	留守宅渡ノ有無 補修年月日	備考
17.5.5	独立歩兵第五十三大隊 一五.一.一〇ノ三 鹿兒島縣呉市内神町三三一番地	同上	兄	西村武治郎	昭14	現 衛 伍長 17.9.1	西村武次郎	大八.八.七	無 21.6.20	召集解除 21年5月20日
	前橋 群馬縣邑樂郡永樂村大字舞木三三三番地	同上	父	仁木清次	昭12	豫 衛 軍 一. 19.9.30	仁木知司		無	
17.5.5	中支那防疫給水部 一七.五.三 奈良縣南葛城郡大正村大字櫛羅七一九番地	同上	父	西川嘉藏	昭14 昭18	現 衛 軍 三. 19.8.1	西川國夫	大八.三.八	無 21.6.20	召集解除 21年5月20日
17.5.5	久留米 佐賀縣小城郡芦刈村大字三王崎一六五六番地ノ二	同上	母	西村ケクリ	昭14	補 衛 上 19.4.1	西村藤雄	大八.七.二	無	
	埼玉縣川口市上青木町四丁目一五四八番地	同上	父	西野元治郎	昭15	補 衛 上 19.4.1	西野善三郎	大九.一.一〇	無 20.4.11 21.6.20	召集解除 21年5月30日
18.2.4	大津 滋賀縣甲賀郡貴生川町大字内貴三三〇番地	同上	父	西松増次郎	昭16	補 衛 一 18.3.1	西松建次		無	
	大津 滋賀縣野洲郡中里村大字北比江七一番地ノ一	同上	父	西川友七	昭18	現 衛 一	西川正三		無	
	福井 福井縣坂井郡大石村井向第三〇号ノ七	同上	父	西端歸三吉	昭18	現 衛 一	西端正己		無	

（業第50）

81

南方軍防疫給水部留守名簿

昭和二十年一月一日

秘

召集解除 21年5月20日 ／ 召集解除 21年5月20日 ／ 召集解除 21年5月20日

21.5.18 召解

戦死 19.11.28

二

編入年月日	前所屬及本籍地（在留地）	留守擔當者 住所	續柄	氏名	徵集年	任官年	役種兵種官等級並等級俸給額 命令年月日	氏名 生年月日	留守宅渡ノ有無	補修年月日
18.3.17	東京都本郷區駒込千駄木町一一六番地	東京都荒川區日暮里町四丁目一二番地	父	西山榮丸			技師 六級俸 19.4.27	西山守 明四〇.一.一	有	
18.3.17	兵庫縣尼ヶ崎市塚口町字西浦九一七番地	同上	妻	西山澄子			雇員	西山文藏	有	21.6.20
	京都市上京區五辻通七本松西入ル二丁目西柳町五七九	同上	妻	西田ミサオ			雇員	西田貞治郎	有	21.6.20
	大阪市阿部野區丸山通二丁目三五	同上	父	新多市松			雇員	新多進	有	
	兵庫縣三原郡湊町湊組一二一二番地	同上	父	西田久平			傭人	西田進	有	
	京都市中京區西ノ京西月光町七 ~~西ノ京月光町~~	奈良縣磯城郡安倍村大字阿部六六八	妻	西口雪子			雇員	西口德次郎	有	
	大阪市東成區南中道町一丁目四四九	尼ヶ崎市金樂寺宅地四〇番地	妻	新山以志			雇員	新山佐美屋	有	21.6.20
	大阪府布施市大字中小坂四七六番地ノ一	同上	父	西田宗藏			雇員 屬 判任三等 七級	西田藤次		

（甲第50）

82

又

戰死 20.7.10

秘

南方軍防疫給水部留守名簿

昭和二十年一月一日

編入前所屬及本籍地	留守擔當者		徵集年	任官年	役種兵種官等級	氏名	留守補給宅渡ノ年月日
年月日 其編入年月日（在留地）住所	續柄	氏名			俸給月額 發令年月日	生年月日	有無
福山	同上	父 沼田鹿一	昭14		衛生 二.19.3.31 陸軍技手	沼田二郎	無
廣島縣比婆郡山內東村大字工原七二九ノ一						大九.二.七	20.6.11
東京都						西田三男	

（愛知50）

83

秘

南方軍防疫給水部留守名簿

昭和二十年一月一日

召集解除 21年5月20日 17

ネ

編入年月日	前所属及共編入年月日	本籍地（在留地）	留守擔當者 住所	續柄 氏名	徵集年	任官年	役種兵種官等級並俸給月額發令年月日	氏名 生年月日	留守宅渡ノ有無 補修年月日
		大阪府岸和田市沼町五六六番地	同上	父 根來足次			雇員	根來一夫	有

21.6.20.

（要33/50）

84

21.5.12 解B　　21.5.21 解B　　召集解除 21年5月20日

7

南方軍防疫給水部留守名簿

昭和二十年 一月 一日

編入年月日	編入前所屬及其編入年月日（在留地）	本籍地	留守擔當者 住所	續柄	留守擔當者 氏名	徵集年	任官年	役種兵種官等級並給與月額發令年月日	氏名 生年月日	留守宅渡ノ有無	補給年月日
17.10.29	近衛歩兵第五聯隊 七.三.二〇	新潟縣北蒲原郡新発田町字泉町七〇八	東京都杉並區松ノ木町一二三五番地	父	野田禮治		昭17	現 藥 中尉	野田常明 大〇.三.七	有	
17.12.20	水戸	茨城縣新治郡石岡町大字石岡六四三番地	茨城縣新治郡石岡町大字横町	母	野口くに	昭9		補 衛 長 19.4.1	野口利夫 大三.七.二九	無	
17.12.20	東京	東京都深川區新大橋三ノ一九	同	上 妻	野崎友枝	昭12		補 衛 17.[illegible] 兼任	野崎良助 大六.三.一〇	無	20.4.11 21.6.20
	甲府	山梨縣中巨摩郡野々瀬村下市（?）	同	上 母	野田マツエ	昭15		補 衛 上 19.4.1	野田保 大九.七.一七	無	20.4.11
	大津	滋賀縣蒲生郡金田村大字上田五一番地	同	上 母	野田夕ケ	昭18		現 衛 二	野田高市	無	
	大津	滋賀縣蒲生郡市原村大字市原野三三八番地	同	上 兄	野田茂	昭18		現 衛 二	野田芳朗	無	
	大津	滋賀縣野洲郡速野村大字今浜三七五番地	同	上 父	野口清次	昭18		現 衛 二	野口佐一郎	無	
18.1.1		東京都麻布區新龍土町一二	横浜市神奈川區旭日ヶ丘九 照井方	母	野田孝			備 人	野田實枝子	有	

（愛知50）

85

秘

南方軍防疫給水部留守名簿

昭和二十年一月一日

1

氏名	生年月日	役種兵種官等給俸並等級	令年月日	徵集年	任官年	留守擔當者 住所	續柄	氏名	編入前所屬及本籍地	年月日 其編入年月日（在留地）	留守宅渡ノ有無	補修年月日
野上啓治		雇員				同上	父	野上民五郎	岡山市下石井九番地		有	
野呂光義		雇員 七七、〇〇		昭18		同上	兄	野村喜太郎	鹿児島縣川内市向田町七〇三一番地	18.6.29		22.8.26

19.12.4 戦病死

（愛知50）

[illegible]

86

八

21.5.12 召解

21.5.12 召解

南方軍防疫給水部留守名簿

昭和二十年一月一日

編入年月日	前所屬及其編入年月日	本籍地（在留地）	住所	留守擔當者 續柄	留守擔當者 氏名	徴集年	任官年	役種兵種官等級 俸給並月額 任命年月日	氏名 生年月日	留守宅渡ノ有無	補給年月日
18.6.3	船舶兵團軍医部長 一七、七、九	和歌山縣西牟婁郡下秋津村一〇二四番地	東京都世田ヶ谷區北沢二丁目一〇三	妻	羽山道子		大14	現 醫大佐 16.10.15	羽山良雄 明三三、六、三	有	
18.3.25	臨時東京第二陸軍病院 一七、八、一三	東京都淀橋區柏木三丁目三五三	同上	妻	早川靜子		昭5	現 醫中佐 17.3.2	早川清 明三八、六、四	有	20.4.11
15.2.7	長野	長野縣諏訪郡上諏訪町三九三七番地	同上	父	濱又吉	昭10		豫 衛伍 三.19.8.1	濱趺雄 大四、五、七	無	21.6.20
17.5.5	杭州陸軍病院 一五、五、二三	岐阜縣加茂郡太田町東町三六二〇番地	同上	父	長谷川榮吉	昭13		補 衛兵長 19.12.1 兼伍	長谷川敞 大七、八、八	無	20.4.11
17.5.5	輜重兵第一聯隊	群馬縣高崎市並榎町四三八番地	同上	父	蓮大五郎	昭13		豫 衛長	蓮政見	無	
17.9.4	千葉	千葉縣安房郡白濱町二九一三番地	同上	父	早川五三	昭13		補 衛長 19.6.1	早川市松 大七、四、二〇	無	
	步兵第五十六聯隊	栃木縣下都賀郡赤麻村大字赤麻	同上	父	萩原清次郎	昭13		豫 衛長	萩原清助	無	21.6.20
	仙台第一陸軍病院	新潟縣中頸城郡和田村大字箱井二八番地	新潟縣中頸城郡和田村大字今泉一六四	父	橋本鹿藏	昭10		補 衛長	橋本信一郎	無	

（實知50）

87

21.3.20 印 ド司令部 主
（秘）

八

南方軍防疫給水部留守名簿

昭和二十年一月一日

編入年月日	前所属及其編入年月日	本籍地（在留地）	留守担当者住所	続柄	氏名	徴集年	任官年	役種兵種官等級並俸給月額発令年月日	氏名・生年月日	留守宅渡ノ有無	補給年月日
17.5.5	張家口陸軍病院 五.八.二九	千葉県千葉郡大和田町萱田三九三番地	同上	兄	花島藤一郎	昭11		補衛上 19.7.1	花島順二 大五.三.六	無	
	千葉	千葉縣香取郡豊和村大寺一〇三九番地	同上	父	林武治	昭8		一補衛上 18.3.1	林玉恵	無	
17.5.5	東京	東京都深川区猿江町一丁目二三番地ノ一	同上	父	長谷川亀次郎	昭8		一補衛上 18.7.1	長谷川政雄	無	
17.5.5	歩兵第六聯隊補充隊 四.一二.一	名古屋市中川区八熊町字柳原一三七番地ノ二	同上	父	坂野長七	昭14		現衛長 19.4.1	坂野朝三 大八.二.一五	無	
	東京	東京都蒲田区糀谷町三丁目六一八番地	同上（都下北多摩郡調布町上石原三五四一八三）	母	濱村シゲ	昭12		補衛兵長 17.9.1	濱村正文	無	20.4.11
	東京	埼玉縣北埼玉郡井泉村大字北袋二八二番地	同上	兄	蓮見玉吉	昭11		補衛上 17.7.1	蓮見啓三郎 大五.六.二四	無	20.4.11
18.2.4	津	三重縣名賀郡阿保町大字阿保一一九一番地	同上	母	早川里代	昭16		補衛上 19.9.1	早川義郎	無	20.4.11
	横浜	神奈川縣横須賀市汐入町六九番地	同上	妻	早川品子	昭4		補衛上 19.9.1	早川輝重 明四二.三.二三	無	20.4.11

（愛知50）　ミミミ1 行ビ　88

八

21
5
18 解召

召集解除 21年5月20日

秘

南方軍防疫給水部留守名簿

昭和二十年一月一日

編入年月日	前所属及本籍地（共編入年月日）（在留地）	留守擔當者 住所	續柄	氏名	徴集年	任官年	役種兵種官等級 給料月給	氏名 生年月日	留守宅渡ノ有無	留守補給年月日
	甲府 山梨縣東山梨郡大藤村中萩原四三六番地	同上	父	羽村古壽	昭15		補衛 17.3.1 兵长	羽村元慶 大八.一二.一二	無	20.4.11 21.6.20
	大津 滋賀縣蒲生郡中野村大字小脇一九七六番地	同上	父	畑勇次郎	昭18		現衛二	畑興平	無	
	福井 福井縣大飯郡本郷村本郷四十九号四ノ二	同上	父	濱内庄太郎	昭18		現衛二	濱内豊春	無	
17.7.16	長野縣長野市大字西長野四區五一ノ二	東京都荏原區通豊町四ノ一三六 小谷野登方	叔父	原山源之助			雇員	原山晃治	有	
18.2.8	大阪府北河内郡九個荘村大字六利七七四ノ二	同上	妻	橋本コン			雇員	橋本巳秋	有	
17.12.11	福岡縣鞍手郡小竹町大字勝野三〇八八	満洲國錦州省阜新市大平區五龍街七六号ノ二	父	萩原長次郎			傭人	萩原ヨシ子	無	
18.12.8	愛媛縣北宇和郡北灘村甲四二七	大阪市生野區林寺町四丁目一七〇 大佐兼貞方	妻	原富子			雇員	原秀蔵	有	
18.10.23	愛媛縣西宇和郡川上村大字上泊三三四四番地	同上	父	原田照太郎			傭人	原田美子	有	

（叢知50）

89

八

21.5.18 召解　21.5.18 召解　21.5.18 召解　誤記ニ付削除　21.5.18 召解

南方軍防疫給水部留守名簿

昭和二十年一月一日

編入年月日	前所屬及本籍地 其編入年月日（在留地）	留守擔當者 住所	續柄	氏名	徵集年	任官年	役種兵種官等級 並等給 俸給額 令月年日	氏名 生年月日	留守宅渡ノ有無	補修年月日
18.10.23	長野縣下水内郡永田村大字永江七四六三ノ一	同上	父	畠山手憲			傭人	畠山ひさみ	有	
19.5.18	兵庫縣津名郡鳥飼村鳥飼浦一〇六五ノ二	同上	妻	萩原ツネ子			雇員	萩原初一	無	
19.5.18	京都市上京區上鳥羽観進橋五〇	同上	父	狭間政吉			雇員	狭間寛治	有	
19.5.18	大阪市浪花區大國町五丁目一六									
19.5.18	大阪市港區三條通二丁目一一	大阪市浪花區大國町五丁目一六	妻	濱辺照子			雇員	濱邊壽雄	有	
19.5.18	長野縣諏訪郡川岸村一〇三七一番地	同上	父	花田仁			雇員	花岡正康	有	
19.5.8	兵庫縣宍粟郡神野村五十波一四七	同上	父	橋本五一			雇員	橋本孝	有	
19.5.8	京都府與謝郡院町字加悦奥一一八四	同上	父	長谷川金之助			雇員	長谷川滋	有	

（愛知50）

90

八

秘

南方軍防疫給水部留守名簿

昭和二十年一月一日

留守擔當者 住所	留守擔當者 續柄 氏名	徴集年	任官年	役種兵種官等級並等給俸給額發令年月日	氏名 生年月日	留守宅ノ有無	補修年月日	編入前所屬及本籍地	其編入年月日（在留地）
満洲國第七三一部隊家族宿舎才五棟テ三五号	妻 春田はる			雇員	春田俊男	有			
新竹洲桃園郡龜山省南坎頂字二二	文卓 金發			雇員	早川明信	有			

91

（要知50）

ヒ

南方軍防疫給水部留守名簿

昭和二十年一月一日

編入年月日	前所属及本籍地（其編入年月日（在留地））	本籍地	留守担当者住所	続柄	留守担当者氏名	徴集年	任官年	役種兵種官等級俸給（給与）等並俸給（給与）発令年月日	氏名 生年月日	留守宅渡ノ有無	留守補修年月日	記事
17.12.20	第十六臨時防疫給水部 一七、四一二	山口縣光市室積浦二〇七番地	同上	父	稗田廣助	昭13	昭16	一 現 主 軍 19.3.31	稗田重幸 大六、二、二四	無	21.6.20	召集解除 21.5.20日
17.12.20	前橋	群馬縣北甘楽郡福島町田篠七五〇番地	同上	父	肥留川金八	昭13		補 衛 上 17.8.1	肥留川金造	無		
17.12.20	前橋	群馬縣山田郡梅田村大字上久方六二三番地	同上	父	蛭間徳次	昭14		補 衛 上 17.2.1	蛭間廣 大八、一、二六	無		21.5.12 解召
17.12.20	長野	長野縣東筑摩郡宗賀村牧野三八五三番地	同上	兄	博田彦作	昭14		補 衛 上 18.3.1	博田義人	無		
12.20	東京	東京都下谷區三輪町一二七番地	同上	父	平川佐平	昭14		補 衛 兵長 19.4.1	平川高次郎 大七、二、二五	無	21.6.20	召集解除 21年5月20
	東京	東京都荒川區日暮里町八丁目百五拾四番地	茨城縣稲敷郡龍ケ崎町田町	父	匹田隆	昭15		補 衛 兵長 19.7.1	匹田隆夫 大九、二、一	無	20.4.11	迫云 20/10/15
	甲府	山梨縣東山梨郡塩山町上塩水四七三番地	同上	父	廣瀬政吉	昭13		補 衛 兵長 19.4.1	廣瀬俊行 大八、六、二〇	無	21.6.20	召集解除 21年5月20日
	横濱	神奈川縣横須賀市公郷町二三九五番地	神奈川縣横濱市戸塚區岡沖町二九八番地	妻	日比野かほる	昭10		補 衛 兵長 19.4.1	日比野蔚 大四、二、三	無	20.4.11	

(愛知50)

92

南方軍防疫給水部留守名簿

昭和二十年一月一日

㊙

ヒ

編入年月日	前所属（共編入年月日）	本籍地（在留地）	留守擔當者 住所	續柄	留守擔當者 氏名	徴集年	任官年	役種兵種官等級並給俸月額 令発年月日	氏名 生年月日	留守宅ノ有無 補修年月日
	東京	東京都西多摩郡氷川村氷川一八八〇番地	同	上 父	廣瀬愛助	昭13		補衛一 17.3.1	廣瀬龍三 大七、四、四	無
		福岡県安達郡熱海町二二一番地	同	上 妻	樋口千代子			雇員	樋口義夫	有
18.4.17		京都市東山区新町通五条下ル新町二丁目三九七番地	大阪府大阪市生野区舎利寺町二丁目九四番地	妻	廣瀬久栄			雇員	廣瀬安太郎	有
19.5.18		愛知県名古屋市東区鍋屋町三丁目四八番地	岐阜県岐阜市加納本町二丁目二六番地	妻	日比都留子			雇員	日比重孝	有
19.5.18		富山県西礪波郡大鷹村法楽寺一三二一番地	同	上 妻	東せい			雇員	東茂之	無
19.5.18		大阪府大阪市城東区鴫野町二五番地ノ二	同	上 父	東本良平			雇員	東本義一	有
19.5.18		滋賀県愛知郡愛知川町大字愛知川五一番地	滋賀県神崎郡八日市町大字八日市三一二番地	父	廣瀬英一			雇員	廣瀬三十一	有
		新竹州中壢郡中壢街三座屋字旧社九九	同	上 父	廣田恒三			雇員	廣田清	有

21.5.18 呂解

21.5.18 解

(要知50)

93

ヒ

召集解除 21年5月10日

戰病死 19.11.27

秘

南方軍防疫給水部 留守名簿

昭和二十年一月一日

編入年月日	編入前所属及本籍地 其編入年月日（在留地）住所	留守擔當者 續柄 氏名	徵集年	任官年	役種兵種官等級 俸給並等給額 発令年月日	氏名 生年月日	留守宅渡ノ有無 補修年月日
	高雄州鳳山郡鳳府字大谷方口二六七	父 平嶋寿夫			雇員	平嶋信雄	有
	台北市基隆市瀬川町四四	父 游明順			雇員	平山富基	有
	山口県佐波郡牟村大字牟岸第五四口番地 同上	妻 平岡早子		昭13	衛生少佐 19.11.27	平岡隆態	有 20.4.7
	岡山市西古松 同上	平岩浩江			技手	平岩半次	21.6.20

(愛知50)

94

フ

召集解除 21年5月20日

秘

南方軍防疫給水部留守名簿

昭和二十年一月一日

編入年月日	前所屬及本籍地 共編入年月日	(在留地) 住所	留守擔當者 續柄 氏名	徵集年 任官年	役種兵種官等級並給等 任官年月日 發令年月日	氏名 生年月日	留守宅渡ノ有無	補修年月日
18.4.17	岐阜縣吉城郡河合村大字稜河七六九番戸	同	上 妻 福澤ミネ		雇員	福澤正勝	有	21.6.20
18.10.23	山口縣宇部市大字東須惠二八番地ノ第一	山口縣厚狹郡厚南村東須惠二八番地ノ一	兄 藤田彌一		看護婦	藤田サツコ	有	
19.5.18	和歌山縣日高郡早蘇村大字早藤七八番地	大阪府大阪市港區東田中町八丁目四四[illegible]雄方	父 藤本文次郎		雇員	藤本穰	有	
19.5.18	奈良縣南葛城郡御所町三三九番地ノ一	奈良縣南葛城郡御所町一一〇番地	妻 藤田トシエ		雇員	藤田菊松	有	
19.5.18	滋賀縣栗太郡山田村木ノ川五三番地	大阪府大阪市旭區新森小路中三丁目九四番地三谷金太郎方	叔父 古川伊太郎		雇員	古川好夫	有	
19.5.18	奈良縣坂井郡大関村下関第六十五號七番地	福井縣福井市寶永上町八二番地	妻 伊藤つたを		雇員	伊藤七郎右衛門	有	
19.5.18	大阪府大阪市西成區新開通四丁目五番地	同	上 父 古妻二郎		傭人	古妻彰	有	
19.5.18	德島縣板野郡撫養町南濱字蛭子前東三番地ノ二	德島縣板野郡撫養町里崎磯崎四四番地	兄 冨士田雄二		雇員	冨士田英子	無	

(愛知50)

97

③

3

1枚

21/5/18 解古

ヘ

秘

南方軍防疫給水部 留守名簿

昭和二十年一月一日

項目	記載
編入年月日	
前所属及本籍地 其編入年月日（在留地）	岡山縣児島郡郷内村大字木見三五〇番地
留守擔當者 住所	
留守擔當者 續柄氏名	父 紅田吉右エ門
徵集年	
任官年	
役種兵種官等級 等並等給 俸月給額 發令年月日	雇員
氏名 生年月日	紅田信之
留守宅渡ノ有無	有
補修年月日	

(愛知50)

99

秘

南方軍防疫給水部 留守名簿

昭和二十年 一月 一日

編入年月日	前所屬及本籍地 共編入年月日（在留地）	住所	留守擔當者 續柄 氏名	徵集年	任官年	役種兵種官等級並給與月額 令年月日 發	氏名 生年月日	留守宅渡ノ有無	補修年月日
19.3.20.	第五十五師團司令部 一八、八、二 新潟縣北蒲原郡木崎村大字笠柳一六二番地	新潟縣北蒲原郡聖籠村大字蓮潟新田[illegible]内 [illegible]方	妻 帆刈ミイ		昭12	三 現 醫少佐 19.1.31.	帆刈喜四男 明四二.一〇.四	有	20.6.23
17.12.20.	東京、東京都向島區寺島町六丁目九〇番地	東京都足立區千住宮本町一五番地	父 本多寅三	昭14		二 補衛上 18.16.9.3.10.	本多治郎 大八.一二.二五	無	20.4.17
18.2.4.	津 三重縣鈴鹿郡椿村大字山本九九番地	同 上	父 本郷利三郎	昭16		補衛上 18.9.1	本郷四郎	無	
18.12.20	千葉縣夷隅郡大原町八六六七番地ノ二	同 上	兄 本間文夫			雇員	本間信夫	有	
18.12.20	宮城縣仙臺市東六番町八拾八番地	宮城縣仙臺市國分町一五〇番地	妻 本江仲江			雇員	本江重二郎	有	21.6.20
	奈良縣吉野郡大淀町大字越部一五七〇番地	大阪府中河内郡大美村大字堀一五六番地	父 本谷眞五郎			雇員	本谷幸男	有	
	愛媛縣宇摩郡豊岡村大字五良野一五四番地		父 星川篤一			傭人	星川光代	有	
	和歌山縣那賀郡田中村黒土三一一		父 堀川清次郎			衛兵	堀川清治		21.6.20

召集解除 21.5.12

召集解除 21年8月20日

召 解 21.5.12

木

（警甸50）

100

召集解除 21年5月20日

所屬部隊名	
固有名	
通稱號	
終戰時駐屯地名	
編入年月日 前所屬部隊、及其編入年月日	
本籍地（在留地）	熊本縣鹿本郡米田村南島中之町一九三六
留守擔當者 住所	同上
留守擔當者 氏名（續柄）	母 星子キヨ
任官年	
收年	
役兵種官等並等級俸給月額 年月日 命令	衛曹
氏名 生年月日	星子定
留守渡ノ有無 補修年月日	

21.6.21

101

秘

南方軍防疫給水部留守名簿

昭和二十年一月一日

項目	記入
編入年月日	17.5.5
前所屬及其編入年月日	中支那防疫給水部 一七、四、一
本籍地（在留地）住所	福井縣足羽郡東郷村脇三字十六号九番地 廣島縣呉市中平町二番地ノ五
留守擔當者 續柄 氏名	母 前川チヨ
徵集年 任官年	昭15
役種兵種官等級並俸給月額發令年月日	現 薬大尉
氏名 生年月日	前川俊秋 大九、二、五
留守補修宅渡ノ年月日 有無	無

誤記訂済

17.12.20 [illegible]入

[illegible]、東京都向島区[illegible]町六丁 東京都足立区

102

秘

南方軍防疫給水部留守名簿

昭和二十年一月一日

編入年月日	編入前所屬及其編入年月日	本籍地（在留地）	住所	留守擔當者 續柄	留守擔當者 氏名	徴集年	任官年	役種兵種官等級 等給 俸給月額 發令年月日	氏名 生年月日	留守宅渡ノ有無	補修年月日
17.7.10	陸軍軍醫學校 一二、四、二四	東京都牛込區榎町三八番地	同上	妻	増田福子			技手 四五級俸 17.7.30	増田張四郎 明四三、九、六	有	20.4.11
17.7.19	陸軍軍醫學校	茨城縣新治郡園部村長原	東京都牛込區喜久井町六〇番地	妻	眞原ツヤ			雇員	眞原長之助	有	
		德島縣那賀郡中野島村大字樫見蛭子面三三番地		兄	丸池源六			雇員	丸池岡藏	無	
召集解除 21年5月20日 昭.5.	長崎縣南松浦郡	長崎縣南松浦郡三井樂町濱之畔郷二七八番地	大阪府大阪市天王寺區南日東町二四番地 花畑ヤエ方	妻	松本サツ子			雇員	松本亀藏	無	21.6.20
21 5 11 召解 18.2.5.		大阪府大阪市天王寺區筆ヶ崎町八一番地	大阪府大阪市東成區大瀬町三丁目四番地	妻	増山清子			雇員	増山泰一	有	
21 5 18 召解 18.2.5		大阪府大阪市此花區江城町三番地	大阪府大阪市此花區玉川町三丁目二七番地	妹	前田恒			雇員	前田櫻桃松	有	
召集解除 21年5月20日 18.4.17.		和歌山縣東牟婁郡出村平沼川三三番地	大阪府大阪市東成區大今里北之町三丁目三二三番地	兄	松浦賢			雇員	松浦茂	有	21.6.20
マ 18.4.17.		大阪府大阪市北區空心町一三番地	大阪府大阪市福島區吉野町五ノ三五番地	義兄	木村信次郎			雇員	前島善次郎	有	

（愛知50）

103

秘

マ

21.5 10 解召

召集解除 21年5月20日

南方軍防疫給水部 留守名簿

昭和二十年 一月 一日

編入年月日	編入箇所屬及其編入年月日	本籍地（在留地）	留守擔當者 住所	留守擔當者 續柄	留守擔當者 氏名	徵集年 任官年	役種兵種官等級 俸給額 發令年月日	氏名 生年月日	留守宅渡ノ有無 補修年月日
		鹿児島県大島郡笠利村大字八九番地	大阪府大阪市港区八幡屋元町三丁目八五番地	父	松元 正		傭員	松元忠雄	有
		兵庫県神崎郡中寺村三九〇番地之一	兵庫県尼崎市杭瀬堂後	母	丸井ゆき		傭員	丸井甚助	有
		京都府京都市中京区壬生松原町六六番地	石川県小松市本折町瀧本義栄方	父	牧 吉次郎		傭員	牧 宗次	有
		奈良県生駒郡郡山町字本庄一四九番地	同上	父	松岡宇平		傭員	松岡俊一	有
		三重県南牟婁郡柏野谷村大字平尾井三七三番地	大阪府大阪市生野区生野町一丁目六六番地松尾静馬方	兄	松尾静馬		傭員	松尾祥治	無
		富山県富山市越前町一三七番地	大阪市東区平野町一ノ二 長谷川正美方				傭員	松井健一郎	有
		京都府京都市下京区唐橋門脇町六八番地	京都府京都市下京区唐橋門脇町七八番地	父	丸岡勝作		傭人	丸岡芳子	有
		京都府京都市上京区河原町通荒神口下ル上生州町二二二番地	大阪府大阪市西成区鶴見橋北通三丁目二番地	父	前田政吉		傭人	前田衣江	有

21.6.20

（愛知50）

104

マ

21.5.12 解召

召集解除 21年5月20日 23

秘

南方軍防疫給水部 留守名簿

昭和二十年 一月 一日

氏名	役種兵種官等級	徴集年	任官年	留守擔當者 氏名	續柄	住所	本籍地（在留地）	編入前所屬及其編入年月日	編入年月日	留守宅渡ノ有無
松元忠雄	傭員			松元正	父	大阪府大阪市港区八幡屋元町三丁目八五番地	鹿児島県大島郡笠利村大字八九番地			有
丸井甚助	傭員			丸井ゆき	母	兵庫県尼崎市杭瀬堂後	兵庫県神崎郡中寺村三九〇番地之一			有
牧宗次	傭員			牧吉次郎	父	石川県小松市本折町瀧本義栄方	京都府京都市中京区壬生松原町六番地			有
松岡俊一	傭員			松岡宇平	父	同上	奈良県生駒郡郡山町字本庄一四九番地			有
松尾祥治	傭員			松尾静馬	兄	大阪府大阪市生野区生野町二丁目六六番地松尾静馬方	三重県南牟婁郡相野谷村大字平尾井三七三番地			無
松井健一郎	傭員			松井マサ	母	[illegible]阪府豊[illegible]通[illegible]丁目島田[illegible]組合	[illegible]			有
丸岡芳子	傭人			丸岡勝作	父	京都府京都市下京区唐橋門脇町七八番地	京都府京都市下京区唐橋門脇町六八番地			有
前田衣江	傭人			前田政吉	父	大阪府大阪市西成区鶴見橋北通三丁目三番地	京都府京都市上京区河原町通荒神口下ル上生州町二二二番地			有

21.6.20

（愛知50）

104

秘

マ

南方軍防疫給水部留守名簿

昭和二十年 一月 一日

編入年月日	前所属及本籍地（共編入年月日）	留守擔當者（在留地）住所	續柄 氏名	徴集年 任官年	役種兵種官等級並給與月給令年月日	氏名 生年月日	留守宅渡ノ有無	補修年月日
19.5.18	大阪府大阪市天王寺区東平野町三丁目二七番	同上	父 松谷松太郎		傭人	松谷朝子	有	
19.5.18	熊本県熊本市里鍛町一五番地	大阪府大阪市港区横町一丁目麗風荘別館内	妻 磨井清子		雇員	磨井二郎	有	21.6.22
19.5.18	大阪府大阪市北区堂島中一丁目五番地	同上	父 松本寿六郎		雇員	松本良吉	有	
		台湾台北市東門町二二七	父 陳 俊改		雇員	松田仁一	有	
	和歌山県西牟婁郡上秋津村	和歌山県田辺市神田町	母 丸尾ふさ		技手	丸尾辰彦		21.6.20

召集解除 21年5月20日

召集解除 21年5月10日

（愛知50）

105

ミ

復21 草26

誤記

秘

南方軍防疫給水部 留守名簿

昭和二十年 一月 一日

編入年月日	前所属及其編入年月日	本籍地（在留地）	留守擔當者 住所	續柄	留守擔當者 氏名	徴集年	任官年	役種兵種官等級並俸給月額 給与發令年月日	氏名 生年月日	留守宅渡ノ有無	補修年月日
17.11.20	近衛歩兵第三聯隊 一二.九.二一	埼玉県北埼玉郡種足村大字種足八五一番地	同上	父	宮永仁三郎		昭17	現 衛 中尉 19.1.1	宮永久治郎 明四四.五.一	有	20.4.11
	近衛歩兵第四聯隊	千葉県市原郡平三村平蔵二一三四番地	静岡県駿東郡御殿場町新橋一九七九番地ノ一	父	宮田元平		昭19	豫 醫 少尉 19.8.1	宮田澄	有	
19.3.17	南方軍総司令部	茨城県結城郡豊加美村大字谷田部一七六番地ノ一	同上	父	宮田量之助		昭18	現 醫 中尉	宮田静一 大六.一〇.二七	無	
19.3.17	南方軍総司令部	茨城県結城郡豊加美村大字谷田									
17.5.5	張家口陸軍病院 一六.二.二六	青森県西津軽郡大戸瀬村大字馬木字亀ケ崎五六番地ノ一	同上	母	三浦しゅん	昭15		現 衛 上 18.9.1	三浦七郎 大九.九.二八	無	
17.5.5	長野	長野県南安曇郡豊科町四八七四番地	同上	母	水谷ヒサ江	昭17		豫 衛 軍 二 17.3.31	水谷芳定	無	
17.12.20	宇都宮	栃木県下都賀郡穂積村大字間中一五番地	同上	養父	宮田穂三郎	昭12		補 衛 上 18.3.1	宮田多仲太 大六.二.二三	無	
	浦和	埼玉県比企郡松山町市川	東京都瀧野川区西ケ原四三三番地	父	宮本竹造	昭10		補 衛 上 19.9.1	宮本重治 大四.一二.二〇	無	20.4.11

(甲知50)

106

④

4

1枚

ミ、

21
5 18
召解

召集解除 21年5月20日

秘

南方軍防疫給水部 留守名簿

昭和二十年一月一日

編入年月日	前所屬及本籍地 其編入年月日（在留地）	留守擔當者 住所	續柄	氏名	徵集年	任官年	役種兵種官等級 傭人等給額 發令年月日	氏名 生年月日	留守宅渡ノ有無	補修年月日
	香川縣木田郡東植田村字東植田一九六八番地	奈良縣生駒郡生駒町大字谷田四〇四番地ノ一	妻	三好もと			囑託 奏任待遇	三好次太郎	有	21. 6. 20
	愛媛縣松山市清水町一丁目	大阪府大阪市西成區新開通四丁目	妻	宮本久子			雇員	宮本福太郎	有	
18. 10. 23	東京都下谷區神吉町三丁目	東京都板橋區板橋町五丁目五六五六番地	母	水野トク			傭人	水野華子	有	
	京都府相樂郡加茂町大字里小字東上田一六番地ノ	同上	父	南川彌壽藏			雇員	南川壽男	有	
	三重縣南牟婁郡五郷村大字寺谷七七番地	大阪府大阪市大淀區南浦江北三丁目九七番地	父	南英二郎			傭人	南隆生	有	
	島根縣安濃郡今村大字波根一三七番地ノ四	大阪府堺市出島町二丁目七番地	父	三谷正明			傭人	三谷美和子	有	
	福井縣今立郡鯖江町東小路四五番地	京都府京都市上京區河原町通下立賣上ル西入北町五七四番地	父	三井三二郎			傭人	三井幸子	有	
	廣島縣佐伯郡大柿町大字柿浦一三五三番地	大阪府大阪市福島區福島中三丁目五番地	兄	南藏滿			傭人	南登志子	有	

（要紙50）

108

秘

南方軍防疫給水部留守名簿

昭和二十年一月一日

ミ

編入年月日	前所屬及其編入年月日	本籍地（在留地）	留守擔當者住所	續柄	氏名	徵集年	任官年	役種兵種官等級等並俸給額令發年月日	氏名 生年月日	留守宅渡ノ有無	留守補修年月日
召集解除 21年5月20日		岡山縣勝田郡廣野村大字河内四〇七番地之三	岡山縣勝田郡植月村東	母	光井志げよ			雇員	光井健治	有	21.6.20
		台南州曽文郡麻豆街安業一九七		父	宮原一夫			雇員	宮原永治	有	
			新竹州新東郡竹東街一〇三	父	呂阿呂			雇員	宮本泰雄	有	
召集解除 21年5月10日	南方軍防疫給水部	長野縣諏訪郡金沢村	〃		宮坂今朝太郎			技手	宮坂三郎		21.6.20
召集解除 21年5月20日		名古屋市中村区大正町一ノ一六	仝上	妻	水野あき			衛兵	水野申三郎		21.6.20

（壹知50）

109

21.5.18 [illegible]

八

秘

南方軍防疫給水部 留守名簿

昭和二十年一月一日

編入年月日	前所属及其編入年月日	本籍地（在留地）	留守擔當者 住所	續柄	留守擔當者 氏名	徵集年	任官年	役種兵種官等級給 發令年月日	氏名 生年月日	留守宅渡ノ有無	補修年月日
17.5.5.	歩兵第七十九聯隊補充隊	慶尚北道豊面郡七比方村六〇九番地ノ一	朝鮮慶尚北道大邱府前町三〇番地	母	村井シヅノ			豫醫中尉 三、19.9.15	村井豊一	有	
17.12.20.	千葉	千葉縣香取郡検見川町五丁目二八番地	同 上	父	村山榮太郎	昭8		補衛上 17.11.1	村山宮次郎 大二.二.二五	無	
18.2.4.	福井	福井縣坂井郡磯部村定里第七号ノ二	同 上	父	向川工	昭16		補衛兵長 19.9.1	向川秀夫	無	20.6.11
18.4.17.		奈良縣添上郡治道村字石川三一九番地	同 上	弟	村井多氏治			雇員	村井正一	無	
18.10.23.		東京都下谷區入谷町四一二番地	東京都足立區千住旭町七四番地	嫂	村越とよ			雇員	村越昇次	有	
18.12.25		石川縣江沼郡那谷村字菩提ル五四番地	京都府京都市下京區東九條石田町ノ一	妻	村井淑子			雇員	村井傳一郎	有	
		岐阜縣岐阜市日野町一番ノ二	兵庫縣尼崎市東町北濱四丁目〇八番地	父	村瀬春二			傭人	村瀬春夫	有	
		兵庫縣飾磨郡鹿谷村新庄五二三番地ノ一	兵庫縣神戸市湊東區相生町三丁目五一番地 中川松治方	兄	村上利夫			傭人	村上喜子	有	

(愛細50)

110

ム

秘

召集解除 21年5月20日

南方軍防疫給水部 留守名簿

昭和二十年一月一日

編入年月日	編入前所属及本籍地 其編入年月日（在留地）	留守擔當者 住所	留守擔當者 續柄 氏名	徴集年	任官年	役種兵種官等級並等給 命年月日 俸給額	氏名 生年月日	留守宅渡ノ有無 年月日	補修
	大阪府大阪市浪速區恵美須三丁目七九番地	大阪府布施市大平寺七五番地	父 村上信正			傭人	村上静江	有	
	和歌山縣田辺市芳養町九四四番地	同上	父 村上長八			雇員	村上健	有	
		新竹州桃園郡桃園街桃園中南六九	父 呉周元			雇員	村上信博	有	
								21.6.20	

（愛知50）

111

秘

南方軍防疫給水部留守名簿

昭和二十年一月一日

編入年月日	前所属及共編入年月日	本籍地（在留地）	留守擔當者 住所	留守擔當者 續柄	留守擔當者 氏名	徴集年	任官年	役種兵種官等級並給月額發令年月日	氏名 生年月日	留守宅ノ有無	補修年月日
18.3.15	留守第五六師團經理部 一六一二五	東京都麻布區龍土町一四番地	福岡縣久留米市諏訪野町三四四番地壹参	妻	諸隈セイ		昭14	現主計大尉（少佐） 19.12.1	諸隈保男 大二.二.二九	無	20.4.11
召集解除 21年5月20日	甲府	山梨縣南巨摩郡五箇村薬袋三七九番地	同上	父	望月徳藏	昭11		補衛上 オ17.9.15	望月運二 大五.九.二七	無	21.6.20
	甲府	山梨縣南巨摩郡静川村切石四三番地	東京都澁谷區中通リ一丁目八番地	母	望月千代志	昭13		補衛上長 19.9.1	望月幸雄 大六.一一.一五	無	20.4.11
		福島縣信夫郡飯坂町字十綱町	同上	父	諸本富治			雇員	諸本富雄	有	
18.2.5（21 召 12 解）		神奈川縣横濱市神奈川區六角橋町一八八番地	同上	兄	森川莊助			雇員	森川若一	有	
召集解除 21年5月20日 18.4.17		兵庫縣神戸市灘區城之内通三丁目七六二番地	大阪府大阪市港區四條通リ一丁目二一番地	母	森山住江			雇員	森山弘	有	21.6.20
召集解除 21年5月20日 19.5.18		大阪府大阪市港區八幡屋松之町三丁目六番地	同上	妻	守山益恵			雇員	守山藤太郎	有	21.6.20
召集解除 21年5月20日 19.5.18		大阪府大阪市港區壽町二丁目一〇番地	同上	父	森分萬一			雇員	森分健信	有	21.6.20

（要和50）

112

モ

21.5.12 解召

21.5.18 留解

秘

南方軍防疫給水部留守名簿

昭和二十年一月一日

編入年月日	前所屬及其編入年月日	本籍地（在留地）	留守擔當者 住所	留守擔當者 續柄 氏名	徴集年	任官年	役種兵種官等級並等級俸給額 令月年月日	氏名 生年月日	留守宅渡ノ有無	補修年月日
19.5.18 太		大阪府北河内郡庭窪村大字今旦大庭六番五三番地ノ一		父 望月安藏			雇員	望月保夫	有	
19.5.18		滋賀縣犬上郡豊郷村大字四九院八四五番地	滋賀縣犬上郡豊郷村大字八目	母 森野タメ			雇員	森野清一	有	
19.5.18		大阪府大阪市東淀川區日出町三三番地	大阪府南河内郡北八下村大字河合五四六番地ノ一	父 森口庄吉			雇員	森口俊夫	有	
19.5.18 召集解除 21年5月20日		京都府與謝郡與謝村		父 森垣菊太			雇員	森垣菊夫	有	
19.5.18		大阪府大阪市浪速區反物町一三三番地	大阪府大阪市大正區南恩賀島町二丁目八番地	父 森伊八			傭人	森 棠子	有	
			台中州員林郡員林街万年二六八	父 張新酉			雇員	百川薫	有	

21.6.20.

(費甲50)

113

秘

ヤ

21/5/18 解召

召集解除 21年5月20日

南方軍防疫給水部留守名簿

昭和二十年一月一日

編入年月日	前所属及本籍地 其編入年月日	留守擔當者 本籍地（在留地）	留守擔當者 住所	續柄	留守擔當者 氏名	徴集年	任官年	役種兵種官等級並俸給月額令發年月日	氏名 生年月日	留守宅渡ノ有無	補修年月日
	歩兵第六十一聯隊 一七、一〇、一	大阪府堺市南旅籠町西四丁一〇六番屋敷	大阪府堺市百舌鳥高田町字上野芝九八番地	父	山田由松		昭19	豫 醫 中少尉 19.7.1	山田早苗 大〇、一、二八	有	
	歩兵第八十五聯隊	茨城縣鹿島郡[illegible]野村大字奥野	茨城縣鹿島郡波崎東仲島	兄	山本忠夫	昭14		三、豫 主 曹 19.3.31	山本義夫	無	21.6.20.
17.12.20.	長野	長野縣北安曇郡中土村七三九一番地	同上	父	山田信一	昭14	昭16	四、現 衛 軍曹 17.12.1	山田久米司 大八、二、二八	無	20.4.11
17.5.5	歩兵第八十聯隊 一五、一二、一	京都府相楽郡相楽村大字相楽小字朝刈二四番地	和歌山縣那賀郡小倉村船戸	父	山田昇	昭15	昭19	現 衛 伍 19.9.1	山田勲 大九、七、二七	無	
17.5.5	杭州陸軍病院 一六、三、二一	和歌山縣西牟婁郡上秋津村六〇一番地ノ六	同上	兄	山本一市	昭15		現 衛 上 19.4.1	山本伍市 大九、二、一〇	無	
17.5.5.	東京	東京都八王子市大津町一二番地	同上	父	山本安之助	昭12		補 衛 上 19.7.1	山本桂一郎	無	
17.5.5	東京	東京都瀧野川區西原町九七九番地	同上	母	矢澤とく	昭14		補 衛 上 19.4.1	矢澤大治郎 大六、五、九	無	
17.12.20	東京	東京都神田區山本町一三番地	同上	父	山本源藏	昭14		一 補 衛 上 18.3.1	山本量平 大八、一、二七	無	

(警50)

114

召集解除 21年5月20日

復員

21.1.18 解

秘

南方軍防疫給水部留守名簿

昭和二十年 一月 一日

編入年月日	編入前所屬及本籍地 其編入年月日	本籍地（在留地）	留守擔當者 住所	續柄	留守擔當者 氏名	徵集年	任官年	役種兵種官等級並給月額發令年月日	氏名 生年月日	留守宅渡ノ有無	補修年月日
17.12.20	東京	東京都足立區千住柳町二〇番地	同上	母	山崎つね	昭14		補衛上 19.4.1	山崎正	無	
召集解除 21年5月20日	甲府	山梨縣北巨摩郡大草村下條西割六二七番地	同上	父	矢崎德喜	昭15		補衛伍長 19.9.1	矢崎三郎 大八.一.一	無	20.4.11 21.6.21
	横濱	神奈川縣津久井郡中野町中野一三五四番地	東京都杉並區高円寺四丁目五八九番地	母	八木千代	昭15		補衛一 17.12.1	八木成之	無	
	浦和	埼玉縣児玉郡共和村大字今井四一七番地	埼玉縣児玉郡本庄町本町一六四番地	妻	矢部きぬ	昭12		二國衛二 19.6.15	矢部通造 大六.一.一三	無	
17.7.17		栃木縣安蘇郡赤見村赤見	同上		山根利一			雇員	山根三五郎	有	
		千葉縣印旛郡旭村和泉七九五番地	同上	父	山口源次			技手（雇員）文級俸 20.2.9	山口武雄	有	20.4.26
18.2.5		大分縣別府市大字別府六二七番地	徳島縣徳島市[illegible]本町一丁目林佐與吉方	妻	山田春江（秀雄）			雇員	山田秀雄	有	
18.2.5		大阪府大阪市東淀川區[illegible]町五丁目二九番地	大阪府泉北郡高石町羽衣六二四番地	父	山口八十松			雇員	山口正己	有	

（壹仙50）

115

ヤ

21
5
12
留

秘

南方軍防疫給水部 留守名簿

昭和二十年一月一日

編入年月日	前所属及共編入年月日	本籍地（在留地）	留守担当者 住所	留守担当者 続柄	留守担当者 氏名	徴集年	任官年	役種兵科官等級並俸給額 発令年月日	氏名 生年月日	留守宅渡ノ有無	補修年月日
18.2.5		長崎県南松浦郡福江町福江郷三四一番地	大阪府大阪市港区九條南通三丁目一六三番地山下昇方	妻	山下コト			雇員	山下仁	有	
18.2.5		長野県南安曇郡川和村石川一三七五番地	大阪府大阪市東成区片江町三丁目六一番地	妻	柳澤カネコ			雇員	柳澤洪	有	
18.4.17		兵庫県姫路市五軒邸二四三番地	兵庫県姫路市大神町五一番地ノ二	父	山本観誠			雇員	山本章	有	
18.4.17		大阪府大阪市西淀川区浦江北三丁目一〇七番地	大阪府大阪市都島区中向田町一丁目五五六番地	妻	山口ムツヱ			雇員	山口種三郎	有	
18.4.17		福井県大野郡西谷村大字巳口二三号地ノ二三	大阪府三島郡春日村字中穂積一四二番地岸田勇次郎方	妻	山口モトヱ			雇員	山口長五郎	有	
18.4.17		大阪府大阪市此花区四貫島宮尾町一一番地	大阪府大阪市此花区春日出町下一丁目一番地	母	山口リヤウ			傭人	山口月子	有	
18.4.17		和歌山県日高郡南部町大字南部道八番地	大阪府三島郡春日村字中穂積一四一番地岸田勇次郎方	妻	谷田貝ふき			雇員	谷田貝義礼	有	
18.5.26		新潟県三島郡桐島村大字北野一一七五番地ノ乙	大阪府大阪市福島区老江町上三丁目四五番地	妹夫	野田勇			雇員	山崎恭五郎	有	

（愛知50）

116

秘

南方軍防疫給水部留守名簿

昭和二十年　一月　一日

備考（上欄）	編入年月日	前所屬及其編入年月日	本籍地（在留地）	留守擔當者 住所	續柄	留守擔當者 氏名	徵集年	任官年	役種兵科官等級並俸給額等級月給發令年月日	氏名 生年月日	留守宅渡ノ有無	補修年月日
1			滋賀県神崎郡八日市町大字八日市二八七番地	大阪府河内郡枚岡町豊秀町二丁目一四〇番地	父	山田又七			雇員	山田耕治郎	有	
21 5 12 解召			東京都本所区緑町四丁目一三ノ一号	埼玉県北足立郡鳩川果右馬堂村権現堂	妻	山口コト			雇員	山口仙壽	有	
			鳥取県東伯郡浦安町下伊勢五六〇番地	同上	妻	山田つの			雇員	山田百藏	有	
21 5 18 解召			三重県河芸郡豊津村四〇〇番屋敷	同上	母	山野ハナ			雇員	山野武雄	無	
21 5 12 解召			福岡県直方市直方四三〇番地	福岡県若松市浜ノ町南四丁目 重元久実方	兄	山方久三郎			雇員	山方久雄	有	
21 5 12 解召			鹿児島県始良郡隼人町真孝一八二五番地	兵庫県神戸市林田区常盤町二丁目四番地 米浦新之助方	父	山元榮藏			雇員	山元格	有	
21 5 18 解召			三重県阿山郡西柘植村大字柏野一一七三番地	大阪府大阪市東淀川区柴島町三五 陸軍造兵廠中島工場内	兄	山本庄八			雇員	山本隆義	有	
ヤ			東京都大島波浮港村三番地	兵庫県津名郡浅野村斗内 溝口方	兄	八島達夫			雇員	八島藤三	有	

（要細50）

117

秘

21.5.18 召解 ヤ

21.5.18 解

召集解除 21年5月20日

南方軍防疫給水部 留守名簿

昭和二十年一月一日

氏名 / 生年月日	役種 兵種 官等 級 俸給並等給月額 發令年月日	任官年	徴集年	留守擔當者 氏名	續柄	留守擔當者 住所	本籍地（在留地）	前所屬及其編入年月日	編入年月日	留守宅渡ノ年月日 有無	補修
山下豊	雇員			山下久藏	父	大阪府豊能郡豊島村字穂積九〇七番地	京都府竹野郡網野町字下岡一九四番地			有	
八部德藏	雇員			八部絹子	妻	岡山縣岡山市藪井町西折町二〇六番地 妹尾秀勝方	大阪府大阪市福島區上福島北四丁目六九番地			有	21.6.21
山崎守	傭人			山崎大平次	父	尼崎市大谷町三丁目八番地 山崎大平次方	大阪府大阪市西淀川區大和田町五五一番地			有	
山本千代	傭人			山本映助	兄	尼崎市杭瀬高田一八番地 遠藤榮次郎方	静岡縣賀茂郡仁科村濱一一二三番地			有	
山本カヅエ	傭人			山本浅次郎	祖父	大阪府大阪市都島區内代町二一九番地 青木方	和歌山縣伊都郡高野町花坂二三三番地			有	
安木政夫	傭人			安木富太	父	同上	岡山縣邑久郡國府村大字磯上九六九番地			有	
山本光夫	傭人			山本チヨ	祖母	布施市下小坂九七番地 堤原房吉方	山口縣美禰郡大嶺町大字大嶺西分第二二九			有	
山本實 / 大二.五.二四	技手 五級俸 19.1.17			山本多喜	妻	神奈川縣横濱市中區野毛町二丁目九〇番地 伊佐山重榮方	神奈川縣愛甲郡宮瀬村六三番地			有	

(愛知50)

118

ヤ

戰19 病8 死28　戰19 病5 死31

秘

南方軍防疫給水部 留守名簿

昭和二十年一月一日

編入年月日	編入前所屬及本籍地（在留地）其編入年月日	留守擔當者 住所	續柄	留守擔當者 氏名	徴集年	任官年	役種兵種官等級並給與額發令年月日	氏名 生年月日	留守宅渡ノ有無	補修年月日
	東京都小石川区八千代町三二番地	東京都荏原区[illegible]五丁目二八六番地	父	山本正雄	昭15		補衛長 19 5 31	山本茂		
	福井県足羽郡一乗谷村浄教寺第十一号三五番地	同上	父	山崎海了	昭18		衛上 19.8.28	山崎爽雄		
	福井県今立郡神明村水落六八ノ二	東京都本所区吾妻橋一ノ九 井上源一方	妻	山本ミズ		昭17	技手	山本力 明四三.六.八		
							上.	山野正次	21.1.31	

(營甲50)

119

秘

ニ

南方軍防疫給水部留守名簿

昭和二十年一月一日

編入年月日	編入前所属及本籍地（在留地）	留守擔當者 住所	留守擔當者 續柄	留守擔當者 氏名	徴集年	任官年	役種兵種官等級並俸給月額 發令年月日	氏名 生年月日	留守宅渡ノ有無	留守補修年月日
	東京 東京都日本橋區通り参丁目八番地	東京都澁谷區八幡通二丁目三五番地	妻	湯澤捨子			豫醫中尉 17.7.15	湯澤健兒	有	
17.12.20	東京 埼玉縣北足立郡尾間木村大字中尾	同上	兄	弓削田喜作	昭14		補衛上 18.3.1	弓削田義雄 大八.二.二三	無	
18.2.4	三重縣志摩郡磯部村大字恵利原二〇番地	同上	父	結城留藏	昭16		補衛一	結城修	無	
	台北州基隆市瀧川町四番地	同上	父	游明順			雇員	游錦漳	無	
		兵庫縣揖保郡林田村八幡六〇一番地	兄	幸長利一			~~幸長春上~~ 雇員	幸長春二	有	

（要細50）

120

秘

南方軍防疫給水部 留守名簿

昭和二十年一月一日

召集解除	編入年月日	前所属及其編入年月日	本籍地（在留地）	留守担当者 住所	続柄	留守担当者 氏名	徴集年	任官年	役種兵種官等級並俸給月額 年月日	氏名	生年月日	留守宅渡ノ有無	補修年月日
召集解除 21年5月10日	17.6.20	中支那防疫給水部 一四、五、二	福岡縣三池郡三池町字今山四三二四番地ノ二	福岡縣田川郡大城村三菱鉱業炭坑島見町	叔父	吉田修一	昭11	昭13	現衛准尉 19.8.1	吉田博	大五、六、一	無	20.4.11 21.6.20
	17.5.5	名古屋	愛知縣中島郡今伊勢村大字本神戸二三三番地	同上	父	吉田伊三郎	昭13	昭19	豫衛伍 19.4.1	吉田作治	大七、七、二	無	
	17.5.5	札幌	北海道空知郡山部村字山部西一九線五番地	同上	父	吉田乙三郎	昭12		補衛長 17.4.1	吉田治三郎		無	
			神奈川縣横濱市中區日枝町一〇四番地	東京都本所區石泉町二丁目一番地	~~父~~妻	芳川さよい			雇員	芳川榮助		無	
			廣島縣呉市和庄通二丁目二〇番地	南京市大平路科巷八五号	妻	吉本靜子			雇員	吉本勝人		無	
召集解除 21年5月20日			奈良縣生駒郡郡山町西岡町六六番地	奈良縣山邊郡二階堂村字荒巻	伯父	森杉元治			雇員	吉田文雄		有	21.6.20
			宮城縣都城市小松原一〇五一番地	宮崎縣都城市中町區二二	父	吉留慶市			雇員	吉留健太郎		有	21.5.29
召集解除 21年5月20日			大阪府大阪市西淀川區西塚本町二丁目五二番地	同上	妻	吉田郁子			雇員	吉田正一		有	21.6.20

（愛知50）

121

ヨ

召集解除 21年5月20日

秘

南方軍防疫給水部留守名簿

昭和二十年一月一日

編入年月日	編入前所属及其編入年月日	本籍地（在留地）	留守擔當者 住所	續柄	留守擔當者 氏名	徴集年	任官年	役種兵種官等級並等給俸給額発令年月日	氏名 生年月日	留守宅渡ノ有無	補修年月日
		京都府與謝郡宮津町字波路	吹田市城前町一三九二番地	父	餘語和夫			~~雇員~~ 技手 六級俸 20.2.7	餘語和子	有	20.4.24
18.5.23		新潟縣中蒲原郡橋村大字[illegible]上中三〇六番地	同上	父	吉井靜策			技手 五級俸 19.9.30	吉井策郎 大二.七.二一	有	
		大阪府三島郡茨木町大字茨城五三四番地	同上	父	吉里新七			雇員	吉里昇七	有	21.6.20
		大阪府吹田市大字垂水六一二番地	大阪府大阪市北区壹屋町一〇四〇 田上医院内	父	由上三藏			雇員	由上正典	無	
		鳥取縣米子市祇園町一丁目六三番地	米子市塩町四九番地 荒木清太郎方	伯母	吉留イチノ			傭人	吉留松子	有	
		大阪府大阪市阿部野区天王寺町三三六五番地之一	同上	兄	吉川清三			傭人	吉川米子	有	
		京都府京都市上京区[illegible]通浄福寺東入田村備前町二三七番地	同上	父	吉村竹之助			傭人	吉村民子	有	
		大阪府大阪市[illegible]区九條南通三丁目六二一番地	同上	兄	吉田政義			傭人	吉田みさ子	有	

（愛知50）

122

ヨ

21/12 維留

南方軍防疫給水部 留守名簿

昭和二十年一月一日

編入年月日	前所屬及本籍地 共編入年月日（在留地）	留守擔當者 住所	留守擔當者 續柄	留守擔當者 氏名	徵集年	任官年	役種兵種官等級 並等給俸給令年月日	氏名 生年月日	留守宅渡ノ有無	補修年月日
19.5.18	兵庫縣多可郡松井庄村山野部三八三番地ノ二	兵庫縣多可郡重春村高田井四〇七番地	養父	遠藤信太郎			雇員	吉井喜雄	有	
19.5.18	兵庫縣加古郡神野村神野九七番地ノ一	同上	父	善本松治郎			傭人	善本ヒサ子	有	
19.5.10	台灣台北州基隆郡平溪庄石底字石底八三	同上	父	余燾頭			雇員	余標容	無	
	茨城縣結城郡結城町大字結城一一三三ノ二	同上	父	吉田久助	昭11		二國衛一 19.2.10	吉田福之進 大五.一.二八	無	
		台北州基隆郡平溪庄	父	余燾頭			雇員	米澤辰容	有	
	東京都									

（愛知50）

123

ラ

秘

南方軍防疫給水部 留守名簿

昭和二十年 一月 一日

項目	記入
編入年月日	19.5.10.
前所屬及其編入年月日	
本籍地（在留地）	台北州基隆郡貢寮庄田寮小洋字老蘭七二番地
留守擔當者 住所	台北州宜蘭礁溪庄七結四七
留守擔當者 續柄	兄
留守擔當者 氏名	藍錦隆
徵集年	
任官年	
役種兵種官等級 並等給 俸給月額 令年月日發	雇員
氏名 生年月日	藍慶全
留守宅渡ノ有無	無
補修年月日	

(愛知50)

124

リ

秘

南方軍防疫給水部留守名簿

昭和二十年一月一日

項目	1	2
編入年月日	19 5 10	19. 5. 10.
前所属及其編入年月日		
本籍地（在留地）	台湾高雄州旗山郡美濃街美濃四二二	台湾台北州七星郡士林街社子字三角埔三一番
留守担当者 住所		
留守担当者 続柄	父	兄
留守担当者 氏名	劉丁洪	李根樹
徵集年		
任官年		
役種兵種官等級並等給俸月給額発令年月日	雇員	雇員
氏名 生年月日	劉春上	李皆得
留守宅渡ノ有無	無	無
留守補修年月日		

(愛知50)

125

7

召集解除 21年5月20日

秘

南方軍防疫給水部 留守名簿

昭和二十年一月一日

編入年月日	前所属及其編入年月日	本籍地（在留地）	留守担当者 住所	留守担当者 続柄	留守担当者 氏名	徴集年	任官年	役種兵種官等級並給与年月日	氏名 生年月日	留守宅渡ノ有無	補修年月日
17.12.20	東京	東京都向島区吾嬬町四丁目一二番地	同上	兄	和田亀吉	昭11	昭19	豫衛伍 19.4.1	和田四郎 大五、六、二〇	無	
	宇都宮	栃木県那須郡下江川村大字下川井四六三番地	同上	父	和久健一郎	昭12		豫衛伍 19.4.1	和久平助	無	
	甲府	山梨県北巨摩郡旭村上條北割二六七六番地	同上	兄	渡邊新利	昭15		補衛上 19.4.1	渡邊末男 大九、二、二六	無	20.4.11
17.12.12		茨城県久慈郡世矢村大字大森九一六番地	同上	父	和田園松			技手六級傭 19.4.15	和田隆男 大二、六、二〇	有	
18.2.5		大阪府南河内郡富田林町大字新堂一一三〇番地	同上	弟	川本一己			雇員	和田義一	有	
18.2.5		福岡県京都郡豊津村大字豊津一二七八番地	大阪府豊能郡庄内町孤江三〇〇番地	妹婿	景山精藏			雇員	和田晴夫	有	21.6.20
18.5.25		茨城県真壁郡騰波ノ江村大字新田八〇三番地	同上	妻	渡邊文子			雇員	渡邊博	有	
18.10.23		兵庫県神戸市葺合区生田町四丁目二二番地之二	神戸市葺合区生田町四丁目一一番屋敷ノ二	妻	和田ユキ子			雇員	和田俊次	有	

（愛知50）

126

7

秘

南方軍防疫給水部 留守名簿

昭和二十年 一月 一日

召集解除	召集解除 21年5月20日			召集解除 21年5月10日	召集解除 21年5月20日	召集解除 21年5月20日			
編入年月日									
前所属及其編入年月日									
本籍地	栃木縣上都賀郡西方村大字本郷八二四番地ノ二	岡山縣[illegible]郡上加茂村大字山下三七七番地	三重縣四日市市大字矢ヶ須賀一六一三番地	大阪市[illegible]南区東[illegible]張町二四、	神奈川縣小田原市十字一ノ三四、	大阪市西成区千本通五ノ二八			
(在留地)住所	滋賀縣大津市膳所中庄町三二〇番地之二	奈良縣磯城郡多武峯村字横柿 植松寄治郎方	大阪府大阪市浪速区恵美元町五丁目五五九番地	大阪市大正区新千歳町六六五	神奈川縣鎌倉郡片瀬町西方二二〇一、	同上			
留守擔當者 續柄	妻	妻	妻	義兄	妻	妻			
留守擔當者 氏名	和賀井ふく	渡邊美代子	渡部英子	中村政治	和田和子	渡辺花江			
徴集年									
任官年									
役種兵種官等級 並等給俸給額 發令年月日	雇員	雇員	雇員	雇員	兵 大尉	衛兵			
氏名 生年月日	和賀井守夫	渡邊力男	渡部實	増谷英三郎	和田光一郎	渡辺勇			
留守宅渡ノ有無	有	有	有						
補修年月日	21.6.20			21.6.20	21.6.20	21.6.21			

127

([illegible]350)

南方軍防疫給水部（岡第九四二〇部隊）

年月日	略歴
昭和一七 四 一	軍令により南方軍防疫給水部編成下令
五 五	編成完結（南京）
六 一	南方派遣のため上海港出帆
六 七	比島マニラ寄港
六 二〇	昭南港上陸
	爾後昭南にありて防疫給水業務に従事
一八 四 一五	昭南出発
四 二〇	タイ国「カンチャナブリ」着
一〇 一五	カンチャナブリ出発
一〇 下旬	昭南帰着
	爾後引続き防疫給水業務に従事
二〇 八 一五	停戦
九 二	終戦
二一 二	レンパン島に移駐
五 一	内地帰還のためレンパン島出帆
五 九	名古屋港上陸

127-10

五六 後頁完結、

127-11

No.

全国戦没者追悼式に参列する遺族および付添職員数表 昭55.8.13現在

県名	遺族	付添	計	県名	遺族	付添	計
北海道	53	15	68	滋賀	100	16	116
青森	50	6	56	京都	309	27	336
岩手	136	12	148	大阪	78	8	86
宮城	156	10	166	兵庫	196	15	211
秋田	20	6	26	奈良	480	24	504
山形	45	8	53	和歌山	43	7	50
福島	50	7	57	鳥取	53	5	58
茨城	111	11	122	島根	44	5	49
栃木	80	8	88	岡山	52	5	57
群馬	98	6	104	広島	43	9	52
埼玉	222	11	233	山口	44	5	49
千葉	246	22	268	徳島	63	10	73
東京	1524	34	1558	香川	25	6	31
神奈川	151	9	160	愛媛	35	6	41
新潟	77	11	88	高知	105	6	111
山梨	96	10	106	福岡	78	10	88
長野	90	12	102	佐賀	55	6	61
富山	36	3	39	長崎	50	8	58
石川	107	8	115	熊本	175	7	182
岐阜	98	5	103	大分	55	10	65
静岡	204	27	231	宮崎	32	4	36
愛知	68	8	76	鹿児島	45	6	51
三重	431	6	437	沖縄	47	3	50
福井	34	6	40	計	6,390	469	6,859

No. C－1183 リコピー用箋 26×19

127－12

南方軍防疫給水部

						死亡		
将校	一般	正	5	一		下	3	
	医	正正正正正正𠂉	34			T	2	
下士官兵		正正正正正正正正正正正正正正正正正正正正正正正正正正正正正正正正正正正正T	182	T		正𠂉	9	
文官	技	正正正正正正正正正正正𠂉	59			正正一	11	一
嘱託		正一	6				0	
雇		正正正正正正正正正正正正正正正正正正正正正正正正正正正正正	145			正T	7	一

127-13

1981
《国際障害者年》

南方軍防疫給水部（マニラ支部会）

区分＼数	人数		
	生還	死亡	計
將校	6	3	9
軍医將校	34	2	36
下士官・兵	184	9	193
文官	59	12	71
雇員	145	8	153
嘱託	6	0	6
計	434	34	468

9999—99

本資料の写しの交付等について

本資料について、写しの交付等を請求等する場合、資料原本からの複写はできません。本閲覧用コピーからの複写となります。

本閲覧用コピーから複写する場合、複写機により用紙へ複写したものによる写しの交付を請求することができます。

複写機により用紙へ複写したものによる写しを請求する場合、本閲覧用コピーと同一サイズの複写となります。

平成　年　月　日

南方軍防疫給水部

尚武 九四二〇

1071 姑

H23厚労5503
ふせん1枚（表紙貼付）

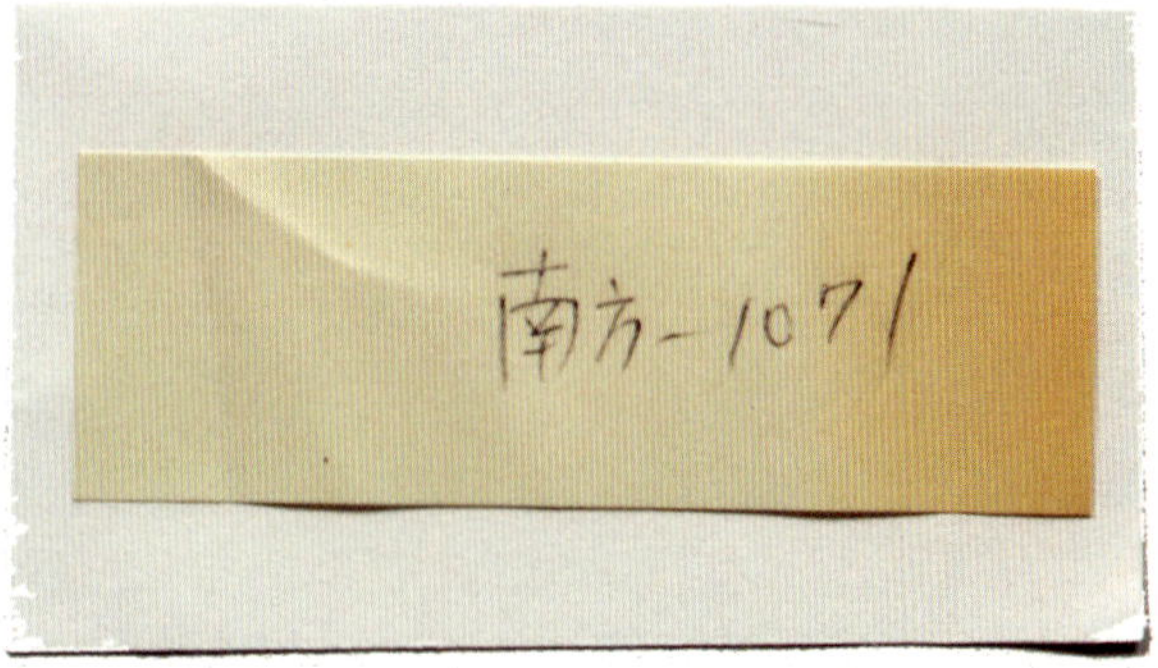
南方-1071

恩給業務（履歴調査）の参考

部隊名

1. 部隊編成年月日 ---- 19. 9. 9. ニラ
（留名資料を整備した年月日）

2. 留守名簿調製年月日 ---- 22.

3. 補充員を編入した年月日
  - 1 次 ------
  - 2 次 ------
  - 3 次 ------

  （1〜3次）…… 補充なし

4. 其の他

10-0020

十七

臨

正

九四二〇

南方軍防給部
マニラ支部

(留)
2101

留守名簿

昭和二十二年三月一〇日調製

留守業務局

0000-00

部隊留守名簿

昭和　年　月　日

固有名南方軍防疫給水部
通稱號九四二〇部隊

業務處理責任者一覧表

区分	部隊	残務整理部	留守業務部	備考
期間 自	22.6.17	22.6.	23.6.	
期間 至		23.6.	24.7.	
職名	軍医			
階級	少佐	雇員	仝	
氏名	帆刈喜四男	三浦平太郎	仝	
現住所（本籍地）	新潟県北蒲原郡水崎村笠柳一二六三	千葉県千葉郡幕張町実籾厚生寮内	仝	

0000-03

南方軍防疫給水部 第?支部 九四二〇 部隊整理状況調査表

区分		員数	摘要
総員		~~4~~ 3	全員十七
生存	帰還	3	
	残留		
	計		
死亡	処理済		
	処理中		
	計		
状況不明者			

未処リ者
傭員 春日俊男 新潟縣東蒲城郡菱里村大字三本木三七九

担任者

昭和22年11月24日調

0000-02

部隊留守名簿

昭和　年　月　日

項目	記入
氏名	春日俊男
生年月日	
役種兵種官等竝等級俸月給額發令年月日	雇員
任官年	
徵集年	
留守擔當者 住所	
留守擔當者 續柄	
留守擔當者 氏名	
本籍地（在留地）	新潟県東頸城郡豊里村大字二本木六七九
前所屬部隊及其編入年月日	
編入年月日	
留守宅渡有無	
補修年月日	

部隊留守名簿

昭和　年　月　日

項目	記入
編入年月日	昭和　年　月　日 於内地帰還
前所属部隊及其編入年月日	
本籍地（在留地）	富山県中新川郡雄山町米沢
留守担当者 住所	[illegible]部隊[illegible]
留守担当者 続柄	父
留守担当者 氏名	久太郎
徴集年	処理済
任官年	
役兵種官等並等級俸月給額発令年月日	上[illegible]兵
氏名 生年月日	小堀秀次郎
留守宅渡有無	
補修年月日	

2

部隊留守名簿

昭和　年　月　日

項目	記載
編入年月日	昭和19年7月22日 於フレモドール沖海上 戦死
前所属部隊及其編入年月日	
本籍地（在留地）	静岡県駿東郡富岡村中丸一七九
留守擔當者 住所 續柄 氏名	公報宛 池部隊気付ス之
徴集年	處理済
任官年	
役種兵種官等竝等級俸月給額發令年月日	技手
氏名 生年月日	田代要人
留守宅渡有無	23.10.4
補修年月日	

3

部隊留守名簿

昭和　年　月　日

項目	記載
編入年月日	昭和　年　月　日 於内地帰還
前所属部隊及其編入年月日	
本籍地（在留地）	富山県射水郡片口村七九三
留守擔當者 住所	[illegible]
留守擔當者 續柄	父
留守擔當者 氏名	捨次郎
徵集年	
任官年	
役種兵種官等竝等級俸給額發令年月日	兵
氏名 生年月日	広[illegible]蔵
留守宅渡有無	
補修年月日	

處理濟

4

部隊留守名簿

昭和　年　月　日

項目	記載
編入年月日	昭和　年　月　日 内地帰還（印）
前所屬部隊及其編入年月日	
本籍地（在留地）	長野県上水内郡三水村八〇二
留守擔當者 住所、續柄氏名	引揚ニテ外務省ニテ處理 父 村 （印）整理済
徵集年	
任官年	
役種兵種官等竝等級俸月給額發令年月日	
氏名生年月日	丸山堅一郎 明39.10.16
留守宅渡有無	
補修年月日	

5

兵團別整理現況表

区分			兵団別		
整理總人員					全員十七
内訳	處理	最終處理	復員	3	
			死亡		
			計		
		假處理	假復員		
			本籍不明にして見て処理したもの		
			計		
		合計			
	未處理	(イ)	處決は判明しておるが公報未発送		
		(ロ)	復員未處理		
		(ハ)	認定不能者		
		(ニ)	鮮滿残留の公算のあるもの		
		(ホ)	要究明人員		
		(ヘ)	未掌握人員の推定		
		(ト)	其の他		
		合計